古代歷史文化研究輯刊

二二編

王明蓀主編

第6冊

六朝「大地」之多元思想及其詮釋（上）

林敏勝著

國家圖書館出版品預行編目資料

六朝「大地」之多元思想及其詮釋（上）／林敏勝 著 — 初版
— 新北市：花木蘭文化事業有限公司，2019〔民 108〕
目 8+170 面；19×26 公分
（古代歷史文化研究輯刊 二二編；第 6 冊）
ISBN 978-986-485-900-9（精裝）
1. 魏晉南北朝史 2. 魏晉南北朝哲學
618　　108011797

古代歷史文化研究輯刊
二二編　第 六 冊　　ISBN：978-986-485-900-9

六朝「大地」之多元思想及其詮釋（上）

作　者　林敏勝
主　編　王明蓀
總 編 輯　杜潔祥
副總編輯　楊嘉樂
編　輯　許郁翎、王筑、張雅淋　美術編輯　陳逸婷
出　版　花木蘭文化事業有限公司
發 行 人　高小娟
聯絡地址　235 新北市中和區中安街七二號十三樓
電話：02-2923-1455／傳眞：02-2923-1452
網　址　http://www.huamulan.tw 信箱 hml 810518@gmail.com
印　刷　普羅文化出版廣告事業
初　版　2019 年 9 月
全書字數　320304 字
定　價　二二編 25 冊（精裝）台幣 63,000 元　

六朝「大地」之多元思想及其詮釋（上）

林敏勝 著

作者簡介

林敏勝，臺中市人，國立清華大學歷史學博士，高等考試文化行政科及格，歷任教育部國教署、行政院農業委員會水土保持局、臺南縣政府文化處、臺中市政府新聞局、彰化縣政府教育處、新聞處等機關。研究領域爲六朝園林與農學、方志與地理學、宇宙論與陰陽五行、風水學說等。公務之餘，應邀於公私立大學通識教育中心兼課任教。

提　要

中國自古幅員遼闊，黃河、長江兩大流域及其水系，及秦嶺、南嶺等山脈險阻，各地區的土壤、氣候、物產及民俗風情不同，分劃出若干的區域，因而中國自古即出現「多元文化」的現象。由於地理環境、自然條件及歷史文化的影響，及南北的分裂割據與民族間的遷移轉徙，使得六朝時期，南北地區發展出不同的特徵與表現，其政治、經濟、社會、宗教、學術思想及風俗習慣等，受到「地域環境」之影響，導致不同層面的文化現象，帶有鮮明的南北地域的差異。

六朝「大地」思想的淵源來自於《漢書 · 地理志》與《淮南子 · 地形訓》，象徵著官方地理學與私家地理志兩大系統，內容上涵涉行政區、地方志、農學、園林、天文、宇宙論、風水、陰陽五行等多元範疇。

本書於第 2 章及第 3 章，闡述地理學、園林、農學與「大地思想」之關係，揭櫫農耕之施肥、播種與收割，園林的興造與佈置，歌詠山水及土地息息相關；佛道莊老之思想滲透，使得士人以接近自然山水爲樂；文藝風潮之變革，使得六朝藝術以寫繪山水大地爲標榜；受到戰禍延宕之影響，使得人們對於土地之感情更加濃厚，對於墾荒闢地與保鄉衛民，有功於鄉里之賢耆事蹟亦備受讚頌。

本書於第 4 章及第 5 章，闡述宇宙論、陰陽五行、風水學說與「大地思想」之關係，透過分析宇宙論爭之辨證，深化六朝對於天地觀察之見解，觀星、分野、與陰陽五行學說的交融解釋，使得六朝瀰漫著星占制君的機制；而六朝對於天、地、人、靈、氣、宇宙之對應探究，重視宇宙與大地之中諸氣的轉化與感應，且常參附陰陽五行作爲預測吉凶與災異祥瑞的徵示。六朝時期對於環境的選擇尤重視親水土、愼擇居、護生命等細膩的環境思考，經營環境中的風與水的配置關係。

中國自東漢末年起四百年間，政治與社會上起了重大變局，時代思想亦在此時爲因應變局而起了蓬勃的發展。六朝「大地」思想承襲先秦兩漢的思想脈絡，起了嶄新的詮釋。分佈在地理學、園林與農學、宇宙論與陰陽五行、風水學說等四大領域之間，透過類似的「語彙」與同理類推的「知識」，互相串連，建構彼此之間的對話空間，凡此種種，皆可見六朝「大地」思想之多元樣貌。

目次

上冊

下　冊

表　次

圖 次

第一章　緒　論

第一節　研究動機

中國把宇宙劃分為「天、地、人」三格，稱為「三才」，古代文獻中經常可見把「天」、「地」二字並舉或連用；或把「天、地、人」三字並列或連用；甚至以「天」代表大自然而統攝「地」在內。三才中的「地」，非僅指狹義之「土壤」、「土地」而已，還包涵與地有關的山、水、田、野、動物、植物、礦物等廣義內容。中國歷史悠久，文獻史料豐富，各個時期對地的詮釋不盡相同。故而瞭解古人對大地之界定，與對自然界山水、生物、資源之看法，有助於定位與修正今人對大地之認識與瞭解。

在浩瀚的宇宙中，地球是一個擁有土壤、水源與空氣，並能接受陽光、孕育生物的星體，故說地球是一切「生命的搖籃」。分分秒秒，地球都有新的生命誕生；日日年年，地球都在耗用自然資源。近年來，環境保育意識普遍受到注意，環境問題廣泛複雜，連帶也使得大地思想受到學術界之重視。學界已有不少前輩學者從事於這方面之研究，且多卓然有成。拜讀各家學說後，深覺大地思想範疇廣袤、層次殷實，是頗具有潛力空間之學術領域。

筆者在大學時期即對環境問題相當關心，進入研究所後，又跟隨師長從事六朝園林方面之探討，對於大地思想略有涉獵。故由六朝史料著手，探析該時代之大地思想。六朝適逢中國之分裂時期，立國於南方的朝代，對於大地之看法，乃上承三代秦漢之傳統，而另創新局，並引領隋唐兩宋之大地觀念。故而六朝在思想傳承上所扮演之角色與功用，亦為拙文探討之重點。

中國自東漢末年起四百年間，政治與社會開啓重大變局，學術思想亦在此時爲因應變局而掀起蓬勃的發展。受到戰禍延宕之影響，使得人民對於土地之感情更加濃厚；佛道莊老之流行，使得士人以接近自然山水爲樂；思想文風之變革，使得六朝藝術以寫繪山水大地爲標榜；宇宙論爭的盛行，使得六朝對於天地觀察更加深入；觀星與分野的學說，使得六朝瀰漫著星占制君的啓示；墾荒闢地與盜賊雲擾，使得鄉民對於有功於鄉野之賢耆事蹟歌功讚頌。凡此種種，皆可見六朝大地思想之蓬勃局面，及大地思想如何被實踐，並潛移默化融入時代的脈絡。

歐美自從1960～70年代接櫫環境哲學與環境倫理之概念，相關作品如雨後春筍般相繼問世。而國內，亦在政府與民間不遺餘力大力提倡環保運動的氛圍下，坊間環保書籍琳琅滿目。然而這些探討環境保護或生態思想之學術性著作，卻多從當代思潮切入，〔註1〕從古代文本反思者似乎不多；〔註2〕不過，若以歷史的角度出發，論及專門探討古今中外大地視野之學術作品已有逐漸受到重視的趨勢。〔註3〕近年來，陳師啓雲綜合中西學術與歷史發展，對

〔註1〕討論當代台灣生態議題的著作頗多，茲舉二例：吳明益，《以書寫解放自然——臺灣現代自然書寫的探索：1980～2002》（臺北，大安出版社，2004年11月出版）；陳玉峰，《臺灣生態史話》（臺北，前衛出版社，1997年12月出版）。此外，還有爲數眾多的臺灣生態與環保作家與學者，例如王家祥、王瑞香、吳明益、林俊義、金恆鑣、洪素麗、孟東籬、陳冠學、劉克襄等，對於臺灣當代的生態議題提出卓見。

〔註2〕從古代文本來探討生態與環境議題的著作，似乎以哲學的角度來論述觀察，不過論述均極具見地，可爲晚輩解析六朝大地思想之參考。輔仁大學莊慶信《中國哲學家的大地觀》，此書將「地」的概念分爲五個大類——第一類：一般意義的地，包括「陸地義」（如陸地）、「經濟義」（如耕地、農田、森林）、「政治義」（如疆土、封地）、「居住義」（如宅土、居地）、「原野義」（如原野、田獵）等；第二類：哲學意義的地，包括「形上義」（或「存有義」、「本體義」）、「變化義」（如陰陽或五行中的土）、「律則義」（如天地之道）、「一體義」（如仁者與天地萬物爲一體）等；第三類：倫理意義的地，包括「道德義」（如天地不仁）、「價值義」（如天尊地卑）等；第四類：美學意義的地，包括「審美義」或「藝術義」（如天地之美）；第五類：宗教意義的地，包括「樂土義」或「末世義」（如樂土、大同世界）、「神聖義」（如天地神祇）等。又本書在第六章，曾就中國歷代「地」思想的橫切面，揭櫫大地思想之十大基本課題：1. 原野義：保護原野。2. 形上義：地思想的形上基礎。3. 變化義：天地的變化及化生。4. 律則義：天地（自然界）的律則。5. 一體義：與天地萬物（自然界）爲一體。6. 倫理義：人對待天地（自然界）的倫理。7. 價值義：天地（自然界）人的地位及價值。8.審美義：天地（自然界）的自然美。9. 樂土義：樂土（理想國）的渴盼。10.神聖義：宗教意義的地及地神。參莊慶信，《中國哲學家的大地觀》（臺北，師大書苑，1995年8月出版）。

〔註3〕中研院經濟所曾邀集中外學者，共同討論環境史議題，並輯冊出版《積漸

於中西地理環境的比較提出迥異以往史家的看法。陳師首先批判「大陸型」與「海洋型」兩種地理環境的對立說法的誤謬；〔註4〕其次，指出唐宋時代，中華文明幾近「跳躍性的變革」，表現出「大陸型」地理環境有利於文明發展的因素，而此亦是今日中華文明發展之有利條件。

第二節　研究範圍

一、時代斷限

關於「六朝」之界定，學界有各種不同的說法，有以「時代」爲區分者，有以「地區」爲區分者。而歷史上「六朝」之名，首見於唐許嵩《建康實錄》一書，其〈序〉云：

> 今質正傳，旁採遺文，始自吳起漢興平元年，終於陳末禎明三年。……總四百年間，著東夏之事，勒成二十卷，名曰《建康實錄》，具六朝君臣行事。〔註5〕

這是主張以六朝爲史地名詞，指稱建都於建康一地之朝代，包括東吳、東晉、宋、齊、梁、陳六個朝代，也是以「空間」上的建康爲主，所包括的時代與所含括的空間，均以立國於南方的六個朝代爲主。〔註6〕至於拙文，亦擬採此

所至——中國環境史論文集》（臺北，中研院經濟所，1995年6月出版）乙書，從比較史（世界史、亞洲史）的觀點、人類聚落的觀察、水文與水利、氣候變遷、疾疫與環境、文學與自然、近代的經濟開發（伐林、水庫、化肥、工業等）與環境的惡化攸關的議題，從諸多不同的面向來探討環境史的議題。

〔註4〕陳師啓雲曾論證，正確地比較起來，在海洋型地理環境中的英國，其早期文化發展，比起「大陸型」的中國固然落後幾千年，但比起在歐陸的羅馬帝國文化，也落後一千多年，甚至比在歐陸的蠻族的新興文化，也落後數百年。海洋島國的文化優勢，一直要等到歐洲15～16世紀文藝復興以後，天文、地理、造船、航海科技高度發達以後，才發展出來。即使如此，文藝復興仍是源出於「半海洋型」的義大利，而海外航行新世界的發現，也是由「半海洋型」的西班牙爲先驅發現的。參陳啓雲，〈地理與人文動態互應考析之一：中西地理環境的比較〉，《蘭州大學學報》，35：2（蘭州，2007年3月出刊），頁4。

〔註5〕〔唐〕許嵩，《建康實錄》（上海，上海古籍出版社，1987年10月出版），〈序〉，頁1。

〔註6〕作爲學術研究的歷史斷限名詞，其歷史必須具有延續性，地域必須具有相連性，方能表現同一時代的共同特色。此爲六朝的原始意義，亦即「史學六朝觀」。按歷代關於六朝之範疇，約有以下四種說法，表列如下：

種說法爲主，即以建都於建康，立國於南方的六個朝代爲論文之時空主軸。其一乃服膺《建康實錄》與《六朝事迹編類》此二書主述建康史地及事跡之史實。其二乃「六朝」一詞，愈接近明清時期，已由「史地概念」逐漸演化成爲「文學概念」，就歷史研究而言，頗失之籠統。〔註 7〕文學觀念有其文學之學風，本自有緣由，但若套用於歷史議題之探討，似有不妥，依拙見仍以服膺六朝之原始本意爲宜。然縱使如此，值當南方六個朝代在南方立國時，北方亦有相當的王朝掌控並立國於黃河、淮河地區，因而在空間上，北方對於南方，或南方之於北方，仍具相當程度的影響，故在行文當中，對於空間上之南北雙方，採取兼顧相關史料論述之。

二、文獻材料

至於拙文主要參考之文獻史料，主要有以下六大分類：

表 1-1：「六朝」說法一覽表

說　　法	主　張　者
東吳、東晉 宋、齊、梁、陳	唐・許嵩《建康實錄》 宋・張敦頤《六朝事迹編類》 宋・李燾《六朝通鑑博議》 宋・王應麟《小學紺珠》
魏、晉 宋、齊、梁、陳 隋	明・薛應旂《六朝詩集》
宋、齊、梁、陳 北朝、隋	清・孫德謙《六朝麗指》
晉 宋、齊、梁、陳 北魏、北齊、北周 隋	宋・胡仔《苕溪漁隱叢話》 明・梅鼎祚《六朝詩乘》 明・張謙《六朝詩彙》 明・張溥編《漢魏六朝百三家集》 清・嚴可均《全上古三代秦漢三國六朝文》

關於「六朝」，鄭欽仁教授認爲，魏晉南北朝有時又稱爲六朝，是指三國的吳、東晉、宋、齊、梁、陳，這六個王朝皆奠都在建康，雖然自東吳滅亡到晉室南遷建康之前，將近四十年不在建康定都，不能相續，但時間上大致也能涵蓋這個時代；廣義上的六朝亦包括北方政權（五胡十六國及北朝）在內。六朝的稱呼，與南方政權爲正統的意義是有關係的。參鄭欽仁等，《魏晉南北朝史》（蘆洲，國立空中大學，1998 年 8 月出版），頁 3。

〔註 7〕迨至明清，六朝的觀念已由歷史名詞逐漸朝文學範疇轉化，形成了「文學六朝觀」之情形。

（一）正史典籍

六朝正史中記載了不少有關「大地」思想的史實，六朝各代《會要》中亦備載「宮、殿、園、苑」〔註 8〕之門類史料。各史〈本紀〉記錄了園林之興肇、修建及傾廢之經過；記載何年何地，帝王貴冑曾臨幸園林，進行那些活動。各史列傳亦記錄私家園林之構築與佈置及在私家園林所展開的各式活動。史料頗為繁複，活動五花八門。可說一部六朝園林史就是一部六朝皇室貴冑與世家大族興衰之歷史。而正史〈地理志〉與〈天文志〉亦是爬梳「大地」思想題材之史料庫，可藉此窺見整個六朝對於「大地」思想的理解。

（二）詩賦文集

六朝大地思想與六朝文學發展之關係頗為密切。六朝正值中國山水、田園、遊仙、玄言、隱逸、宴遊、宮體、行旅、詠物等文學作品呈顯多樣發展之時期。有不少作品涉獵大地上的生物之描寫，與大地環境空間之敘述。在這些詩賦文章之隻字片語當中，透露出六朝對於山、水、田、地、風土、景觀之認知與態度，雖係文學作品，卻透露出不少六朝當代的實況訊息，可說是研究六朝「大地」思想不可或缺的史料之一。

（三）農林園藝

明代計成的《園冶》被譽為中國園林藝術之「奪天工」書，此書堪稱中國造園總成之作，可為吾人解讀中國園林之基本問題。但六朝時期尚無造園史家之名，更未有造園之專書存世。然六朝時期曾有不少農園林藝之專書問世，然與方志地理書的情形類似，大多散佚不存。然而，卻有不少條目殘存於後人的類書或輯本書中，表現出六朝對於園林造設之觀點、農園動物之放養、異花奇果之栽植、自然氣候之觀察，均展現相當之成績。而此亦為今日

〔註 8〕六朝各朝代的《會要》中有許多敘述「宮、殿、園、苑」的史料，可參考各代《會要》當中的一些條目。例如，〔清〕楊晨，《三國會要》（臺北，世界書局，1975 年 3 月出版），卷七〈方域中〉，頁 82～89；〔清〕汪兆鏞：《晉會要》（北京，中國建築工業出版社，1988 年 10 月出版），〈輿地九〉卷 53，頁 627～639；以及〔清〕朱銘盤所輯的四本南朝會要——《南朝宋會要》（臺北，弘文館出版社，1986 年 7 月出版），〈方域〉，頁 689～711、《南朝齊會要》（臺北，弘文館出版社，1986 年 11 月出版），〈方域〉，頁 541～558、《南朝梁會要》（臺北，弘文館出版社，1986 年 7 月出版），〈方域〉，頁 573～592、《南朝陳會要》（臺北，弘文館出版社，1986 年 11 月出版），〈方域〉，頁 307～316。

研究六朝「大地」思想中的園藝花卉與林木培植面向，不可忽略之重要文本。

（四）風水典籍

自古以來，風水是構成中國民族思想型態的一部分，在中國傳統行爲模式與生活觀念裡佔有重要的地位，自民族文化學的觀點，風水已經不是單純的迷信的問題，而是中國文化不可分割的一部分。風水自漢代到六朝的流傳，可從《漢書．藝文志》中列有堪輿的著作作爲證明；六朝時代，風水術有了轉變，這可由風水的擇葬盛行，與郭璞《葬書》的出現爲證。也顯示了六朝的風水理論，連結了時間、空間、人物三個重要元素，形成了一種判斷禍福吉凶的系統。

（五）天文星占

天文與星占是中國古代的大事，古代將天文現象與地上的州國互相對比附，使得天、地、人可以互相對應，藉以得出預測吉凶的判斷。此在正史〈天文志〉、〈五行志〉、〈律曆志〉，以及唐代的幾本占經當中，都有詳細的論述。而隋代蕭吉的《五行大義》一書，更是總結六朝以前闡論陰陽五行思想的一部代表性的文獻。全書環繞著「五行」的思想而建構。在此，將依天文星占史料爲主，以探討六朝陰陽五行與天文星占對於「方位觀念」的理解與論述，以及其中所顯現的「大地」思想。

（六）方志地理

六朝時期除了有正史地理志、州郡志、郡國志等之完稿，亦曾有過爲數不少的地方志書問世，這些地方志書當中曾提及許多涵涉「大地」思想之條文。例如，提到某地區之地形、地貌、山川、湖泊，洞穴、潛流、溶岩、怪風等自然地理現象；又提到某地區之異物、異民、異俗、異類等追新錄異的記載；還有細說某人旅行的經歷、所見與所聞，以及各地保鄉爲民的人物事蹟等等。這也可以看出六朝「大地」思想多元而豐富、傳統又喜新的時代面貌。而這些方志地理，大多散佚，縱使如此，尙有幾部後代的類書當中，記載了六朝地理景觀之部分景像，這些殘存的相關條目，乃爲吾人研究六朝「大地」思想的珍貴條目。

三、研究論題與架構

圖 1-1：研究架構圖

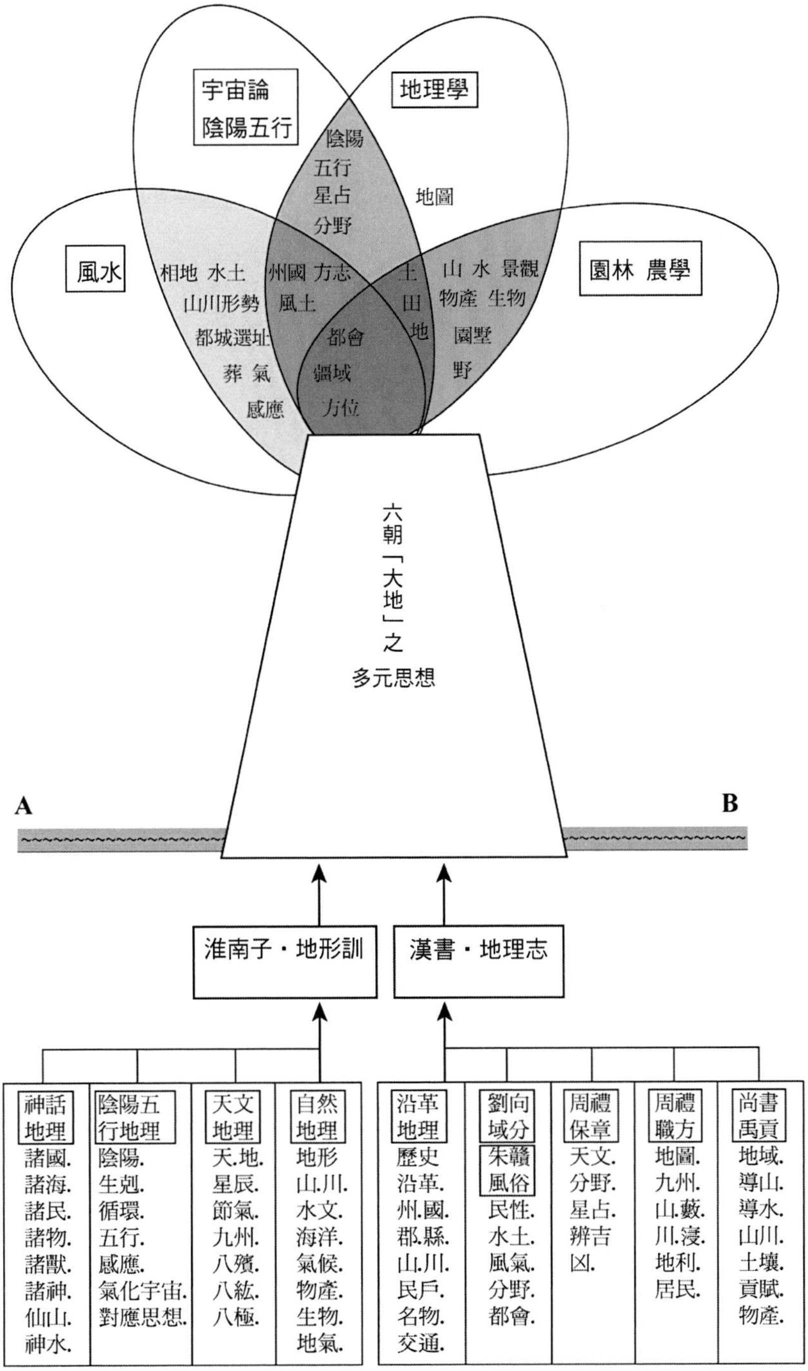

宇宙論 陰陽五行
地理學
風水
園林 農學
陰陽 五行 星占 分野
地圖
相地 水土 山川形勢 都城選址 葬氣 感應
州國 方志 風土
都會 疆域 方位
土田地
山 水 景觀 物產 生物 園墅 野

六朝「大地」之多元思想

A
B

淮南子・地形訓
漢書・地理志

神話地理	陰陽五行地理	天文地理	自然地理	沿革地理	劉向域分 朱贛風俗	周禮保章	周禮職方	尚書禹貢
諸國. 諸海. 諸民. 諸物. 諸獸. 諸神. 仙山. 神水.	陰陽. 生剋. 循環. 五行. 感應. 氣化宇宙. 對應思想.	天.地. 星辰. 節氣. 九州. 八殥. 八紘. 八極.	地形 山.川. 水文. 海洋. 氣候. 物產. 生物. 地氣.	歷史 沿革. 州.國. 郡.縣. 山.川. 民戶. 名物. 交通.	民性. 水土. 風氣. 分野. 都會.	天文. 分野. 星占. 辨吉凶.	地圖. 九州. 山.藪. 川.浸. 地利. 居民.	地域. 導山. 導水. 山川. 土壤. 貢賦. 物產.

在這張架構圖中，以 AB 線分爲上、下兩個部分——上面的部分爲拙文所要探討的論題，包括「地理學」、「園林與農學」、「宇宙論與陰陽五行」、「風水」四個面向；下面的部分，可以看出主要是由兩個單元所構成，亦即右邊的《漢書・地理志》與左邊的《淮南子・地形訓》兩個系統，向上發展以形成六朝「大地」思想之總體相。整張圖，看起來像是一棵生氣盎然的綠樹，也可看成一株色彩繽紛的花朵，而 AB 線是「地表」，AB 線以下是地表下面肥沃的土壤所在，地表以上則是開花結果、生生不息的果樹，這由六朝及其以前，多樣貌且不斷醞釀的「大地」思想，可以顯現出中國「大地」思想之多元特性。

拙文企圖探討的四大主題，其中所顯相的主體樣貌，就像是整棵植物的粗幹壯枝，將六朝「大地」思想的脈絡與架構，撐展開來，而樣貌與樣貌之間的密葉與分枝，則可以看成是脈絡之下的細胞與血脈，透過母體的養料而成長與茁壯。以地理學面向而言，包括了沿革地理、區域地理、自然地理、人文地理、神話地理等，都統攝在「大地」這個面貌之下，而顯現出諸多談到山、水、園、墅、景觀、物產、生物、風土、民情、傳說、都城、分野等文字，在六朝方志中呈現多元而有趣的記載；以園林與農學的面向而言，包括了農耕、土壤、水脈、地利、生物、山脈等，除了在六朝正史有許多例子，在地方志當中也經常可見；再者，以宇宙論與陰陽五行的「大地」面向而言，更需由地面上人爲的郡國與州縣的疆域沿革爲切入點，而對應天空中的方位、星土、分野等人爲設計的天宇樓閣，與辨析各地不同的「地氣」所形成的諸多不同的形貌；復由查察各地的山川形勢，品相各地殊異的水土，而導引出圖求與選擇良好的葬地與乘氣感應之寶地。以下將分爲三個單元，針對研究架構圖，做進一步的說明。首先將以《漢書・地理志》與《淮南子・地形訓》爲中心，分析六朝「大地」思想之性質與淵源；其次說明六朝時期，分裂環境之下的南方與北方；最後在第三部分，將略論六朝「大地」思想的四叢小樹叢（地理學、園林農學、宇宙論及陰陽五行、風水）之間，互相重疊交引，而生育出充滿翠綠、寶藍、靛紫、銀灰、橙橘、檳黃等繽紛色彩的大地樣貌。

（一）六朝「大地」思想之性質與淵源——以《漢書・地理志》與《淮南子・地形訓》為中心

六朝「大地」思想之淵源，可以追溯到漢代的《漢書・地理志》與《淮南子・地形訓》。此二書也是漢代多元之「大地」思想的成果。就歷史發展而言，六朝「大地」思想的果實，來自於漢代對於「大地」思想的耕耘；而漢代「大地」思想的結穗，則源自先秦時期「大地」思想的播種。因此，漢代「大地」思想的多元成份，實乃構成了六朝「大地」思想的多元面貌。

分析《漢書・地理志》與《淮南子・地形訓》之地位，除了同為研究漢代地理學的文本以外，若仔細分析，二書有著不同的質性。首先，以作者而言，《漢書・地理志》的作者為班固，《淮南子・地形訓》的作者為淮南王的賓客與方術之士。因此，在性質上，《漢書・地理志》代表著國家體制、官方系統的「大地」思想；而《淮南子・地形訓》代表了地方體系、私家系統的「大地」思想。第二，以產生地域而言，《漢書・地理志》的定稿在黃河流域的長安，代表著自先秦以來，北方歷史地理學的總結之書；《淮南子・地形訓》的構想與輯稿在江南的淮南地區，象徵了南方歷史地理學的開創之作。第三，以書寫方式分析，《漢書・地理志》的論述體系由五部分構成——亦即，《尚書・禹貢》、《周禮・職方》、《周禮・保章》、劉向《域分》和朱贛《風俗》、以及漢代當代的地理疆域，這些文書係承襲先秦典籍，以及漢代的疆域劃分，多係出自官方檔牒；而《淮南子・地形訓》的論述內容由四部分構成——自然地理、天文地理、神話地理、陰陽五行地理，這些文字內容係地方史料的彙整，具有地方特色。因此，《漢書・地理志》是一種「下行文」格式的官令文書，論述措辭多偏重「貢」、「賦」、「納」、「田」、「土」、「浮」、「通」等字樣，〔註9〕其目的在「昭告」；《淮南子・地形訓》是一種「上行文」格式的陳述文書，論述措辭多偏重「何謂」、「是謂」、「乃有」、「是故」、「自……曰」、「就……就」、「其人……其地」等字樣，〔註10〕其目的在「說明」。第四，以

〔註9〕《漢書・地理志》出現下列文字，舉例說明如下（參《漢書》（臺北，鼎文書局，1997年10月出版）卷28上〈地理志〉・上，頁1523～1564）：
「貢」，例如「荊州，貢羽旄、齒、革」；「賦」，例如「青州，賦中上」；「納」，例如，「九江納錫大龜」；「田」，例如「揚州，田下下」；「土」，例如「豫州，厥土惟壤，下土墳壚」；「浮」，例如「徐州，浮於淮、泗」；「通」，例如「揚州，均江海，通於淮、泗」，這些文字措辭，顯現出中央集權帝國對於地方行政的要求與期望。

〔註10〕《淮南子・地形訓》出現下列文字，舉例說明如下（參《淮南鴻烈集解》（北京，中華書局，1997年1月出版）卷4〈地形訓〉，頁130～158）：
「何謂」，例如「何謂九州？東南神州曰農土」；「是謂」，例如「或上倍之，是謂懸圃」；「乃有」，例如「九州之外，乃有八殥」；「是故」，例如「是故山氣多男，澤氣多女」；「自……曰」，例如「自東北方曰大澤，曰無通」；「就……

文字內容分析，《漢書・地理志》文字統整、架構統一，各部分、各段落之間嚴格區分，顯現出「大地」思想之「公」、「官方」、「政府部門」、「大同世界」的格局；而《淮南子・地形訓》文字華美、變化多端、思想自由，顯現出「大地」思想之「私」、「個人」、「民間部門」、「區域政體」的格局。以下擬將〈地理志〉與〈地形訓〉做成各論分析，以明晰其架構。

1. 《漢書・地理志》之架構

綜觀《漢書・地理志》之內容，基本上可以分爲五個部分。首先是引論，這部分在〈地理志〉全志的最前面，班固概敘自黃帝起至漢初以來歷代的疆域變遷，全文轉錄《尙書・禹貢》及《周禮・職方》爲引子，藉以作爲講述漢代以前疆域沿革的資料。關於《尙書・禹貢》，地理學家王成祖教授在評論〈禹貢〉的重要價值時，認爲：「它是我國古代文獻中公認爲一篇具有系統性地理觀念的作品，甚至長時期採用它的九州作爲一種超時代的地理區劃。」〔註 11〕今觀〈禹貢〉的內容，顯得文字精鍊、敘事概括，全文僅約一千多字，記述了中國全境之山川、物產、田賦等方面的重要內容，而且系統完整、結構嚴密。〔註 12〕〈禹貢〉中的「九州」之說，具有較大的歷史地理

就」，例如「上者就下，流水就通，而合於黃海」；「其人……其地」，例如「北方幽晦不明，其人翕形，……其地宜菽」。

〔註 11〕王成祖，《中國地理學史：先秦至明代》（北京，商務印書館，1982 年 12 月出版），頁 4。

〔註 12〕〈禹貢〉全部內容大致上可分爲四個段落。第一部分採用區域研究和自然分區方法。以「荊、衡、岱、太華」四山，「河、濟、淮、黑」四條河流和海爲分界標誌，劃分全國爲九州，亦即，冀、青、兗、徐、揚、豫、雍、荊、梁九州。各州敘述各州之內的山川、湖泊、土壤、物產、田賦等級、貢品名目和水陸運輸，在一些州裡面還提到少數民族。九州部分的主要內容，是分述每州的地域範圍、山嶺、河流、澤藪、治水經過地點、水利治理情況、土壤性質、田賦等級、特殊貢品、運輸路線等，其中，州與州之間的分界，多以作爲主要自然地理的山脈、河流來區隔。第二部分名爲「導山」，乃是假託大禹治水時的經行路線，所以只記山名，但相關聯的山岳便形成了四條山列的概念。「導山」重點記述了九州之內山地分佈的大勢，指出全國山地主要有四列，其走向大體上都是自西向東，並且向東散開，將眾多而雜沓的山脈勾畫得條理清楚。第三段名爲「導水」，乃是假託大禹所治之水，所以從上游開始，依次記述了弱水、黑水、河水、江水、漢水、濟水、淮水、渭水、洛水、及其重要的支流的名稱。主要以九條大河爲主線，分別加以介紹，分述各河流的走向、流勢、歸宿。〈禹貢〉最後一部分是一個理想的地理制度，亦即五服制。它以距離王都向外依次分爲甸、侯、綏、要、荒五服。並規定了相應的管理方法及賦役交納等級制度。從〈禹貢〉的內容，可以看出當時人們對於

學意義，其劃分的架構，超過了《山海經》中關於南、西、北、東、中「五方」的原始樸素的區劃，顯示出在地域區域的瞭解與空間分割上前進的痕跡，也揭示出〈禹貢〉作者更為寬廣的地理視野。此外，〈禹貢〉對於九州的區域研究，雖其文字簡要，卻寓意深遠，形成了一種區域研究模式的雛形。〔註 13〕〈禹貢〉的九州論述以後，緊接著以專題形式記述「導山、導水」兩個部分，這也透露出〈禹貢〉作者認為地理區域的劃分，以「山、水」為自然界線為區隔的原則。而「導水」一節所揭露的眾「水」，雖記述略嫌簡略，不過已經運用記述河川之「方位」、「分合」、「匯納」等書寫的方式，〔註 14〕顯現出作為後代「因水證地」的地理志書（例如〈河渠書〉、〈溝洫志〉、〈河防志〉、《水經注》等）之初步格局。

第三部分是《漢書・地理志》的主體部分。主要在於記述漢朝的當代地理，此為全志的重點所在。此部分是以西漢平帝元始二年（西元 2 年）的全國行政區劃為綱（計有 103 個郡國和所轄的 1587 個縣、道、邑、侯國），記述漢代郡縣的設置、沿革以及與域外國家的地理交通與往來情況。在內容上，郡、國一級除了記述行政區的設置沿革外，還包括了戶口、轄縣、邑、道、侯國；縣一級包括設置沿革、物產、宮祠、山川、澤藪、古蹟、水利、關塞等。因此，《漢書・地理志》是以郡縣為綱，記述歷代沿革、戶口數字、山岳陂澤、水道源流、水利設施、土產物產，以及具有重要意義的各種地形地物的地理書。

《漢書・地理志》的第四、第五兩部分，轉錄劉向《域分》、朱贛《風俗》二部書中的內容，性質上類似「附錄」的地位，也象徵了地理項目的延伸意涵。內容上是以《史記・貨殖列傳》為基礎，主要講說分野關係和歷史疆域

中國境內的主要水系已有了深刻的瞭解；其次，對於境內的自然地理現象觀察也頗為準確；再者，反映了當時土壤分類的萌芽和水道系統的觀念。因此，〈禹貢〉是一部包含了中國遠古的有關政治地理、水文地理、山岳地理和經濟地理等內容的系統地理著作，反映了早期的人們的地理知識。

〔註 13〕〈禹貢〉的九州論述，包括了「州名」（地理疆域）、「城市」（城市地理）、「貢、賦」（經濟地理）、「山、川」（自然地理）、「物產」（產業地理）、「土、田」（農業地理）等類目，這些類目在六朝的地方志當中，均已逐步獨立成為「州郡記」、「都邑記」、「山川志」、「異物志」、「水土志」等類目，顯現出地理項目演變過程中的傳承關係。

〔註 14〕例如，「道淮，東會於泗、沂，……道渭，東會於酆，又東至于涇，又東過漆、沮，入于河。」參《漢書》卷 28 上〈地理志上〉，頁 1534，這些寫作的架構與論述的方式在六朝《水經注》當中，均可找到蛛絲馬跡。

沿革，並藉以補充、擴展，以企圖建構出《漢書》的區域地理總論。其中，西漢劉向撰寫的《域分》，乃為漢代早期之疆域地理著作，而班固撰寫的官方《漢書・地理志》，也以疆域政區為主軸，這可視為歷代正史記錄疆域政區、建置沿革之始，並為研究疆域政區消長變化的「沿革地理學」樹立了典範。

秦漢統一帝國形成後，進一步推動了區域經濟的發展，在戰國草創的基礎上，完成了四大經濟區的格局，按《史記・貨殖列傳》的記載，此四大經濟區即「山東」、「山西」、「江南」和「龍門碣石以北」四大經濟區（參表 1-2：漢代全國經濟區分劃圖）〔註 15〕。所謂的「山東」〔註 16〕，即指太行山以東地區，又稱「關東」地區，即函谷關以東地區。所謂的「山西」〔註 17〕，即太行山以西地區，亦稱「關中」地區，地處函谷關之西，此區早為周人發祥地，秦代又大加經營，故發展迅速，此區以涇渭平原的關中地區為核心，又向西南、西北延伸，西南到達巴蜀、西北包括戎狄的畜牧區。「江南」經濟區實指長江以南的廣大地區，此區開發較遲，農業生產落後，尚處於刀耕火耨階段，人口稀少，地亦卑濕，故北方多視遠跋江南為畏途。至於「龍門碣石以北」經濟區，其地域包括趙之北部、燕及中山之全境，此區為半農半牧的

〔註 15〕《史記・貨殖列傳》劃分中國為四個經濟區，是依據西漢初期區域經濟發展的情況而定的，依照〈貨殖列傳〉的記載製表如下：

表 1-2：漢代全國經濟區分劃表

山西經濟區	戎翟區	龍門碣石	經濟區
	關中區	山東經濟區	齊魯區
	巴蜀區		梁宋區
	江南	經濟區	

基本上，〈貨殖列傳〉中所分劃的各個區域過大，區內地區的發展也有一定的差別，所以一個經濟區實可再分為若干分區。舉例而言，山西可再分為關中、巴蜀、戎翟三分區；山東可再分為齊魯、梁宋二分區。

〔註 16〕此區包括華北平原的「三河」（河東、河南、河內三郡），東經齊、魯，直達東海之濱。亦即中國開發最早的中原地區。司馬遷曾謂：「夫三河在天下之中，若鼎足，王者所更居也。建國各數百千歲，土地小狹，民人眾，都國諸侯所聚會。」（《史記・貨殖列傳》）這是中國古代最為發達的農業區，也是華夏文化的主要發祥地，古代的政治、經濟、文化的中心區。

〔註 17〕此區領域遼闊，實可再分為三個經濟區，即以涇渭平原為主幹的「關中區」、以成都平原為主幹的「巴蜀區」、西北邊境「畜牧區」。秦漢相繼定都關中，使得關中成為中國經濟重心之所在，《史記》稱「關中之地，於天下財三分之一，而人眾不過什三，然量其富，什居其六。」於此可見關中實乃中國財富最集中之地。

經濟區，農業不及山東、山西兩區，但是畜牧業頗爲發達，工商業亦有相當規模。

由司馬遷的〈貨殖列傳〉與《漢書・地理志》的地理區的分劃標準，可以知道二者雖同爲官方地理分劃原則，然則標準不盡相同。司馬遷的時代國家草創，多承襲舊規，而經濟因素尤爲區域劃分的要素，因此〈貨殖列傳〉的分劃結果，雖嫌粗糙，卻已顯現出經濟地理的初步格局。〈貨殖列傳〉一方面主張依山川分割區域，又重視各地物產的分佈與利用，可以說是六朝以及後代地理重視經濟面向的淵源。而六朝與後代的區域地理的發展，一方面依循《漢書・地理志》關於「九州」的州郡縣分劃原理爲分區的標準，一方面也保留了〈貨殖列傳〉重視經濟因素在地理區的地位而爲分區的標準。

另一層面向即是漢代的區域地理論述，已從大區域的記述，逐漸朝小區域記述發展的形式，一方面封建國家版圖遼闊，各地區之間的地理情況不盡相同；再者，漢初的郡國政府，有其自由發展地方事務的權力與能力，這也使得各地區的「獨立性」與「特殊性」表現出來。進一步而言，各地區的首善之都，《史記》與《漢書》均點出了這種區域文化的中心「都會」，此都會集合了各地區的政治、經濟、社會之多樣性，表現出在地文化的特色。這種趨勢，西漢晚期已漸露頭角，王莽所定的「五都」〔註 18〕，便是這一歷史趨勢的表徵。其中，巴蜀經濟區的中心都會成都、山東經濟區的經濟中心都會──洛陽、臨菑、宛，均列爲五都之一，而且最遲到漢末，中國全境已經形成了十二大都會（參表 1-3：《史記・貨殖列傳》與《漢書・地理志》記載全國 12 大都會表）。

表 1-3：《史記・貨殖列傳》與《漢書・地理志》記載全國 12 大都會表

地區	都會	約當今地	《史記・貨殖列傳》摘錄	《漢書・地理志》摘錄
山西地區	1.長安	西安	關中，膏壤沃野千里，……因以漢都，……四方輻湊並至而會。	漢興，立都長安。
	2.雒陽	洛陽	洛陽東賈齊、魯；南賈梁、楚，向爲中原大都會。	昔周公營雒邑，以爲在于土中，諸侯蕃屏四方，故立京師。

〔註 18〕參《漢書》卷 24 下〈食貨志・下〉：「於長安及五都立五均官，更名長安東西市令及洛陽、邯鄲、臨甾、宛、成都市長皆爲五均司市師。」，頁 1180。

山東地區	3.臨菑	臨茲	臨菑亦海岱之閒一都會也。	臨甾，海、岱之間一都會也。
	4.陶	定陶	陶、睢陽亦一都會也。	濟陰定陶，武王封弟叔振鐸於曹，得山陽、陳留。
	5.睢陽	商邱	陶、睢陽亦一都會也。	周封微子於宋，今之睢陽是也。
	6.壽春	壽縣	壽春，亦一都會也。	壽春受南北湖皮革、鮑、木之輸，亦一都會也。
	7.宛	南陽	宛亦一都會也。	宛，西通武關，東受江、淮，一都之會也。
	8.江陵	沙市	江陵故郢都，西通巫、巴，東有雲夢之饒。	江陵，故郢都，西通巫、巴，東有雲夢之饒，亦一都會也。
龍門碣石以北地區	9.邯鄲	邯鄲	然邯鄲亦漳、河之閒一都會也。北通燕、涿，南有鄭、衛。	邯鄲北通燕、涿，南有鄭、衛，漳、河之間一都會也。
	10.燕	北平	夫燕亦勃、碣之閒都會也。南通齊、趙，東北邊胡。	薊，南通齊、趙，勃、碣之間一都會也。
江南地區	11.吳	蘇州	夫吳東有海鹽之饒，章山之銅，三江、五湖之利，亦江東一都會也。	吳東有海鹽章山之銅，三江五湖之利，亦江東之一都會也。
	12.番禺	廣州	番禺亦其一都會也。	番禺，其一都會也。

分析各都會的歷史地位與市容發展而言，例如，談到邯鄲，曰：「趙地，地薄人眾，……丈夫相聚游戲，悲歌慷慨，女子彈弦跕躧，游媚富貴，徧諸侯之後宮。邯鄲北通燕、涿，南有鄭、衛、漳、河之間一都會也。其土廣俗雜，大率精急，高氣勢，輕為姦」〔註 19〕；談到吳，曰：「吳東方有海鹽章山之銅，三江五湖之利，亦江東之一都會也。……出黃金，然堇堇物之所有，取之不足以更費。江南卑溼，丈夫多夭」〔註 20〕；談到今交廣之都會廣州，曰：「粵地，……處近海，多犀、象、毒冒、珠璣、銀、銅、果、布之湊，中國往商賈者多取富焉。番禺，其一都會也」〔註 21〕。這些都會的敘述，包括了形成都會的歷史沿革（早期封國）、地理位置、區域範圍、氣候因素、地方資源（物產、特產、異產）、民性風俗、交通運輸、山川河海等諸多描寫。也可以看出，這些都會不僅早在秦漢時代已經略具規模，今日亦是區域地理

〔註 19〕參《漢書》卷 28 下〈地理志・下〉，頁 1653～1654。
〔註 20〕參《漢書》卷 28 下〈地理志・下〉，頁 1668。
〔註 21〕參《漢書》卷 28 下〈地理志・下〉，頁 1669～1670。

的精華中心，而都會地理的撰寫重點，對於後代及六朝的地理志書當中的「都城志」的出現與獨立，亦具有啓發的貢獻。

此外，更可以推論，自秦漢到六朝，「大地」思想之論述區域，係「由大到小」、由「宏觀到微觀」而轉變。例如，《漢書・地理志》對於中國的地理區的劃分，採取大區塊經濟區域的劃分法，先將全境分割爲四大主要經濟區，各區再細分爲幾個小區以及區內郡縣的敘述，最後再點出區域中心都會的重點。這顯示了地理學的論述趨勢，是從「大區域」（四大區域）→「中區域」（州、國）→「小區域」（郡、縣）→「中心區域」（都城）逐步演變的過程。這種演變的歷程，在六朝更加踵事增華，論述的項目更朝細部分劃而前進，六朝時期出現的解說與描寫各種方志類目的「山水記」、「宮殿簿」、「寺塔記」、「園墅志」、「山居賦」、「物產志」、「花木志」、「人物傳」等類目，以及各種詠花、吟竹、戲蟲、親土、狀海、聽濤、歸山之詩作與賦文，皆顯現出六朝「大地」思想由大趨小、由公轉私、由粗求細、由宏觀而微觀的歷史現象。

2.《淮南子・地形訓》之架構

今傳之《淮南子》有 21 篇，本名《鴻烈》，乃由西漢時淮南王劉安招致賓客集體編寫而成，於漢武帝建元二年（前 139）獻上。〔註 22〕其中〈地形訓〉爲《淮南子》的第四篇，何爲「地形」？在《淮南子・要略》〔註 23〕中已開宗明義：

> 「地形」者，所以窮南北之脩，極東西之廣，經山陵之形，區川谷之居，明萬物之主，知生類之眾，列山淵之數，規遠近之路，使人通迴周備，不可動以物，不可驚以怪者也。〔註 24〕

從這段文字當中，可以看出〈地形訓〉的論述重點——大地的方位（東西南北）、距離（東西南北之廣脩）、邊界（窮、極），各地山陵的形狀、高度、來龍去脈，各地河川的分佈、匯合、水文、型態，各地區域的交通、道里、人

〔註 22〕參劉文典，《淮南鴻烈集解》（北京，中華書局，1997 年 1 月出版），點校說明，頁 1～4。又關於《淮南子》一書的成書與內容，學界研究論者甚夥，拙文在此將僅針對《淮南子・地形訓》中所蘊含之相關「大地」思想切入探討。

〔註 23〕參劉文典，《淮南鴻烈集解》卷 21〈要略〉，頁 700。由於今本《淮南子》未見類似針對全書做題解的序文，因此〈要略〉曰：「凡《鴻烈》之書二十篇，略數其要，明其所指，序其微妙，論其大體，故曰〈要略〉」之語，可視爲全書之序文。

〔註 24〕陳一平，《淮南子校注譯》（廣州，廣東人民出版社，1994 年 1 月出版）卷 21〈要略〉，頁 1069。

種、物產之樣貌與差異。因此，可知〈地形訓〉作為記載漢代區域地理作品的探求面向，內容上包羅萬象，窮究天地四方之大、探索山陵川谷之位、渴求萬物眾生之本、感知土地類生之理、並掌握自然環境之常規，更可以看出〈地形訓〉探究「大地」之理的壯志與弘旨。而這種探索多元地理之觸點，正象徵著古代「大地」思想之萌芽與多元發展之契機。

進一步分析其歷史軌跡，〈地形訓〉所論述的「山川」——形成了地理學的山川地記，風水學的相地形法，園林學的摹山仿水，陰陽五行的五岳四瀆；所追尋的各地「物類」——形成了地理學的異物怪志，風水學的尋龍訪穴，園林學的博物匯聚，陰陽五行的在天成象、在地成形的解釋；又〈地形訓〉當中計算「道里」、規劃「疆域」、經略「人事」——形成了地理學的州郡都邑方志與地方耆舊傳記，風水學上的宅地設計與觀形望勢，園林學上的景觀組織與莊園佈局，陰陽五行的分野學說與空間對應。因此可以說，〈地形訓〉的「大地」思想孕育著日後多元論述的「大地」思想的雛形與格局，使得這個傳統保有生生不息的發展活力。

〈地形訓〉一開始先記述「六合之內、四極之內」的所謂「九州、九山、九塞、九藪、八風、六水」等空間概念之意義與內涵。這些名目，透過〈地形訓〉慣用的「配對」方式，可以被納入〈地形訓〉的空間體系之內。而文本所提及的山名、水名、土名、湖名、州名等，也大都實有其地，且尚可在今日尋覓實際的地理位置，這就顯現出〈地形訓〉追求「實際」與「合理」的態度，而體現出高度的科學價值。六朝「地理大交流」時期的地理學，追求實踐經驗的寫作方式，正反映了這種提倡「實證」的特色。

〈地形訓〉的第二部分，轉而探索四海之內，東西南北之距離、量天步地的計算、以及日中無景與天地之中的論點，這顯現出〈地形訓〉對於天地、宇宙之探索的興趣與技術，也呼應了六朝時期宇宙論述當中，關於「地方」、「地中」、「天地有窮或無窮」等知識探究的脈絡。除了這些天文地理學的面向以外，〈地形訓〉還記載了崑崙山上的不死樹、傾宮、懸圃諸景物，具有「登之乃靈、能使風雨」，「登之乃神、以潤萬物」的神效；又介紹了崑崙山下的眾水，或是出神泉、入流沙、注南海、致長生；又提到「八殥、八澤、八紘、八極、八山、八門、八風」的位置、作用、屬性，皆有專名，也皆可以配對。這樣的思考模式，一方面代表了〈地形訓〉亟欲探天究地之渴望，也提示了〈地形訓〉對於天文地理論述的架構與模型，這又與六朝「大地」

思想當中，關於陰陽五行的「八風」、「九州」、「九野」的宇宙論與分野學說的互相呼應。

接著，〈地形訓〉談到了各地的地理項目的差異情況，包括有著不同的人種、物種、水文、土質、形貌等，也敘述地面上的水土及各種自然之「氣」，對於人的性別、性情、體質、壽命、樣貌、美醜之影響，進而推論東、西、南、北、中五方之人，因不同的「氣」而出現君子之國、形殘之屍、不死之草、不釋之冰等實相。而這些論述，皆被〈地形訓〉統攝於「土地各以其類生」之原則。這些「氣」論，可以在一定程度上，與六朝「大地」思想當中，地理學的「風土論」、陰陽五行的「民性論」、風水學說的「氣化論」、園林農學的「地氣論」等互爲參證。

〈地形訓〉的最後部分談到海外三十六國的情形，從方位（西北→西南→東南→東北→西北）順序上加以說明，例如，長臂國、三苗國、羽民國、結匈國諸國，可以看出這個部份的內容充滿著神怪、搜奇、錄異的色彩，以及帶有幻想與虛構的描述。然而，這些域外之國，似乎交通上的遠近，皆可由中土依序向外遠播，物產上有些與中土相似，其海外的山、川又與中土相連，因此，從其地理論述上，可以發現其與中土攸關的程度。而這些描述的方式與想像的思想，似乎又可以從《山海經》當中找出一些蛛絲馬跡。當然，《山海經》整體仍然有許多不可盡信的內容，尤其是其中包括的許多的奇花異草、神禽怪獸的神話故事，以及虛構的山岳距離等內容，但是作爲中國早期神話地理的作品，仍然具有重要的意義。這也爲六朝及後代的正史地理志與私家的域外異物行記，提供了相當程度的啓發與影響。

3. 「大地」思想之多元性質與匯納

另一方面，若以思想上的來龍去脈的角度來檢視《漢書・地理志》與《淮南子・地形訓》，可以發現此二書其實代表著漢代攸關「大地」思想的知識淵藪。可以說，在漢代以前的各種關心「大地」思想的說法，皆被分別收納與匯聚於此二書當中。首先，以《漢書・地理志》分析，可見許多先秦時期所關切的「大地」議題，被《漢書・地理志》所匯集的情形。班固在〈地理志〉當中徵引了《周禮・職方》與《周禮・保章》之文，同時也對於《周禮》當中許多與「大地」有關的事宜，做了匯納的工作。班固將這些與「大地」有關的事項，參雜匯敘於他對於漢代的地理實況的描寫。例如，大司徒之「掌建邦之土地與人民之數，……周知九州之地域、廣輪之數，辨其山林川澤丘陵墳衍原隰之名物」〔註 25〕；載師之「以場圃任園地，以宅田、土田、賈田任近郊之地」〔註 26〕；遂人之「以土地之圖經田野，造縣鄙形體之灋」〔註 27〕；委人之「掌斂野之賦，斂薪芻，凡疏材、木材，凡畜聚之物」〔註 28〕；還有山虞、澤虞、林衡、川衡四官之掌管林政、漁政、林管、澤獵事宜；角人、羽人、囿人、場人、廩人、舂人諸部門之掌理稻穀、糧食、獸禽、農耕、珍果、異物等事宜，皆可以看出「大地」項目的分工情形，與〈地理志〉對於這些項目的統整處理。而這些項目在先秦及漢代仍屬於官方掌理的系統，到了六朝時期，逐漸轉變成為私人也可以經營的「大地」事項。再者，又如冢人與墓大夫「掌公墓之地，辨其兆域而為之圖，……掌邦墓之地域，正其位，掌其度數，使皆有私地域」〔註 29〕，這又代表了「大地」思想當中的墓葬制度的淵源，與日後風水思想的濫觴。此外，《周禮》除了記載保章氏掌天星、分野、觀妖祥、辨吉凶以外，還提到馮相氏之「掌十有二歲，十有二月、十有二辰、十日、二十有八星之位，辨其敘事，以會天位」〔註 30〕，這也顯示出「大地」思想與天文觀測之關係。

《淮南子》乃漢代重要的哲學著作，其中的〈天文訓〉、〈地形訓〉、〈時則訓〉三篇，組織了漢代對於天、地、時的看法。透過〈天文訓〉的文字，可以看出「天」是論述的主角，而宇宙生成、陽施陰化、天人感應等主題，構成了論天思想的架構；分析〈時則訓〉的原典，可以瞭解「時令」是全篇的中心，而順天時、應物候、配五行、週而復始、剛柔循環等要點，網織成漢代對於節令的圖像；〈地形訓〉則以「地」為主軸，論述著諸多攸關於「大地」的自然、人文、神話、陰陽五行等多元面貌。可以說，〈天文訓〉、〈地形訓〉、〈時則訓〉三者，一方面分屬於不同的部門，另一方面又互相糾葛牽引，表皮看似分離、內層血脈纏繞。例如，「八風」、「節氣」、「五行」、「方位」、「星野」、「物候」等這些主題，在此三篇當中均曾提及，只不過論述的先後、順序、偏重不同而已。因此，觀天仍須察地、說地依附天理、天地因

〔註 25〕參吳樹平等點校，《十三經全文標點本》（北京，北京燕山出版社，1991 年 12 月出版），《周禮・地官・大司徒》，頁 408。
〔註 26〕《十三經全文標點本》，《周禮・地官・載師》，頁 416。
〔註 27〕《十三經全文標點本》，《周禮・地官・遂人》，頁 422。
〔註 28〕《十三經全文標點本》，《周禮・地官・委人》，頁 425。
〔註 29〕《十三經全文標點本》，《周禮・春官・冢人・墓大夫》，頁 441。
〔註 30〕《十三經全文標點本》，《周禮・春官・馮相氏》，頁 451。

時制宜，天地人、空間、時間相互對應。〔註31〕而這些對應的機制，其配對的方式與邏輯，更被廣泛地收納於陰陽五行的架構，也顯現出中國對於「大地」思想的理解，不僅含括自然、人文等現代「科學」地理學的內容，也融匯了地理學的「術數」面向。而從另一個角度分析，〈天文訓〉、〈地形訓〉、〈時則訓〉三者各有專責職司，且必須與其他部門互相關照，這也可以說是中國「大地」思想在歷史進程當中的「配套措施」。

而《淮南子・地形訓》更顯現出對於「大地」思想的匯納成績。首先，〈地形訓〉當中所提到的陰陽五行學說與氣論，在隋代蕭吉的《五行大義》當中多所因襲；〈地形訓〉所提到的九州風土的說法，不僅在〈天文訓〉中曾提及，更是六朝方志論述各州風土民情的依據；此外，〈地形訓〉所記載的天廣地袤、量天步地、天徑數字等數據，在漢代亦非絕響，至少在《周髀》、張衡與漢代流行的緯書當中皆可發現這種論述；〔註32〕此外，〈地形訓〉所提出的「天一地二人三」的主張，並以陰陽五行來說明人、獸、禽、鳥、魚、蟲之生命的論點，在《論衡》與《五行大義》當中均有類似的論述。〔註33〕因此，可以說《淮南子・地形訓》的內容兼具多元特色，且富於含納各種層面。

（二）分裂時期的南方與北方——六朝「大地」之環境

中國自古幅員遼闊，黃河、長江兩大河流域及其水系，以及太行山、秦嶺、南嶺等山脈險阻，各地區的土壤、氣候、物產及民俗風情的不同，分劃出

〔註31〕傅師大爲曾根據《周髀》一書，研究出「時間」在中國前渾天時代天文學中具有重要地位，而古代出土的「式盤」也進一步顯示「時間」與「時間序列」在蓋天宇宙中的重要性。此處由《淮南子・時則訓》文字當中，更可以發現「時間」在天地論述當中的地位。參傅大爲，〈對「周髀研究傳統」一文的補註〉，收入傅大爲，《異時空裡的知識追逐——科學史與科學哲學論文集》（臺北，東大圖書公司，1992年10月出版），頁66～67。

〔註32〕傅師大爲曾例舉《周髀》與《洛書甄曜度》、《春秋考異郵》、《尚書考靈曜》等幾部緯書，認為在西漢前後，曾出現探求「周天里數」的風氣，也包括了「地之廣大多少」、「地厚、地昇降多少」、「地去天多少」等數據的記載，而《淮南子》的〈天文訓〉與〈地形訓〉當中各出現了不同的數字。傅師更進一步推論，張衡在〈靈憲〉中所提出的「天徑之數」與《淮南子・地形訓》中的天經數極似，有可能來自於早期讖緯傳統中的方士所撰寫的《淮南子》。參傅師大爲，〈論《周髀》研究傳統的歷史發展與轉折〉，收入傅大爲，《異時空裡的知識追逐——科學史與科學哲學論文集》，頁3～5。

〔註33〕關於《論衡》、《淮南子》、《五行大義》，以及天地人、大宇宙、小宇宙之對應思想，將在第四章第二節當中，進一步深入探討。

若干的文化區域。因而中國自古以來，就出現了「多元文化」的現象。〔註 34〕由於地理環境和自然條件，以及歷史傳統的影響，加上南北的長期分裂割據，民族間的遷移轉徙，使得魏晉南北朝時期，南北地區發展出各自不同的特徵與表現。南北之間的政治、經濟、社會、宗教、學術思想、以及風俗習慣等，無不受「地域環境」的影響，而作爲反映各個層面的文化現象，就帶有鮮明的南北地域的差異。

自漢帝國逐步瓦解以來，北方處於長期戰亂分裂之中，各民族向邊區和江南地區流移，從而使得長江流域與嶺南地區及一些邊遠地區得到開發利用，因而區域發展產生較大的變化。黃河流域出現兩大開發區——即「關中文化區」（今陝西、山西南部、甘肅一帶）和「中原文化區」（指太行山以東，今河南、河北、山東等地）。前者爲秦漢基本文化地區，此時遭到破壞而地位略降；後者在經濟上則有長足的發展，而成爲北方的重要開發區。長江流域則除了上游的「巴蜀地區」在秦漢時已有發展外，位於中下游的「江南地區」則持續獲得開發，使得中國的經濟重心開始逐漸由北向南轉移。〔註 35〕

漢唐之間南北對峙或分裂割據政權的興亡，都與「區域經濟」的開發密切相關，〔註 36〕不僅如此，各個政權對開發區的爭奪得失，成爲其盛衰成敗

〔註 34〕「多元文化」的議題乃係歷史論述中的重要議題，陳師啓雲早年對此一論題已有剖析。陳師從荀悅《漢紀》的研究當中，指出歷史是豐富多彩的人類經驗的貯藏庫，人的複雜的特性和變動不拘的情形不能以任何教條式的結論和簡單化約的方式來瞭解。參陳啓雲，《荀悅與中古儒學》，頁 159。之後，陳師提倡歷史知識論、文化史學，對於此一問題更有論析。近年來，陳師更分別從跨學科與考古人類學的角度切入，剖析中國遠古時期，夏商周文明的融合過程中，多元文化之歷史現象。參陳啓雲，〈商周中原文化對長江流域古代社會文明化進程的影響〉，《學術月刊》，38：7（上海，2006 年 7 月出刊），頁 131～134；陳啓雲，〈跨學科與超領域的研究〉，《南開學報——哲學社會科學版》（上海，2006 年 9 月出刊），頁 39～42。

〔註 35〕以上的四個基本開發區，如再加以細分，北方還可以分爲「河西」、「青齊」、「代北」三區，而成爲五個開發區。南方也可分出「嶺南」、「荊湘」、「南中」三區，也成爲五個開發區。如此在漢唐之間，中國可以大略分爲四大主要開發區（關中、中原、巴蜀、江南），六個次要開發區（河西、青齊、代北、嶺南、荊湘、南中）。參朱大渭，《六朝史論》（北京，中華書局，1998 年 8 月出版），頁 27～35。

〔註 36〕例如曹魏政權爲兩個主要開發區（關中、中原）與兩個次要開發區（河西、青齊）所支撐，所以國勢強大；孫吳政權爲江南、荊湘、嶺南三個經濟區維持，國力次之；蜀漢政權則爲巴蜀、南中兩個區域所支撐，國力最弱。十六

的關鍵；然而，各政權的建立和興衰強弱，其所占領的開發區域只提供了物質基礎，還決定於該政權所施行的政治、軍事、民族、宗教、和文化政策等綜合的條件。同時，各個文化區域的出現，既受歷史傳統（如關中的周、秦、漢文化；中原的三晉文化；青齊的齊魯文化；江南和荊湘的吳越和楚文化；梁益的巴蜀文化）的影響，又與當時的民族遷徙融合有關。〔註 37〕

整體而論，對當時以及後世影響較深的文化區域大致有三個：即江南文化區、中原文化區，關中文化區。〔註 38〕六朝的都城建康；曹魏、西晉、後趙、前燕、北魏、東魏、北齊的都城洛陽；前秦、後秦、西魏、北周、隋朝的都城長安，既是當時三大政治經濟中心，也是三大文化中心。〔註 39〕不僅現代學者對漢唐之間的區域文化有如此的解讀，古代學者對漢唐之間三大文化區已有所認識，例如唐代柳芳論魏晉以來士族曰：

國政權則分別由長江上游的巴蜀地區與北方的河西、關中、中原、青齊四個地區來供應；而東晉及宋、齊、梁三朝爲江南、荊湘、嶺南、巴蜀和南中五個開發區來支撐，故能與北方抗衡。南朝後期，陳霸先從嶺南地區崛起，終於建立了陳王朝。陳朝主要靠江南和嶺南的經濟來支持，所以國力最弱。參朱大渭，《六朝史論》，頁 28～29。

〔註 37〕例如北方的河西地區，不僅是漢族和羌氐文化的融合區，也是中國與西域、中亞文化的交流區域；關中地區先是漢族和羌氐文化的融合區，後又成爲代北鮮卑和鮮卑化之漢人與漢族的文化融合區；中原地區則是匈奴、羯和拓跋鮮卑與漢族文化的融合區；代北地區則是鮮卑、匈奴、敕勒、雜胡與漢族文化的融合區。南方的巴蜀地區是獠人、蠻人、巴人與漢族文化融合區；荊湘地區爲蠻人與漢族文化的融合區；江南地區則是漢人與山越和俚人的文化融合區。參朱大渭，《六朝史論》，頁 29～30。

〔註 38〕《隋書·地理志》分爲上、中、下三卷。上卷所載實爲以「長安」爲中心的「關中文化區」，並附以巴蜀文化區（含括東漢的雍、涼、益三州）；中卷所載實爲以「洛陽」爲中心的「中原文化區」（包括東漢的豫、冀、兗、青四州）；下卷所載實爲以「建康」爲中心的「江南文化區」（包括東漢的徐、揚、荊、交四州）。《隋書》作者對江南、中原、關中三大文化區及其他次要文化區的政治經濟及文化現象，記載有詳有略，各有側重，可見區域文化的研究在當時已受到重視。見《隋書》（臺北，鼎文書局，1974 年 7 月出版），卷 29～31，頁 805～901。

〔註 39〕事實上，此三大都城，也是漢唐之間東亞文化的中心。以絲綢之路的路線而言，北路由長安往東向洛陽延伸；南路從吐谷渾經益州，延著長江水路向東而達建康。漢唐之間，東北亞的日本與朝鮮，以及其他地區的國家和人民，既把本國的文化傳入中國，又把中國文化帶回當地。就以佛學譯經來說，當時的長安、洛陽、建康成爲三大譯場，中國、西域和印度高僧，在此三地譯出了許多重要卷牒的佛教經典，這些經典對中國學術思想產生了深遠影響。參朱大渭，《六朝史論》，頁 30～31。

> 過江則爲「僑姓」——王、謝、袁、蕭爲大；東南則爲「吳姓」——朱、張、顧、陸爲大；山東則爲「郡姓」——王、崔、盧、李、鄭爲大；關中亦號「郡姓」——韋、裴、柳、薛、楊、杜首之；代北則爲「虜姓」——元、長孫、宇文、于、陸、源、竇首之。〔註40〕

又曰：「山東之人質，故尚婚婭，其信可與也；江左之人文，故尚人物，其智可與也；關中之人雄，故尚冠冕，其達可與也；代北之人武，故尚貴戚，其泰可與也。」〔註41〕故而柳芳所講的四種情況，實際上分屬三個文化區——關中、中原、江南。對於士族的評論，從三個不同文化區內士族門閥集團的文化心態，及其差異的分析，而得到一些對於區域文化研究的啓示。〔註42〕此外，北齊顏之推亦曰：

> 帝王都邑，……獨金陵與洛下耳。南方水土和柔，其音清舉而切詣，失在浮淺，其辭多鄙俗。北方山川深厚，其音沈濁而鈋鈍，得其質直，其辭多古語。……南染吳、越，北雜夷虜，皆有深弊，不可具論。〔註43〕

〔註40〕《新唐書》（北京，中華書局，1991年12月）卷199，〈柳沖傳〉，頁5677～5678。

〔註41〕《新唐書》卷199〈柳沖傳〉，頁5679。

〔註42〕宋師德熹曾針對柳芳〈氏族論〉作出精闢之剖析，並列表提出「四尚說」，下面表格係摘錄自宋德熹，〈中古門第觀念探微〉，《興大歷史學報》，第五期（1995年6月出刊），頁14。

區　分	內在性向	外在風格	門第好尚	失其所尚
山東之人	質	信	尚昏婭	先外族，後本宗
江左之人	文	智	尚人物	進庶孽，退嫡長
關中之人	雄	達	尚冠冕	略伉儷，慕榮華
代北之人	武	泰	尚貴戚	尋勢利，亡禮教

因此，宋師主張柳芳〈世族論〉中所謂的尚及弊，可以發現關中之人尚冠冕的極端，便是導致貪慕榮華富貴；同樣地，尚貴戚的代北人士，雖自來就有尚武氣息，然其尚武以圖富貴的極端表現，便是會漸染重勢利且輕禮教的習性。而宋師也引證史念海教授的說法，認爲唐代前期關東地區的尚武風氣的歷史淵源，認爲可以上溯至西晉末年的永嘉之亂，亂後關東淪爲羌胡雜居之地，影響所及，北魏東魏北齊下及隋唐，出現了不少籍隸關東的將帥和武臣，從而改變了秦漢以來的「關東出相、關西出將」的累世看法。因此，根據宋師與史教授的說法，依拙見，歷史事件與歷史的演變，亦即環境局勢的改變，對於各地的風俗具有相當程度的影響。參宋德熹，〈「關隴集團」中的代北外戚家族的角色與地位〉，《大陸雜誌》，85：6（臺北，1993年1月出刊），頁3～7。

〔註43〕〔北齊〕顏之推，李振興、黃沛榮、賴明德注譯，《新譯顏氏家訓》（臺北，

顏之推的這種看法既承認建康、洛陽在江南、中原兩個文化區中的核心地位，又指出其「地域性」的特徵——南北因為山川水性等種種「環境因素」的關係而影響語言發聲的差異性。〔註44〕這也可以證明環境的不同對於文化差異之影響。

（三）六朝「大地」思想之多元發展

就發展史之立場分析，「大地」思想在用詞遣字上，在不同的時代有著不同之概念。商周時期，主要以「土」、「田」、「野」等字之型態出現，在類別上，則以「一般意義」與「宗教意義」較為常見。例如《尚書‧呂刑》云：「禹平水土，主名山川；稷降播種，農殖嘉穀」〔註45〕，又如：「若稽田，既勤敷菑」〔註46〕，分別代表了大地的江、海、山、川的陸地意義與耕種穀物的農耕意義。又如《詩經‧小雅‧小明》的「明明上天，照臨下土」〔註47〕，以及「呦呦鹿鳴，食野之苹」〔註48〕，可解釋為上天照顧大地、孕育眾生的功德，顯示出大地濃厚的宗教意義。

春秋戰國時期是中國學術思想史之黃金時代，「大地」思想亦呈現蓬勃發展之局面。例如《論語‧雍也篇》言「知者樂山，仁者樂水」〔註49〕，展現出人們對錦繡大地的敬重和眷愛，含有道德與審美的雙重意涵；老子的「人法地，地法天，天法道」，指出「道」是萬物的根源，道化生陰陽萬物，陰陽二氣能調和，大自然才可得到和諧之發展；《莊子‧達生篇》則稱「天地者，萬物之父母也」〔註50〕，更點出人應順從萬物之自然本性，依循大地之律則，方可臻於與天地通融合一，與造物者神遊之境界。到了漢代，王充《論衡‧

三民書局，1993年9月出版）卷18〈音辭篇〉，頁357～361。

〔註44〕關於地域性與語言特性，另有〔隋〕陸法言的看法，據《全上古三代秦漢三國六朝文‧全隋文》（石家莊，河北教育出版社，1997年10月出版）卷27，頁599，陸法言《切韻》序曰：「吳楚則時傷輕淺，燕趙則多傷重濁，秦隴則去聲為入，梁益則平聲似去。」陸法言從南齊永明聲韻學所創立的「平、上、去、入」四聲的角度，辨析了在當時中國的四個文化區（江南、中原、關隴、巴蜀）的語言特性，其結論與顏之推的論述頗為相近。

〔註45〕《十三經全文標點本》，《尚書‧呂刑》，頁210。

〔註46〕《十三經全文標點本》，《尚書‧梓材》，頁175。

〔註47〕《十三經全文標點本》，《詩經‧小雅‧小明》，頁322。

〔註48〕《十三經全文標點本》，《詩經‧小雅‧鹿鳴》，頁295。

〔註49〕《十三經全文標點本》，《論語‧雍也篇》，頁2016。

〔註50〕楊柳橋譯詁，《莊子譯詁》（上海，上海古籍出版社，1996年5月出版），〈外篇‧達生第14〉，頁350。

自然篇》指出「天道無爲，故春不爲生，而夏不爲長，秋不爲成，冬不爲藏。陽氣自出，物自生長；陰氣自起，物自成藏。」〔註 51〕更鼓勵人們應順應大自然的律則。

六朝時期「大地」思想一方面承襲先秦兩漢之思想脈絡，一方面產生了新的詮釋。六朝時期，在農業耕種的過程中，不管是施肥、播種與收割，亦或是園林的景觀與佈置，都與山水及土地息息相關；中國自古對於環境的選擇尤重親水土、愼擇居、重生命等細膩的環境思考，並重視環境中的風與水的配置關係；六朝宇宙論與天文觀測，亦甚爲重視宇宙與大地之中諸氣的轉化與感應，且常參附陰陽五行以作爲預測吉凶與災異祥瑞的徵示。這都顯現出六朝「大地」思想具有多元論述的面貌。以下分四個段落，約論六朝時期，「大地」思想之多元發展。前面的圖 1-1，研究架構圖當中出現的綠色、藍色、紫色、銀色、橘色、黃色的意義，亦將在此說明之。

1. 地理學與六朝「大地」思想

六朝時期一方面有正史〈地理志〉、〈州郡志〉、〈郡國志〉的產生，另一方面也出現了眾多不同體例的地方志書。正史〈地理志〉屬於官方體系的地理文書，地方志書則屬於地方區域的在地書寫。封建王朝的〈地理志〉著重在疆域沿革的記載、道里交通的地圖、所轄郡縣的興廢、村落城郭的分佈、人口戶數的消長等人文地理事項，以及區域內的山川、物產等自然條件的記載，還會提到各地不同的民性、風俗，以及星占分野的內容。私家方志的書寫內容更爲廣泛多樣，舉凡州郡地記、山川地志、都邑文物、異物風俗、域外行記、先賢耆舊等，淵源上，或取材自〈地形訓〉的敘山岳、記物候、詳水文、說地氣等「自然地理」，或模擬自行旅海外諸國、感應佛法恩澤、驚訝海南異物等「神話地理」，或追求尋覓葬地、都城望氣、合應五行等「陰陽五行」地理，都顯示出代表私人與地域色彩的「大地」思想，具有多樣而自由的論述面貌。而六朝地理學基本上可分爲兩個面向來談，一個是用以代表土、田、地、野、山、川、園、墅等景觀，比較注重園林、農學樣貌的記述，這個部分的地理學的書寫方式，多使用和園林農學共通的語彙與知識，而互相交織成研究架構圖當中顯現的「綠色」（山、水、景觀、物產、生物、園、墅、野）、「藍色」（土、田、地）的區域；另一個則是使用陰陽、五行、星

〔註 51〕〔漢〕王充，黃暉校釋，《論衡校釋》（北京，中華書局，1996 年 11 月出版）卷 18，〈自然篇〉，頁 783。

占、分野等術數，將地上的州國與天空的星官，互相唱應，而主張地理學的人爲操作、空間分割、風土方位等論述，譜唱出地理學與宇宙論共通而重疊的「銀色」（陰陽、五行、星占、分野）與「橘色」（州國、方志、風土）之區塊。

而分析六朝私家地方志書之興起與發達，與六朝之時代因素有關。六朝時期是版圖紛亂複雜的時期，許多特殊制度，例如遙領、虛封、尉部、都督、僑置、雙頭、左郡左縣、俚郡僚郡等，也是這個時期地理建置上的特色。〔註52〕按《晉書・地理志》、《宋書・州郡志》、《南齊書・州郡志》、《隋書・地理志》等正史地理志所載，史料來源大多出自檔冊，較全面也較近乎史實。〔註53〕唐初史臣在修纂《晉書・地理志》時，大略以太康元年（280）平吳之後，太康三年（282）廢寧州之前爲定，實爲一部「西晉」地理志。〔註54〕基本上，西晉的政區只是在魏、蜀、吳三國的基礎上略有變更而已；〔註55〕然而這尚處於正常範圍之內的變化，從東晉起，變化劇烈、日漸紊亂。東晉的設置僑州、郡，使得地方政區開始顯得出現錯綜複雜的局面；或一地僑寓數州、郡；或以縣爲郡，或以郡爲縣；或冠以舊稱，或另做新名。經歷了多次土斷，僑州、郡、縣或廢或置，或有實土，或無實土。南朝時期，沈約（441～513）在齊永明年間，奉敕修撰《宋書》，其中有〈州郡志〉4卷，惟詳建置，不載山川、古蹟、城坊等；〔註56〕蕭齊時期，蕭子顯（487～537）所撰《南齊書》中有〈州郡志〉2卷，此〈志〉乃根據江淹《齊史・州郡志》而撰寫，州一級的沿革，追溯到《漢書・地理志》，漢至劉宋年間的變化，則是根據《續漢書・郡國志》、《晉書・地理志》、《晉太康地記》、《晉太康二年起居注》、《宋書・州郡志》和《永明郡國志》等書中的資料，而縣級則未記地理沿革。因此，從這些史料看來，六朝時期是一個地理學發達的

〔註52〕胡阿祥，〈六朝疆域與政區研究史料評說〉，《歷史地理》12 輯（上海，1995年3月出刊），頁235。

〔註53〕胡阿祥，〈六朝疆域與政區研究史料評說〉，頁235。

〔註54〕胡阿祥，〈六朝疆域與政區研究史料評說〉，頁237。

〔註55〕陳琳國，《魏晉南北朝政治制度研究》（臺北，文津出版社，1994年3月出版），頁195。

〔註56〕根據《宋書》卷35〈州郡志〉的說明，沈約是參考了班固及司馬彪的〈地理志〉，以及太康、元康定户，王隱《地道》，晉世《起居》，《永初郡國》等地理雜書資料，互相考覆，並多取徐爰《宋書・州郡志》舊本而自定體例增刪而成。而徐本《宋書》，係以何承天、山謙之所做爲基礎，因此亦說明了正史地理志使用私家方志資料之程度。

時期，而私人撰注的方志史料又要比官方的〈地理志〉詳實許多，這由官方〈地理志〉、〈州郡志〉之材料來源多取自私家撰注以爲據可爲證明。

因此，六朝的地理學著作，其記載「疆域沿革」的方式，係來自於正史〈地理志〉記疆域沿革的傳統，並且強調地理的「歷史」面向爲主軸，這種強調「州、郡、縣」的人爲分劃的重點，又是宇宙論、陰陽五行學說，以疆域的「歷史地理」來判斷州土「分野」、禍福吉凶的依據，更是分析園林的南北分佈，風水的疆域與都城地理的要件。第二，地理學的記載「山川地理」的方式，是以地理學的「自然」面向爲焦點，係來自於正史〈地理志〉記山川土壤的傳統。這又與園林、農學的講究水質、土壤、田地、生物的情形相類似；更與風水學上注重觀察山川形勢、相地嚐水土、尋龍脈覓穴地的原則可以扣應；以及陰陽五行地理思想上，辨析各地方的地氣之不同，而產生了各種不同的自然景觀的解釋。是故，不論地理學以強調沿革傳統的歷史地理面向，或是顯現山川水文的自然地理面向，皆須統轄於「疆域」與「方位」這個地理學永恆不變的「空間」要素，這也是地理學作爲「大地」思想的母胎地位，在研究架構圖當中，呈現出「紫色」的關鍵核心。

中國從東漢末年起，開始了一場規模頗大的混亂，牽涉到廣大人群在自然地理環境和人文地理環境上的深刻變化。這段從四世紀到六世紀後期之間，發生在中國境內的廣大人群所經歷的地理變異，大陸學者陳橋驛稱之爲「地理大交流」。〔註 57〕地理大交流的結果，是促成了大批地理學家和地理著作的出現。這段期間的地理大交流，提供了許多地理學家直接或間接的實踐機會，使得地理著作，不僅在地理資料上較爲詳實；而地理學者之中，多數也都直接或間接地參與了這次的地理大交流經驗，因而在作品中也反映出大量的實踐成果，這是前代地理學家和地理著作所無法比擬的。〔註 58〕魏晉時

〔註 57〕陳橋驛，《酈道元評傳》（南京，南京大學出版社，1994 年 4 月出版），〈第一章　酈道元生活的時代與地理大交流〉，頁 18～23。

〔註 58〕由於六朝時期地理環境發生了根本性的變化，爲地理學家深入實際、開闊眼界、增強地學感性認識提供了天然良機。而他們紛紛親身參加野外考察，努力地深入實際去獲得第一手的資料，從而開創了地學研究重視考察的新風氣。地學家勤勉的野外考察，發現和記錄了各地的自然狀況。大量生動和細緻的描述，以及若干精闢的見解，被記載在地志、行記、專著和其他與地學有關的書中。地學著作數以百計，大部分以地志的形式出現。記載著各地自然和人文狀況的地志，在東晉、劉宋時祺，已達到空前的繁榮。參周瀚光、戴宏才，《六朝科技》（南京，南京出版社，2003 年 8 月出版），頁 241。

期已經有了幾部私家的全國性的地理著作問世，顯示了地理大交流的初步成果，南北朝以後，北方和南方的地理學家和地理著作風起雲湧，如雨後春筍般地大量出現。六朝時期地方志書數量繁多，根據《隋書・經籍志》的記載，綜合整理六朝時期的地理類書目，〔註 59〕可知，六朝時期的地理書不僅種類繁多，而且寫作的角度，多從作者自己家鄉的州郡史地、山川景觀、人物風貌爲重點，充分表現出「在地寫作」的特色。

這些爲數頗多的區域性地理著作，可以說就是六朝時期各地區的地方志書，其中有相當部分是屬於東晉及南北朝的作品。正是這一批地理學家和地理著作，標誌著這個地理大交流時期的時代特色。其中有探討州郡地理者、有專記名山大川者、有撰記土產異物者。例如，三國時孫吳的沈瑩著《臨海水土異物志》，西晉時周處著《陽羨風土志》，東晉時賀循著《會稽記》，南朝時山謙之著《吳興記》，盛弘之著《荊州記》，庾仲雍著《漢水記》，袁松山著《宜都記》等。因此可以說，地理大交流促進了人們的地理學思想的活躍，地理學思想發達的結果，則是促成大量地理著作的出現。這些地理著作和先秦時代的地理著作不同的是，擺脫了先秦作者想像和假設的傳統，而以直接或間接的實踐經驗作爲地理寫作的依據，因此出現了許多記載翔實、描述生動的地理著作。

2. 園林、農學與六朝「大地」思想

依照中國園林的歷史發展，大致可分爲兩大系統。一類是專爲帝王建造的苑囿，另一類是私家經營的園墅。前者一般規模較大，建築物多而分散，

〔註 59〕王庸將六朝的地志分爲七類，分別爲：1. 方志與風俗傳，2. 異物志與風土記，3. 山川圖記，4. 州郡地記，5. 外域傳記，6. 圖經與圖志，7. 地理總圖志。參王庸，《中國地理學史》（臺北，臺灣商務印書館，1986 年 10 月出版）〈第三章　地志史〉，頁 127～195。胡寶國將魏晉南北朝時期的地理書分爲 8 種：1. 山水類，2. 都城類，3. 與宗教、域外有關者，4. 地名類，5.少 數民族類，6. 從征類，7. 總志類，8. 州郡地志。參胡寶國，《漢唐間史學的發展》（北京，商務印書館，2003 年 11 月出版），頁 160～185。這裡依拙見，分爲七大類，並舉例如下：第一、全國總志類：如《地理書抄》、《地記》、《輿地志》等；第二、州郡地記類：如《吳郡記》、《南徐州記》、《司州記》等；第三、山水地志類：如《衡山記》、《遊名山志》、《永初山川古今記》等；第四、都邑文物類：如《洛陽記》、《建康宮殿簿》、《鄴中記》等；第五、異物風俗類：如《南州異物志》、《扶南異物志》、《諸蕃風俗記》等；第六、域外行記類：如《西征記》、《宋武北征記》、《遊行列國傳》等；第七、先賢耆舊類：如《陳留耆舊傳》、《會稽先賢傳》、《廣陵烈士傳》等。

形象富麗堂皇，兼具多種功能；後者一般規模較小，建築物集中而簡約，手法小巧精緻，景觀平易怡人。此外，中國園林以自然式山水型爲特點，〔註 60〕與歐美的規則式幾何型並不相同。談到六朝園林在中國園林發展史的地位，學者多稱六朝園林係居中國園林之「轉折」地位，〔註 61〕是指中國園林由六朝以前的重視地表建築群的營造，轉折到六朝時期的側重自然風光的調和，與物我合一的交融態度。故此一關鍵過程的探討，是具有研究意義的。其次，今日江南園林之美善常爲人所讚賞，而江南園林乃是發軔於六朝時期。地域橫向上，六朝園林對江南園林有開創之功；時間縱向上，江南園林乃六朝園林之延續系列。〔註 62〕故可稱六朝園林乃今日江南園林之「母胎」。分析六朝園林的諸多議題，有助於瞭解六朝「大地」思想的園林面向。以研究架構圖分析，在園林農學的樹叢當中，「紫色」（都會、疆域、方位）、「藍色」（土、田、地）、「綠色」（山、水、景觀、物產、生物、園、墅、野）區塊的部分，一方面代表著園林的選址可位於都城、田野、山區；園林不可能憑空存在，必須有土、田、地之實體空間；而園林的景觀要素，離不開山、水、植物、動物這些基本要素。而園林與農學的關係，更透過物產、土質、水脈加以表現。

自東漢末年以來，中國長期處於戰亂狀態，使得地利難以發揮，森林也因爲戰術的運用遭到嚴重的破壞。故而有不少有識之士提出植樹和保護森林的法令與措施。如曹魏時鄭渾曾建議「以郡下百姓苦乏木材，乃課榆爲籬，并益種五果；榆皆成藩，五果豐實，入魏郡界，村落齊整如一，民得財足用

〔註 60〕中國式園林象徵著一座靈感、凹凸、曲線的經驗，遠離君主專制政治的嚴格控制之的社會，進入迷人及拔萃的吸收自然的精髓，以創造富詩意的、奇妙的、崇高的大宇宙優雅暗示的構圖——大地、水、岩石、沙、樹、花、泥沼。參收入謝敏聰譯・著，《中國古代的城市與建築》（臺北，大立出版社，1985 年 1 月出版）內之 Philip Bagenal，Jonathan Medades 合著之〈宇宙中心的象徵——中國古典建築藝術的意境〉，頁 53。

〔註 61〕主張六朝時期爲中國園林史之「轉折期」（或轉型期）者，有下列幾位學者：吳功正，《六朝園林》（南京，南京出版社，1992 年 11 月出版），頁 1；周維權，《中國古典園林史》（臺北，明文書局，1991 年 12 月出版），頁 45；張家驥，《中國造園史》（臺北，博遠出版公司，1990 年 8 月出版），頁 65；周武忠，《中國園林藝術》（臺北，臺灣中華書局，1993 年 1 月出版），頁 6；王三山，《中國建築與園林》（武漢，湖北人民出版社，1995 年 4 月出版），頁 71；阮浩耕，《立體詩畫——中國園林藝術鑑賞》（臺北，書泉出版社，1994 年 1 月出版），頁 20。

〔註 62〕吳功正，《六朝園林》，頁 3。

饒。」(《三國志・鄭渾傳》) 這種植樹的方式既有「民得財足用饒」的經濟效益，又有「村落齊整如一」的環境美化效益。又如南齊的劉善明「爲海陵太守，郡境邊海無樹木，善明課民種楡檟雜果，遂穫其利。」(《南齊書・劉善明傳》) 正代表了海邊植林的好處。此外，宋明帝泰始三年，詔曰:「還風尙本，捐華務實，宜修道布仁，以革斯蠹。自今鱗介羽毛，肴核眾品，非時月所采，器味所需，可一皆禁斷，嚴爲科制。」(《宋書・明帝紀》) 顯然是一道要求應按季節捕捉禽獸、採摘果實的法令，此與今天吾人提倡的保護生態平衡的理念頗爲接近。而細究其淵源，這種重地利、應天時、順物候之「大地」思想，又與〈禹貢〉重視的土壤、水利、物產的地理事項，〈職方〉所關切的河川、地利之間的關係，以及《淮南子・地形訓》當中所談論的關於氣候、水文、山川、物產、生物等自然地理的重心，構成了思想上的契合與傳承關係，而在研究架構圖當中，可看成是「綠色」與「藍色」區塊的部分。

再者，六朝時代的生物學知識也頗爲豐富。先者有孫吳時陸機撰《毛詩草木鳥獸蟲魚疏》，將《詩經》中的動、植物作了分類與解說。繼有梁代劉杳著《離騷草木蟲魚疏》，深入詮釋了《離騷》中的動植物。又如張華《博物志》、郭義躬《廣志》、嵇含《南方草木狀》，都是早期中國博物學思想的具體發微。此外，專述一類或多種動植物的專譜也在此時如雨後春筍般陸續成書。像是《馬經》、《卜氏養牛法》、《養豬法》、《牛經》、《竹譜》、《魏王花木志》、《月政畜牧栽種法》、《齊民要術》等，皆顯示了人們對大地資源的重視與生物價值的肯定。因此可以說，六朝時期是一個重視大地所顯像出來的「物」的多樣面像的時代——包括動物、植物、人物、異物等之物名、物色、物性、物種、物化等之綜合觀察與研究。以地理學的面向分析，出現了多種異物志、人物志的區域方志；以農學面向分析，出現了許多相馬、養豬、種竹、栽花等農學書錄；以陰陽五行面向分析，格外留意到不同地區所產生的人品、物品、水土的合理解釋，更進一步歸納出「五靈」、「三十六禽」的說法，而這些作法與思想，無不統攝在六朝對於「大地」思想當中「物」之探討的深化。以研究架構圖分析，園林樹叢的「綠色」區塊，代表著園林農學的物產的面向；在圖中的「紫色」與「橘色」區塊，代表著地理學的異物方志、域外州國之類的地方志，與陰陽五行的風土分析，留存著許多關於各種「生物」之「異」的論述。

六朝時期對於生物分布之認識，主要反映在對南北植物界限的認知方面。戴凱之《竹譜》記載：「質雖冬倩，性忌殊寒，九河鮮育，五嶺實繁。」清楚的點出九河（今黃河下游及淮河流域）與五嶺（今南嶺一帶）。可以看出，在六朝時期中國人已將淮河、秦嶺一線視爲植物的分布線。又如《南方草木狀》記載：「蕪菁，嶺嶠（按即南嶺）以南俱無之，偶有士人因官攜種，就彼種之，出地則變爲芥。」也指出了生物分佈的界線問題。說明了當時已經知道熱帶植物只能生長於南嶺以南地區。故由以上史料可知，六朝農者因對植物的生長進行考察，已將秦嶺與南嶺視爲中國大地生物繁衍滋長的兩道天然疆界。六朝「大地」思想的這種觀察生物、歸類物產、記錄異物的特色與興趣，不僅反映在園林與農學面向上，皇家與私家園林，醉心充盈多樣種植之豐盛與珍禽異獸之分佈；也反映在官方〈地理志〉與私家地方志對於南方異物之驚嘆與記載，而這種多元「大地」思想係環繞在地理學追求田野調查的「實證」與地理學的蘊含「想像」成份，兩種面向互相交融的成果。

此外，六朝私家園林正逐步朝著山水庭園之佈局發展，而在過程中對於林木之配植與林相之選擇頗爲重視。有許多私人園宅除館宇崇麗之外，通常還有四季常青的林木景觀。例如東晉時，吳縣吳雄家植有榆樹、廬陵脩明家植有栗樹、建業黃狗家種植棗樹。〔註 63〕劉宋時，秣陵王顗園中種李樹、江陵庾和園中種甘樹、太子家令劉徽家植有林檎樹。〔註 64〕《南齊書》記載會稽虞賫之園庭中有橘樹；〔註 65〕山陰孔廣家園中有櫻樹、江寧蕭惠基私園中植種椶樹。〔註 66〕除了以上私家園林中可以見到種類繁多的樹種被種植外，私家園林中植樹、育樹之活動亦頗爲常見。如梁代南平元襄王蕭偉曾在新園中「增植嘉樹珍果」〔註 67〕；徐勉在園林中「穿池種樹，以寄清賞」〔註 68〕；而阮孝緒之居宅被層層竹林、樹林所環繞；〔註 69〕陳代裴忌在園林中植卉木以享終焉之志，〔註 70〕張譏在山池營宅植花果以慕閑逸之趣。〔註 71〕劉宋時，孔淳之的園林有「庭草蒸逕」〔註 72〕之美；東晉陶淵明築五柳於園，雅號「五

〔註 63〕《晉書》卷 28〈五行志中〉，頁 858～860。
〔註 64〕《宋書》卷 28〈符瑞志中〉，頁 795；卷 29〈符瑞志下〉，頁 857。
〔註 65〕《南齊書》卷 53〈良政・虞賫傳〉，頁 915。
〔註 66〕《南齊書》卷 18〈祥瑞志〉，頁 360。
〔註 67〕《梁書》卷 22〈南平元襄王傳〉，頁 348。
〔註 68〕《梁書》卷 25〈徐勉傳〉，頁 384。
〔註 69〕《梁書》卷 51〈處士・阮孝緒傳〉，頁 740。
〔註 70〕《陳書》卷 25〈裴忌傳〉，頁 317。
〔註 71〕《陳書》卷 33〈儒林・張譏傳〉，頁 445。
〔註 72〕《宋書》卷 93〈隱逸・孔淳之傳〉，頁 2284。

柳先生」〔註 73〕。而這些人工栽種的林木，其選址、翻土、栽種之過程，均與土壤、水質、環境等因素息息相關。

山水風景陶冶了六朝士人的性情，而士人也喜以愛好山水、品鑒風景自負。可是天然美景多遠在鄉間林野，須長途跋涉、曠費耗時始克抵達。因此最理想的辦法莫如營造「第二自然——園林」，使接近大自然成爲一樁賞心悅目之事。東漢崔寔的《四民月令》和王符的《潛夫論》曾對東漢的園林作了些朦朧的描述；西晉潘岳〈閑居賦〉和劉宋謝靈運〈山居賦〉，則再現了一幅完備的園林景像。這些園林一般是農、林、漁、牧業全面經營，連草藥、蔥薑、水果、蜂蜜也應有盡有，經濟上基本是自給自足的。試觀謝靈運〈山居賦〉可知，園林不僅是一個經濟單位，同時也是一種生活方式，一幅大自然的構圖。園林生活是士族人生態度得以存在的條件，而園林又藉由士族的自然思想這股原動力而逐漸壯大。故稱士族是園林的人格化，而園林則是士族性格的物化；園林是大地思想由原始的「經濟意義」與「居住意義」，衍伸爲「價值意義」與「道德意義」的昇華表現。

魏晉六朝名士在研讀《莊子》之際，〔註 74〕發現莊子常有「釣於濮水」、「行於山中」、「遊乎雕陵之樊」等神遊山林之舉，而莊子的寓言故事，更常以山水爲舞臺。這些都足以引發文人對遊歷的嚮往及對大地的眷顧，進而摹倣及探索。六朝時代政局黑暗，使得文人發現世間最不受污染的莫過於山水，因此人們轉而尋訪大自然，縱情於山水清音，以契求心靈上的淨化。山水之美令人愉悅怡情，山水之清發人胸次盪滌，於是攀峰涉江、尋幽攬勝，便成爲此一時期文人雅士的醉心活動。吟詠大地不只是對山林的徜徉觀摩而已，更進而「忘我」，將自己完全融化爲山水的一部分，使「物我合一、人地一體」，以達到莊子「物化」的境界。而東晉陶潛在〈桃花源記〉中曾描繪出一處與外界隔絕的人間淨土：「山地平曠，屋舍儼然。有良田、美池、桑竹之屬。阡陌交通，雞犬相聞。其中往來種作，男女衣著悉如外人。黃髮垂髫，並怡然自樂。……先世避秦時亂，率妻子邑人來此絕境，不復出焉，

〔註 73〕《晉書》卷 94〈隱逸・陶潛傳〉，頁 2460。

〔註 74〕宋師德熹曾引牟宗三教授的論點，主張「風流」爲魏晉清談名士之要件，而風流係指「逸則不固結於成規成矩，故有風。逸則灑脫活潑，故曰流。是則清逸、俊逸、風流、自在、清言、清談、玄思、玄智，皆名士之特徵。」參宋德熹，〈參透風流二字禪——「風流」詞義在中國社會文化史上的遞變〉，《淡江大學中文學報》創刊號，頁 41～55；牟宗三，《才性與玄理》（臺北，臺灣學生書局，1983 年 6 月出版），頁 68。

遂與外人間隔。問今是何世，乃不知有漢，無論魏晉。」〔註 75〕這種與世相隔的理想境域，姑且不論是否眞有其地，但可稱之爲「世外桃源」。這不僅與西方宗教所謂的天堂、樂園的境界有些神似，與佛教所稱的極樂世界也互通因果，且可視爲「大地」思想中象徵「天堂樂土」的圖譜。而分析其淵源，亦可上溯自《淮南子·地形訓》當中對於仙山神水的探訪與神境異域的尋覓。這種追求天堂的快樂與樂園的美好的心態與企望，不僅反映在六朝園林景觀上的造設與佈局，也出現在六朝私家方志對於南方域外遙遠國度的美好的想像（可以看成是研究架構圖的「綠色」區塊）。而這種追求天堂、長生、不死、成仙、吉昌、感通等充滿著玄之又玄的「大地」思想，更與陰陽五行的天人感應、陰陽消長，與風水學說追求的龍藏貴壽、葬地興旺、乘氣蔭福的說法互相契合（可以看成是研究架構圖的「黃色」區塊部分）。

3. 宇宙論、陰陽五行與六朝「大地」思想

六朝是中國歷史上宇宙論探討的活躍時期。除了漢代的蓋天、渾天、宣夜三種宇宙論之外，還出現了定天論、安天論、穹天論、昕天論、渾蓋合一論等多種宇宙理論。古代將「宇宙」連用或並提以表示空間的做法，在東漢張衡〈靈憲〉中有過論述：「過此而往者，未之或知也。未之或知者，宇宙之謂也。宇之表無極，宙之端無窮。」〔註 76〕空間有限與否，直到今天仍然爲現代宇宙學所關注，也是古代哲人討論的熱點。

六朝時期也是星占盛行的時期，占星家認爲，天上的某一區域與地上的某個地域會相互影響，如果某部分天區內出現不尋常的天象，這意味著這一天區對應的某一地域將有大事發生，這種用星象變化來占卜地方人事的吉凶，而將地上的州、國與天上的星空區域匹配的占星法就叫「分野」〔註 77〕。

〔註 75〕〔晉〕陶潛、楊勇校箋，《陶淵明集校箋》（臺北，正文書局，1987 年 1 月出版）卷 6，頁 275。

〔註 76〕張衡，〈靈憲〉，收入《隋書》（臺北，宏業書局，1974 年 7 月出版）卷 19〈天文志·上〉，頁 504。

〔註 77〕分野之說在星占上的使用方法，是依據天象所在之宿，推占其對應地區之人事。古代中國人解決之法是創立「分野理論」，分野理論的基本思想是：將天球劃分若干天區，使之與地上的郡國州府分別對應。如此一來，則某一天區出現某種天象，其所主的吉凶，即爲針對地上對應郡國而兆示者。江曉原認爲所謂的「分野」，是一個純粹出於古代中國的術語，在西方中缺乏完全對應之詞，儘管有著類似的概念，都屬於用以預占「戰爭勝負、年成豐歉、王朝盛衰」之類的星占學。其作法有兩種，一種是將天區作劃分，使之與地上不同區域對應（天區分野）；或將時間作劃分，使不同時間內呈現的天象，分別

先秦和兩漢史料中保存了大量的分野記錄，儘管它們的具體內容還有差異，但是卻都是遵循著這個原則制訂的。分野觀念不僅在遠古時代已具雛形，而且同其他事物一樣，也經歷了由簡而繁的過程，這使得分野體系具有諸多不同的形式。分野學說與星占的關係，是依據天象所在之星宿，推占其對應地區之人事，陳遵嬀認爲：「我們祖先把天河擬爲地上的漢水，把它們叫做天漢或是河漢」〔註 78〕，表示了早期分野思想的萌芽。根據現存文獻，所記分野的文字運用，最早出現於春秋時代，根據《國語・周語下》之記載：「歲之所在，則我有周之分野」〔註 79〕，出現了將天與地對應的分野記錄。然而，六朝的分野學說並非整齊畫一，而是有著許多的方法，或者稱爲有多種體系。因此，分野思想作爲「大地」思想的一環，乃透過從《周禮・保章》、劉向《域分》、《漢書・地理志》的一系列理論，到《淮南子・地形訓》當中的陰陽五行地理思想，以星占、州國的配對，綜合型塑而成的「大地」思想，這顯像在研究架構圖當中從「紫色」的疆域沿革，到「橘色」的州、國分佈，再到「銀色」的分野體系的建立，也代表了地理學、宇宙論、陰陽五行之間引頸交叉的論述。

陰陽五行乃中國古代重要的哲學思想，對於傳統文化有過廣泛而持久的影響。從商周至近代，縱觀陰陽五行學說的發展歷程，在不同的時期有著不同的內涵，表現出不同的特色。拙文在此擬集中探討陰陽五行在六朝時期所表現出來的種種面向來加以說明。六朝時期有關陰陽五行學說最爲重要的文本，可以舉隋代蕭吉所撰的《五行大義》一書爲代表。此書是蕭吉整理自上古到隋代，有關陰陽五行學說的總結之書，且此書雖是隋代有關闡明術數思想的代表性的文獻，而其體制則是以「五行」而建構。綜觀《五行大義》文本，可以發現全書環繞著「氣」的命題而展開。不論是四時的節氣、方位的風氣、州郡的地氣、朝代的命氣、人命的相氣、臟腑的象氣、生靈的稟氣，均以「氣」來統攝其論點。在中國古代的思維系統當中，人與自然分別爲大、小宇宙，彼此有一相對應的結構、組成部分及運作的功能。而自然條件，如水土、風氣等對於人的健康、性情、智力、壽命均有極大的影響，而蕭吉即

兆示不同地區的人事（時間分野）。參江曉原，《12 宮與 28 宿：世界歷史上的星占學》（瀋陽，遼寧教育出版社，2005 年 5 月出版），頁 54～55。

〔註 78〕參陳遵嬀，《中國天文學史》（臺北，明文書局，1985 年 5 月出版）第二冊，頁 179。

〔註 79〕《國語》（臺北，里仁書局，1971 年 7 月出版）卷 3，〈周語・下〉，頁 138。

是以陰陽五行展開，秉持著這種體象之學的陰陽五行學說來推演，以建構其空間分割的思想。而他的總結論點就在於「方士異宜，各隨所感。而風者，天之號令，治政之象。若君有德令，則風不搖條，清和調暢。若政令失，則氣怒凶暴，飛沙折木，此天地報應之理也。此皆五行之氣也。」拙文在此擬由蕭吉對於陰陽五行之名稱與意義的討論切入，進而探討《五行大義》中所論述的方位、空間、生命、社會、國家、宇宙等觀念與大地思想之間的關係。

中國古代醫學思想中，人與自然爲大、小宇宙，彼此之間有著互相對應的結構。而自然條件，如水土、風氣等對於人的健康、性情、智力、壽命均有極大的影響。南方在古代的認知上，是土薄水淺、卑濕多病之地，且陽多而節候偏、處於偏南的地理位置；這與北方的土厚水深、高亢爽塏、陰陽調和、乾燥清朗，且位居天地之中是大相逕庭的。在南方這樣的地理環境之中，居民易於染疾，所以有「丈夫早夭」的情形，這與在南土的自然條件中所孕育的各種疾病——例如瘴氣、沙蝨、腳氣等有著十分密切的關係。南方居民在日常的各式活動中常有機會接觸南土的各種致病因素，加上醫療水準不足，導致了南方人口多染疾病、早夭不壽。所以這是古代中國對於南方的地理環境的一種看法，也是對於南方的空間的一種比較負面的觀點。

欲瞭解南北的地理條件，爲雙方居民的健康具有什麼樣的影響就不得不先掌握雙方在地理上的重大歧異。六朝文獻常常提到南北兩方面在地理上的差異，主要有三點。其一，是在地勢上的南高北低，或西北高、東南低。北方或西北地勢較高，而有「土厚水深」的看法；而南方或東南地勢低下，則是「土薄水淺」的說法，這是六朝對於南北地形地勢的看法。〔註 80〕其次，南北雙方在古代記載中常爲人們述及的是「地理位置」的不同。北方是狹義的或指全國疆域的中部地區的「中國」的所在地，其地理位置正處在世界的中央，無論如何，北方或中國既處於「天地之中」，則南方離北方越遠，或越靠近南邊，其位置就越偏。〔註 81〕再者，六朝文獻還提出了南北氣候的差異

〔註 80〕例如王充《論衡・藝增篇》曰：「河北地高」；《博物志》曰：「南方，土下水淺」；賈思勰《齊民要術・水稻第 11》（北京，中國農業出版社，1998 年 8 月出版）曰：「北土高原，本無陂澤」（卷 2，頁 138）；又顏之推《顏氏家訓・音辭篇》（臺北，三民書局，1993 年 9 月出版）：「南方水土和柔，其音清舉而切詣，失在浮淺，其辭多鄙俗。北方山川深厚，其音沈濁而訛鈍，得其質直，其辭多古語。」（卷 7，頁 360），顯示了中國古代已有對於南、北地域與環境差異的觀念。

〔註 81〕南朝徐陵〈武皇帝做相時與嶺南酋豪書〉：「天涯藐藐，地角悠悠，言面無由。」

性的解釋。南方的雨量十分豐富，與北國的爽朗乾燥也大相逕庭。南方土薄水淺、氣候濕潤，居住者易於感疾。這些都是六朝時期認爲南北雙方在地理環境的差異上的面向。

因此可以說，六朝「大地」思想當中的「分野」理論，乃係《周禮・保章》、劉向〈域分〉的重要內容，在《漢書・文志》與《淮南子・天文訓》亦有記載。而分野理論當中的基礎內容，亦即各地的州、郡、縣之位置與建制，又屬於地理學上的沿革地理的範疇，透過陰陽五行思想的對於空間的天地對應，將天上的星官與地上的行政區域串連解釋。第二，陰陽五行學說所強調的風土觀念、各州土宜，又是園林農學所重視的水土保持、灌溉水利、象山理水的內涵；也是中國地理學上重視山川地貌，講究水道導引、水利建設、水文地理之傳統；亦是風水學說的重視藏風得水的要訣。這些表現在地理學、宇宙論、陰陽五行共同重疊的「銀色」（陰陽、五行、星占、分野）、「橘色」（州國、方志、風土）、「紫色」（都城、疆域、方位）的部分。第三，宇宙論與陰陽五行學說當中的「天地感應」的主題，更與風水學說所主張的都城選址、人神感通的說法，互相環繞在「感應」這個關鍵的密碼上，而表現在與風水學說互相重疊的「黃色」（都城選址、葬、氣、感應）區塊部分。

4. 風水學說與六朝「大地」思想

中國古代的風水術，又稱爲堪輿，「堪輿」二字連用，並成爲術數文本名稱，始見於漢代的《堪輿金匱》一書；「風水」一詞則最早見於東晉郭璞的《葬書》。關於漢代風水理論的著作，均已散佚，但是《漢書・藝文志》目錄的五行類與形法類中，仍有部分書目。拙文希望藉由《葬書》文本的探討，透過漢晉時代人們的相地經驗，來分析早期風水理論中，「風」與「水」這兩個大地因素在相地擇居的認識上的影響作用。因此，拙文並非側重考據，而係從思想史的角度，標明了《葬書》的時代特性與其在整個中國風水發展史上的地位。依拙見，《葬書》研究的關鍵在於《葬書》中所標示的思想，卻爲六朝的時代產物，因此也可以說六朝爲《葬書》的時代。

水是生命之本源，也是大地的珍貴資源，人類的日常生活與生產活動離不開水，風水造設與規劃之中，尤其注重「水」的因素。故而在中國古代的典籍中，對於水的討論頗爲熱烈。中國古代的「大地」思想中，通常把水看

則稱嶺南爲「天涯、地角」，地角與中原相較，自屬外偏。參《全上古三代秦漢三國六朝文・全陳文》卷9，頁86。

成是大自然的重要組成部分，例如《管子・水地篇》曰：「水者，地之血氣，如筋脈之通流者也。故曰：水，具材也」〔註 82〕，在中國古代的風水討論之中，除了關心水的組織，對於「風」的論述亦甚爲關注，因此，「藏風」的功能在風水理論中極爲重要，例如《葬書》有曰：「風水之法，得水之上，藏風次之」〔註 83〕，風水理論中的「風」的作用主要是對於「氣」所產生的影響，即所謂的「氣乘風則散，界水則止」〔註 84〕，因此除了得水，藏風亦甚爲重要。因此，「水」這個元素是「大地」思想當中極爲重要的要素，其表現在園林農學上，爲川渠、灌溉、水源的設計，表現在地理學上爲水文、江海、湖泊的記載（研究架構圖的「綠色」區塊）；表現在風水學說上爲嚐水親土、山川形勢、藏風界水之原則（研究架構圖的「黃色」區塊）；表現在陰陽五行的空間概念上則爲風土、水土、風氣的說法（研究架構圖的「橘色」部分）。

而六朝的風水理論認爲，在生氣出露的地方，應保持生氣旺盛，不可讓地中之生氣散逸。《葬書》中提到：「葬者，乘生氣也」，「氣乘風則散，……古人聚氣之使不散，行之使有止」，「行止氣蓄，化生萬物，爲上地也」〔註 85〕。由此可見，風水理論的藏風與聚氣，在某些程度上，代表了一種互爲表裡的思想。葬事，以能聚氣爲最上乘的目標，相地，以能聚氣藏風爲最理想的寶地。在這裡，我們可以嘗試著把六朝定爲《葬書》的時代——《葬書》正式確定了風水的哲學基礎，爲風水下了定義，爲後代的風水術訂立了基本的價值觀念。《葬書》建立了哲學與形相之間的關係——「葬者，乘生氣也」，構成了風水的理論基礎。因此，就是要把抽象的「生氣」的觀念，落實到可以觀察，可以捉摸的「風」與「水」，而優良的乘生氣的方法就是「藏風、得水」。風與水都是自然界的事物，要藏風、要得水就要有一定的地理的環境，就是提示了良好的山川形勢的法則。

以郭璞《葬書》爲傳統的風水，發展爲山水派，後代稱爲「巒頭派」，亦稱「形法派」。此巒頭的觀念，事實上構成中國人對於「自然環境」的一種概念性架構，說它是中國人的空間觀念亦不爲過。所謂巒頭，在字面上是指山

〔註 82〕湯孝純註譯，李振興校閱，《新譯管子讀本》（臺北，三民書局，1995 年 7 月出版）卷 14，〈水地 39〉，頁 709。

〔註 83〕王振復，《風水聖經：宅經・葬書》（臺北，恩凱公司，2003 年 12 月出版），《葬書》，頁 96。

〔註 84〕王振復，《風水聖經：宅經・葬書》，頁 93。

〔註 85〕王振復，《風水聖經：宅經・葬書》，頁 113。

脈起伏的形勢，有山脈之起伏，就有河川之流轉。風水家們找出了一種基本形態，認定其環境形相與生氣間的關係。風水家們把自然的景象，看成是宇宙生命現象的呈現，把山勢的起伏看成活生生的動物，他們用中國最崇拜的「龍」來形容，龍就是山脈，把山脈的脊線飛耀，盤伏跌宕的感覺予以生動化、具象化。

再者，風水也是一種擇居的實踐。雖然在不同的歷史時期、不同的環境條件之下，擇居的原因並不相同，影響擇居的某些個別因素會成為主要的擇居關鍵。但是，無論出於什麼原因而擇居，在選定居址時所要考慮的條件固然不能忽略，對於基本條件中的自然環境的利弊因素也不能不作判斷分析。因此，擇居是一個「綜合考慮」的過程，擇居所提供的是一個積累的綜合擇居經驗的「機會」和「過程」。這些經驗的法則當中，對於四周環境的形勢，常用專有名詞代表，叫做「四獸」。它是以四種動物，來稱呼居處「前後左右」的形勢——左為「青龍」，右為「白虎」，後依「玄武」，前稱「朱雀」，合稱為四獸。〔註 86〕簡而言之，風水認為居處要能夠平安興旺，必須符合格局上有山巒、小丘、河流、樹林圍繞，呈現「環抱狀」的態勢。而此原則，《葬書》中亦進一步闡釋：「龍虎抱衛，主客相迎。……夫葬以左為青龍、右為白虎、前為朱雀，後為玄武。……夫以支為龍虎者，來止跡乎岡阜，要如肘臂，謂之環抱。」〔註 87〕透過「青龍白虎」象徵著代表「警戒」、「守衛」之意，同樣地，在風水的運用上，則可以借助良好的地勢，以達到「藏風聚氣」之目的。

因此，六朝風水學說當中所強調的山川形勝的原則、觀勢察脈的方法、聚氣乘風的準則等，皆屬於人們對於「大地」形貌的具體化與具象化。其思想之淵源來自於天地的對應與人地關係的逐步發展。天本無形無象，天的形象皆為人將其命名、分割、聚合與組織，使得人們對於天透過這種分類法則，而更接近人類社會的組織與系統。以歷史發展而言，歷代對於天的解釋與組合，使得天的各種面貌與變化，因為記錄而可以歸納出循環、連鎖、相關、

〔註 86〕例如《白虎通》曰：「左青龍、右白虎、前朱雀、後玄武」，即在形容此種環境；又《禮記》亦曰：「前朱雀而後玄武，左青龍而右白虎，……進退有度，左右有局，各司其局。」也指出青龍、白虎、朱雀、玄武，各司其職，代表四方，參吳樹平點校，《十三經全文標點本》（北京，北京燕山出版社，1991 年 12 月出版）《禮記・曲禮上》頁 681。

〔註 87〕王振復，《風水聖經：宅經・葬書》，頁 142、167～173。

因果等論述的系統，這就是「大地」思想當中，天地對應的契機。進一步到了六朝時期，由於「大地」思想之多元發展，使得大地的諸多形貌，可以透過人世間對於天地的對話，而得出進一步解釋的空間，這就建構了六朝風水學說的骨架。因此，山脈可以加以形象化，河川也可以加以物象化，山脈的起、疊、蓄、蹙、行，皆可被視爲龍氣、地氣的運行與乘會；水脈的繞、屈、聚、迴、止，亦可被視爲生氣的凝穴與融結。而此關鍵就網羅在攸關「大地」之氣的「山」、「水」、「地」、「氣」、「陰陽五行」的組合與配置。

第二章　六朝的地理學與「大地」思想

地理一詞，在中國出現很早，先秦時期的《周易・繫辭》中就有「仰以觀於天文，俯以察於地理」〔註 1〕一語，但是，中國以「地理」爲命名的著作卻出現較晚。從先秦的《尚書・禹貢》、《周禮・職方》等著作，到西漢《史記》的一些優秀的地理篇章，都多少涉及地理方面的內容，但都未以地理命名，一直到東漢班固撰寫《漢書・地理志》時，才第一次使用「地理」一詞作爲攸關地理等篇章的標題。

班固首創之《漢書・地理志》，在中國地理學史上，首次以「地理」作爲篇名，並開創中國歷代記述疆域政區之先河。在十六部正史地理志中，〔註 2〕《漢書・地理志》首創其例，其內容豐富，史料價值頗高，是研究漢代疆域

〔註 1〕吳樹平等點校，《十三經全文標點本》（北京，北京燕山出版社，1991 年 12 月出版），頁 76。

〔註 2〕正史地理志是古代地理著作中最基本、最重要的部分，在地理學史上佔有重要地位。二十五史中，有 16 部有〈地理志〉（含〈地形志〉）、〈州郡志〉（含〈郡國志〉、〈郡縣志〉），整理如下：

表 2-1：二十五史地理志表

二十五史	地理志	卷　數
漢書	地理志	2
後漢書	郡國志	5
晉書	地理志	2
宋書	州郡志	4
南齊書	州郡志	2
魏書	地形志	3

政區的重要文獻，也是歷代地理志的典範。〔註 3〕《漢書・地理志》在選擇「地理」一詞作爲其篇名時，顯然賦予「地理」新的意涵，即是以中國歷代疆域政區的建置及沿革爲其主要內容。這種情況的出現，與之前的地理著作《山海經》、〈禹貢〉所記述的內容相比，有著較大的不同。《山海經》與〈禹貢〉都是將「地理」理解爲山河大地及其型態特徵；而《漢書・地理志》所記述和研究的內容，則使得後世對於「地理」的理解，偏向於疆域政區的建置沿革爲主；因而對於山河大地及地表型態特徵的地理論述，退居從屬地位，並且在記述上也趨於簡要。《漢書・地理志》作爲中國最早的一部以「地理」命名的著作，「地理」一詞也是由此被作爲一門學問的術語而正式確認。特別是自《漢書・地理志》以後，中國歷代的官修史書中，絕大多數都闢有〈地理志〉一目，記述各朝歷代郡縣疆域。《漢書・地理志》的體例對於後世產生了深遠的影響，此後，相繼出現了體例上類似以論述歷代疆域政區建置沿革爲主要內容的沿革地理著作。

與此同時，漢代的私家地理學亦在江南地區同步展開，名爲〈墜形訓〉的地理學著作，被收納入《淮南子》這本號稱爲漢代道家思想的文本當中，這也替中國的地理學除了官方系統的體系之外，另外開闢了民間系統的地理論述。在〈墜形訓〉當中，地理項目更爲廣泛，地理思想更爲多樣——除了同樣與官方地理學重視地理沿革、疆域歷史以外，更多出許多探討山川河湖

南齊書	州郡志	2
魏書	地形志	3
隋書	地理志	3
舊唐書	地理志	4
新唐書	地理志	7
舊五代史	郡縣志	1
宋史	地理志	6
遼史	地理志	5
金史	地理志	3
元史	地理志	6
新元史	地理志	6
明史	地理志	7

〔註 3〕 譚其驤教授稱許《漢書・地理志》之史料價值，指出：「前人認爲不讀《漢書・地理志》，就無法從事歷代疆域政區沿革的研究。」可見《漢書・地理志》之重要性。

等自然地理的情形。此外，與《漢書・地理志》相同的是，〈墬形訓〉亦談到「分野」，而且論述比起《漢書》的說法更爲複雜與多樣，這也顯示出官方地理學通常偏重政區沿革，而私家地理學則更關心地理的自然面向。以下，將分述六朝時期，「大地」思想之多元而多樣的面貌。

第一節　六朝時期的地理學與地圖學

六朝時期是版圖紛亂複雜的時期，所謂「版籍爲之渾淆，職方所不能記。」〔註4〕有關文獻記載又「舛錯過半」〔註5〕，許多特殊制度，例如遙領、虛封、尉部、都督、僑置、雙頭、左郡左縣、俚郡僚郡等，也是這個時期地理建置上的特色。〔註6〕按《晉書・地理志》、《宋書・州郡志》、《南齊書・州郡志》、《隋書・地理志》等正史地理志所載，史料來源大多出自檔案冊，較全面也較近乎史實；然其中得失參互、引據不經者亦多，謬誤迭出、缺漏違忤者亦所在多有。〔註7〕因此，拙文將由正史地理志開始切入，以作爲探討六朝地理學、地圖學與「大地」思想之關係。

一、六朝時期的正史地理志

六朝時期第一部正史地理志是《晉書・地理志》。唐初史臣修纂《晉書・地理志》，大要以太康元年（280）平吳之後，太康三年（282）廢寧州之前爲定，實爲一部「西晉」地理志。〔註8〕惠帝以下即多脫略，至永嘉以後迄東晉之百餘年間，不獨僅綴數語，而且謬妄叢生。清洪亮吉曾指出：「歷史地志，互有得失，其最舛者，則惟晉史地理志乎。」〔註9〕〈晉志〉既不足證，求之《晉書》紀傳，其虛實併陳，始終不照者，也多困惑，又事跡不完。再檢之《宋書・州郡志》，敘及東晉史事，或略而不盡，或沿革不清，與紀傳舛錯者又時時而有。除此之外，討論東晉疆域政區，尚有兩大困難：一則

〔註4〕《宋書》（臺北，鼎文書局，1993年10月出版）卷11〈志序〉，頁205。

〔註5〕〔清〕洪齮孫，《補梁疆域志・序》，收入《二十五史補篇》（臺北，臺灣開明書店，1974年6月出版）冊三，頁4361。

〔註6〕胡阿祥，〈六朝疆域與政區研究史料評說〉，《歷史地理》12輯（上海，1995年3月出刊），頁235。

〔註7〕胡阿祥，〈六朝疆域與政區研究史料評說〉，頁235。

〔註8〕胡阿祥，〈六朝疆域與政區研究史料評說〉，頁237。

〔註9〕〔清〕洪亮吉，《東晉疆域志・序》，收入《二十五史補篇》冊三，頁3579。

實土之廣狹無常，二則僑土之名目多復。〔註 10〕考東晉實有土地，「建武、太寧，規橅粗定；始削于咸和，而旋振于永和；再蹙于寧康，而復拓于太元；三挫于隆安，而大闢于義熙。」〔註 11〕至若僑置州郡縣，更造成地理概念的極大混亂，「且省置交加，日回月徙，寄寓遷流，迄無定託，邦名邑號，難或詳書。」〔註 12〕以沈約去晉世未遠，獨有「地理參差，其詳難舉，實由名號驟易，境土屢分，或一郡一縣，割成四五，四五之中，亟有離合，千回百改，巧曆不算，尋校推求，未易精悉。」〔註 13〕之嘆，何況千數百年後之今人？因此，從〈晉志〉篇目序次混亂、眉目不清的情況來看，唐代史臣修纂這部分時，似無定本可據，雜抄眾書成卷，又不互相檢照，遂使涉筆多誤。

基本上，西晉的政區只是在魏、蜀、吳三國的基礎上略有變更而已。〔註 14〕魏甘露元年（265），西晉代魏；太康元年（280），西晉滅吳。《晉書・地理志》以太康元年（280）平吳為斷限，記載當時州、郡、縣建置的資料。十五年之間，僅增置梁、秦、寧、平 4 州，增置郡國 23，總計凡州 19，郡國 173，縣 1109。然而這尚處於正常範圍之內的變化，從東晉起，變化已經超出正規範圍，而日漸紊亂了。東晉的設置僑州、郡，使得地方政區開始顯得出現錯綜複雜的局面；或一地僑寓數州、郡；或以縣為郡，或以郡為縣；或冠以舊稱，或另做新名。經歷了多次土斷，僑州、郡、縣或廢或置，或有實土，或無實土。

南朝時期，沈約（441～513）在齊永明年間，奉敕修撰《宋書》，其中有〈州郡志〉4 卷。惟詳建置，不及山川、古蹟、城坊等，乃沈約以「班固、馬彪二〈志〉，太康、元康定戶，王隱《地道》，晉世《起居》，《永初郡國》，何、徐《州郡》及地理雜書，互相考覆。〔註 15〕」而成。就其資料來源，多取徐爰《宋書・州郡志》舊本而自定體例增刪之。徐本《宋書》，乃以何承天、山謙之所做為基礎，起於東晉義熙元年，迄於大明之末。胡阿祥教授認為〈宋

〔註 10〕陳琳國，《魏晉南北朝政治制度研究》（臺北，文津出版社，1994 年 3 月出版），頁 198。

〔註 11〕〔清〕洪亮吉，《東晉疆域志・序》，收入《二十五史補篇》冊三，頁 3579。

〔註 12〕《宋書》卷 11〈志序〉，頁 205。

〔註 13〕《宋書》卷 35〈州郡志〉，頁 1028。

〔註 14〕陳琳國，《魏晉南北朝政治制度研究》，頁 195。

〔註 15〕《宋書》卷 35〈州郡志〉，頁 1028。

志〉亦存在不少問題，包括斷代不嚴、爲例不純、記載疏漏或欠缺、考辨訛誤、敘次不清、數字不合等六大缺失。〔註 16〕儘管存在上述問題，沈約《宋書・地理志》仍是研究劉宋疆域政區的主要史料依據。蕭齊時期，蕭子顯（487～537）所撰的《南齊書》中有〈州郡志〉2 卷，此〈志〉是根據江淹的《齊史・州郡志》撰寫的，州一級的沿革，追溯到《漢書・地理志》，漢至劉宋年間的變化，則是根據《續漢書・郡國志》、《晉書・地理志》、《晉太康地記》、《晉太康二年起居注》、《宋書・州郡志》和《永明郡國志》等書中的資料，而縣級則未記地理沿革。胡阿祥教授對於《南齊書・州郡志》亦多所批評，他認爲基本上仍存在不少問題。〔註 17〕

晉末宋初，經過義熙土斷與元嘉割實土於僑州以後，僑州、郡、縣的問題有所解決，然而，地方政區的紊亂狀況並未因此而好轉。此乃由於濫置州郡的緣故，南北朝時期，政區紊亂的程度與濫置州郡存在著微妙關係。究其根源，濫置州郡始於十六國時期，問題出在於不僅僅是比西晉多出 19 個新州，而且，十六國常有盤據一偶之國，割一州爲數州，析一郡爲數郡，隨心所欲、虛張聲勢。造成了南北同州同名、同郡同名、同縣同名者；或東西俱立同州、同郡、同縣者，這正是南北朝時期分裂割據時代的歷史現象。「濫置州郡」是南北朝共同的社會現象。分析比較言之，北朝濫置州郡乃早於南朝。北魏於太延五年（439）消滅北涼，統一北方。此時，北方有 15 州、80 郡。北魏文成帝和平五年（464），續增 11 州、21 郡，因此彼時北方共有 26 州、101 郡。而同一年，即南朝宋孝武帝大明八年（464），劉宋還只有 19 實州、1 僑州、210 實郡、22 僑郡而已。〔註 18〕然而到了南北朝後期，北南雙方，似乎展開了一場濫置州郡的競賽，且看下表的分析：

〔註 16〕胡阿祥，〈六朝疆域與政區研究史料評說〉，頁 242～243。

〔註 17〕胡阿祥在〈六朝疆域與政區研究史料評說〉乙文中，指出《南齊書・州郡志》存在 12 項缺失（頁 243）：
1. 斷代不嚴，2. 謬述沿革，3. 置廢遷徙時間錯誤，4. 郡縣統屬乖亂，5. 郡縣重出，6. 州下列郡、郡下列縣之次序不合志例，7. 雙頭州誤爲二州，8. 僑郡名稱多省稱「南」、「北」二字，9. 行文過簡致傷文意，10. 多脱字、誤字、衍字，11. 錯簡，12. 整理者句讀錯誤。

〔註 18〕陳琳國，《魏晉南北朝政治制度研究》，頁 220～226。

表 2-2：南北朝濫置州郡統計表（梁／北魏、東魏、西魏）〔註 19〕

時　間	梁		北魏		西魏		東魏	
	州	郡	州	郡	州	郡	州	郡
梁天監 18 年／北魏神龜 2 年（519）	45	382	68	300	–	–	–	——
梁中大通 5 年／北魏永熙 2 年（533）	86	492	84	354	–	–	–	–
梁中大同 1 年／西魏大統 12 年／東魏武定 4 年（546）	104	586	–	–	57	183	59	230

南北朝晚期，不論南北都颳起了濫置州郡之風氣，陳琳國教授認爲歸納其原因，有四點〔註 20〕：第一、多置州郡，是削弱地方勢力的重要措施，這是南北朝時期中央集權與地方勢力強弱轉換的關鍵。第二、多置州郡，乃南北妄自尊大、虛張聲勢的需要。第三、爲了靖邊誘敵，多置「左」州郡和緣邊州郡。所謂的「左」州郡，是指在少數民族聚居地所立、由少數民族首領擔任刺史、太守、令的州郡。當時蠻族主要分佈在荊、湘、雍、郢諸州，處於南北之間，是南北雙方爭取的對象。第四、政治腐敗、社會動亂，使得州郡越來越濫、極度紊亂。就以陳朝爲例，陳朝是南朝疆域最小的政權，然屆太建 12 年（580）時，陳仍有 63 州、166 郡和近 600 餘縣；而滅北齊後的北周有 211 州、508 郡、900 餘縣。六朝時期地方政區的紊亂是地方行政制度頹敗的一種表徵。這個時期州的增加近 20 倍，郡增加了近 6 倍。〔註 21〕當然，州郡官僚機構、州郡官吏也隨之相應增加，使得本來已經腐敗不堪的國家機器不斷地惡性膨脹，終於，隋王朝在實現全國統一後，即宣布廢除了郡一級的建制。

二、六朝時期的地圖學

地圖在古代，無論東方或西方，都具有某種的符號意義，一個國家被征服了，投降者就必須獻上地圖，獻上地圖就等於獻上國土；〔註 22〕地圖也是

〔註 19〕根據陳琳國，《魏晉南北朝政治制度研究》之資料，頁 226。
〔註 20〕陳琳國，《魏晉南北朝政治制度研究》，頁 227～230。
〔註 21〕陳琳國，《魏晉南北朝政治制度研究》，頁 227～230。
〔註 22〕例如，《史記・刺客列傳》提到荊軻以燕國特使身分，攜帶燕國大將樊於期的

人類用線條、圖形來描繪人文與地理的空間活動，和人們用聲音、記號等語言來表達，有著類似的關係。因此，地圖的繪製和語言相同，都具有某種「表意性」。〔註23〕無論東方或西方，古代的地圖除了做爲表意系統的地圖，也同樣凝聚著古代的心理與認知的格局。

西方稱製繪地圖爲「摹寫」(drafting)，中國三世紀時的西晉裴秀在〈制圖六體〉則稱爲「制」，在這些基本的定義裡，〔註24〕都將地圖的「人爲表意性」宣示了出來。然而，在現代地圖尚未出現以前，古地圖實近似於「風景畫」的延伸，雖談不上絕對精準，但山川、林木等自然地形一目了然，且繪有都城、關隘、寺塔、舟楫等人爲建築的搭配。人類根據「差異」原則而認識外在世界，「差異」的觀念就成爲地圖繪製主要的觀念來源。因此，從大趨勢而論，用地圖來呈現的地理空間，和用語言來描述的眞實世界是相同的，都是一種認知的過程，由模糊扭曲而逐漸變得較爲精準的過程。地圖是一種表意系統，它和語言相同，都有建造的大法與傳統，以及和現實世界對應的關係。

（一）六朝以前地圖學的發展

地圖產生和發展的歷史十分悠久，歷史資料證明，用圖表示的地理知識，比起用文字表述的地理知識，還要早一些，在文字尚未產生以前，就已經出現了地圖或是類似的圖形，以及一些簡單的地圖符號，有些象形文字就是從原始的地圖符號演變而來的。〔註25〕相傳黃帝與蚩尤戰爭時，曾經使用過地圖，據《世本》的記載，表示地形物象的地圖已經問世。〔註26〕到了夏朝，

首級，加上燕國「督亢之地圖」，示降臣服於秦，便可體會到，獻地圖即等於獻領土的意思。

〔註23〕日本學者海野一隆在提到圖案、圖形與地圖的關係時表示：「就信息傳達的全面性、及時性和國際性而言，文字遠不及圖案、圖形有效。不用說，地圖即是圖形之一種，有時本來就是圖畫。就像圖畫難以用語言置換一樣，地圖也只是訴諸視覺，但其內涵卻可以遠遠超過語言所能表現的範圍。」參海野一隆，《地圖的文化史》(香港，中華書局，2001年5月出版)〈前言：何爲地圖？〉，頁6。

〔註24〕海野一隆認爲漢字的「地圖」二字是包括了所有種類的地圖的。但在英文中，陸圖稱map，海圖稱chart，城市圖則稱plan，並沒有一個含括全部的總詞彙。Cartography(製圖學)這個詞，是根據1839年葡萄牙地圖史家桑塔雷慕子爵創造的Cartographia一詞而來的，本意是「地圖製作」。參海野一隆《地圖的文化史》，頁7。

〔註25〕盧良志編，《中國地圖學史》(北京，測繪出版社，1984年出版)，頁1。

〔註26〕金應春，《中國地圖史話》(北京，科學出版社，1984年出版)，頁1。

則是出現了鑄山水和百物的〈九鼎圖〉。〔註 27〕古代文獻中，有關於早期地圖的史料頗多，先秦書籍例如《尚書》、《詩經》、《周禮》、《管子》及《戰國策》等典籍，各有詳簡程度不同的關於地圖的記載。其中以《周禮》和《管子》的記載較為詳細。

1. 先秦時期的地圖

先秦時期的史籍，有關地圖的記載為數不少，〔註 28〕雖然當時的地圖極少傳世下來，但從史籍記載中仍然可以看到有關地圖制作的史料，不但數量、種類較多，而且還具有一定的水平。〔註 29〕其中，《周禮》留存的地圖史料頗

〔註 27〕王庸，《中國地理學史》（臺北，臺灣商務印書館，1986 年 10 月出版），頁 16～17。此外，杜石然《中國科學技術史稿》（北京，科學出版社，1982 年 7 月出版，上冊，頁 76。）一書也寫道：「關於地圖知識，有這樣的傳說，夏禹鑄造九個鼎，鼎上各有不同地區的山川、草木和禽獸圖，而且九鼎一直流傳到秦代才被銷毀。」關於〈九鼎圖〉之記載，見載於《左傳・宣公上》：「昔夏之方有德也，遠方圖物，貢金九牧，鑄鼎象物，百物為之備。」此外，《漢書・郊祀志》亦載：「禹收九牧之金，鑄九鼎，象九州。」此後九鼎被夏、商、周三代帝王視為傳國的瑰寶，代代相傳，直至周秦失傳。據此，三代時期在某些器物上繪有表示山川等內容的地圖，是有可能的。

〔註 28〕古時繪製地圖的目的，主要是為了適應政治、軍事等實際需要。例如，《尚書・洛誥》記載，西周初年，周、召二公先後在洛邑選擇城址，並繪有地圖：「召公既相宅，周公往營成周，使來告卜，作〈洛誥〉。周公拜手稽首曰：「……予惟乙卯，朝至於洛師。我卜河朔黎水。我乃卜澗水東，瀍水西，惟洛食。我又卜瀍水東，亦惟洛食。伻來，以圖及獻卜。」（參吳樹平，《十三經全文標點本》，北京，北京燕山出版社，1991 年 12 月出版，上冊，頁 179）根據這一段記載，可以知道，周朝初年成王在豐京即位之後，決定在洛河流域修建一座新城，為此先派召公做了初步的考察，隨後又派周公選定城址進行規劃，周公到了現場進行占卜，然後把現場圖和占卜的結果，一併獻給成王。因此可知至少在西周時期，地圖已經是解決實際問題時所不可缺少的工具了。

〔註 29〕例如，《周禮・天官冢宰》載：「小宰，……三曰，聽閭里以版圖。」「版」即「戶籍」；「圖」即地圖。也就是後代所說的稱國家的領土為「版圖」的意思。又《周禮・職方》曰：「掌天下之圖，以掌天下之地，辨其邦國、都鄙、四夷、八蠻、七閩、九貉、五戎、六狄之人民，與其財用九谷六畜之數，要周知其利害。」這裡說的「天下之圖」，大概就是指全國的〈行政區域圖〉。圖上可能繪有國界、政區界、四鄰的人民以及糧倉、牲畜分佈的情況等。此外，《周禮・土訓》曰：「掌道地圖，以召地事。」意思是說，按照地圖介紹全國的形勢、山川所宜，以供封建帝王發佈農業生產的政令時做為參考，推測這大概是為了農業生產服務的〈農用專業地圖〉。《周禮・地官司徒》曰：「大司徒之職，掌建邦之土地之圖與其人民之數，以佐王安擾邦國。以天下土地之圖，周知九州之地域、廣輪之數，辨其山、林、川、澤、丘、陵、墳、衍、原、隰之名物，而辨其邦國都鄙之數，制其畿疆而溝封之。」（吳樹平，《十三經全文標點本》，頁 408）

多，關於地圖的記載，內容比較詳實，種類也顯著增加。〔註 30〕這些記載，不僅提到當時已經設有專門保管地圖的官職，〔註 31〕而且還講到了地圖的主要內容和其他用途〔註 32〕；圖中不僅顯示了地域的大小，而且還表明了山林川澤的分佈等情況。

地圖在政治與軍事上的重要意義，還可以從戰國時期的另一部著作《管子》的有關記載中，進一步得到印證。《管子・地圖》篇，以專門論述地圖的作用爲主要內容，尤其是對於軍事地形圖在戰爭中所發揮的重要作用，進行了較爲詳細的論述：

> 凡兵主者，必先審知地圖。轘轅之險，濫車之水，名山、通谷、經川、陵陸、山阜之所在，苴草、林木、蒲葦之所茂，道里之遠近，城郭之大小，名邑、廢邑、困殖之地，必盡知之地形之出入相錯者，盡藏之。然後可以行軍襲邑，舉錯知先後，不失地利。此地圖之常也。〔註 33〕

〔註 30〕《周禮》大約是戰國時期的著作，雖托古於周公之世、但書中所說的「天下土地之圖」以及他各種地圖，想必有相當的歷史根據，並非完全出於虛構。《周禮》中記載的地圖種類繁多、功用齊全，由此可見，當時製作的地圖，不僅數量、種類明顯增多，而且地圖在政治、軍事等方面所提供的作用，也越來越重要。

〔註 31〕而記載與地圖有關的國家職官系統，《周禮》當中也有詳細記載。《周禮・地官》篇記載：「大司徒之職，掌建邦之土地之圖與其人民之數，以佐王安擾邦國。以天下土地之圖，周知九州之地域、廣輪之數，辨其山、林、川、澤、丘、陵、墳、衍、原、隰之名物。而辨其邦國都鄙之數，制其畿疆而溝封之。」（吳樹平，《十三經全文標點本》，頁 408）；又載：「司險掌九州之圖，以周知其山林川澤之阻，而達其道路」；「職方氏掌天下之圖，以掌天下之地，辨其邦國都鄙，四夷八蠻七閩九貉五戎六狄之人民與其財用，九穀六畜之數要，周知其利害。」這說明了當時已有掌管地圖的專職官吏以及各種不同類型、內容及其作用的地圖，反映了上古時期人們已經具備較爲系統的地圖知識，並且已經懂得運用地圖來解決某些實際的問題。

〔註 32〕《周禮・地官司徒》又說：「廿人掌金玉錫石之地，而爲之厲禁以守之。若以時取之，則物其地，圖而授之。」這可能是〈礦產分佈圖〉。《周禮・夏官司馬》：「司險掌九州之圖，以周知某山林川澤之阻而達其路。」這裡所說的「九州之圖」，可能是〈道路交通圖〉。又《周禮・春官・冢人》：「冢人掌公墓之地，辨其兆域而爲之圖。」；《周禮・春官・墓大夫》：「墓大夫掌凡邦墓之地域爲之圖。」這兩處講的是〈墓域地圖〉。最後，《周禮・地官司徒》：「凡民訟以地比正之，地訟以圖正之。」根據這段記載，說明了當時還有以地圖爲證據打官司的事實。

〔註 33〕湯孝純注譯，李振興校閱，《新譯管子讀本》（臺北，三民書局，1995 年 6 月出版）上冊，頁 516～517。

這段精彩的紀錄，首先指出了軍事統帥在行軍作戰前，必須先詳細審查地圖，以明察作戰地區各種地形地貌——盤旋的山路、險要的河道、濃密的茂林、城埒的大小、路程的遠近等等，然後才可以擬定詳細的作戰計畫。諸如此類的地圖，必須以豐富的地理知識，與實地的記錄調查爲基礎，同時地圖的內容也不是單靠符號可以清楚表示，可能還附有若干的文字說明。此外，春秋戰國時期的地圖，除了已經使用的一些符號來表示山川、道路、城郭、物產等內容以外，還有一定的比例關係。根據《戰國策‧趙策》記載：「臣竊以天下之地圖案之，諸侯之地，五倍于秦。〔註 34〕」能夠從地圖上讀出諸侯各國的面積比起秦國大五倍，可見是按一定的比例尺繪製而成。〔註 35〕

從上可見，中國古代在春秋戰國時期的地圖，已經比較詳細準確，而且具有方位、距離、比例尺等地圖要素，對於地形地物的表示，也已使用形象符號和文字註記等方法。可見，當時的地圖繪製的內容及其繪製方法已經具有一定的水平。

2. 秦漢時期的地圖

中國古代地圖的繪製及應用，最早盛行於春秋戰國時期，那時繪製的地圖，多是局部地方的區域性地圖，大範圍的行政區域圖較少。直到秦漢時期，全國性的一統輿圖，才逐漸多了起來，史籍對於這方面的記載也詳細了些。關於漢代大範圍甚至是全國的政區圖，首先見於武帝時代的記載，根據《漢書‧武帝紀》：「浮沮，井名，在匈奴中，去九原二千里，見漢輿地圖」〔註 36〕；又《後漢書‧馬援傳》：「前披輿地圖，見天下郡國百有六所」〔註 37〕；而班

〔註 34〕錢超塵譯注，《戰國策譯注》（北京，北京燕山出版社，1993 年 7 月出版）卷 19〈趙策二〉，頁 476。

〔註 35〕又如，1978 年在河北省平山縣中山國中山王譽墓出土的〈兆域圖〉，以實物證實了戰國時期的確能按「比例尺」繪製地圖。墓主中山王譽，其埋葬時間在公元前 310 年左右，由此推算〈兆域圖〉距今已有 2200 多年的歷史。根據孫仲明的研究，〈兆域圖〉的比例尺約爲 1：500，圖上雖然沒有標出方向，但是從圖的內容和表示形式，可以看出是有一定的方位。從圖上四個宮的門表示在上方，墓室門朝南開，可知圖的上方是南、下方爲北。而且，此圖除了有一定的方向外，還具有嚴格的對稱關係，圖上的「堂」、「宮」、「丘足」的基準線以及圖形線索之間幾乎都是對稱的，甚至連注記的排列也是對稱的。參孫仲明，〈戰國中山王墓「兆域圖」的初步探討〉，《地理研究》，1982 年 1 卷 1 期；楊鴻勛，〈戰國中山王陵及兆域圖研究〉，《考古學報》，1980 年 1 期。

〔註 36〕《漢書》（臺北，鼎文書局，1997 年 10 月出版）卷 6〈武帝紀〉，頁 189。

〔註 37〕《後漢書》（臺北，鼎文書局，1999 年 4 月出版）卷 24〈馬援傳〉，頁 833。

固〈東都賦〉:「天子受四海之圖籍」〔註 38〕;再就《晉書・裴秀傳》也曾提到:「惟有漢氏《輿地》及《括地》諸雜圖。〔註 39〕」推測漢代可能已經形成由諸郡國奏獻地圖的制度,而漢武帝的軍事擴張政策,也必然促進了地圖的製作。再者,兩漢四百多年,中央集權政府通令各地方呈進地圖,以備編制帝國政區圖,設想上也是合理的。關於漢代的輿地圖,不僅西晉的裴秀見過,其他像是東晉虞喜的《志林》〔註 40〕,也曾提到過。至於兩漢時期的其他地圖史料,整理彙總如下:

表 2-3:兩漢時期地圖史料表

地　圖　史　料	資　料　來　源
臣請令史官擇吉日,具禮儀上,御史奏輿地圖。	《史記》卷 60〈三王世家〉,頁 2110
日夜與左吳等按輿地圖,部署兵所從入。	《漢書》卷 44〈淮南王傳〉,頁 2149
(李)陵於是將其步卒五千人出居延,北行三十日,至浚稽山止營,舉圖所過山川地形,使麾下騎陣步樂還以聞。	《漢書》卷 54〈李廣附李陵傳〉,頁 2451
郡乃定國界,上計簿,更定圖,言丞相府。	《漢書》卷 81〈匡衡傳〉,頁 3346
具天下之輿地及軍陳圖。	《漢書》卷 53〈江都易王傳〉,頁 2417
使侍中講禮大夫孔秉等與州部眾郡曉知地理圖籍者,共校治于壽成朱鳥堂。	《漢書》卷 99 中〈王莽傳〉,頁 4129
臣請大司空上輿地圖,太常擇吉日,具禮儀。	《後漢書》卷 1 上〈光武帝紀〉,頁 65
帝案地圖,將封皇子,悉半諸國。	《後漢書》卷 10 上〈皇后紀〉,頁 410
光武舍城樓上,披輿地圖,指示禹曰:「天下郡國如是,今始乃得其一。」	《後漢書》卷 16〈鄧禹傳〉,頁 600
所過皆圖寫山川、屯田、聚落百餘卷,悉封奏上。	《後漢書》卷 51〈李恂傳〉,頁 1683

因此,秦漢時期,中國地圖的繪製技術又有了一定的發展,當時,地圖的應用不僅愈來愈多,而且其繪製技術已經達到較高的水平,秦統一後,集

〔註 38〕班固〈東都賦〉,收入〔清〕嚴可均,《全上古三代秦漢三國六朝文》(石家莊,河北教育出版社,1997 年 10 月出版)冊二《全後漢文》卷 24,頁 241。

〔註 39〕《晉書》卷 35〈裴秀傳〉,頁 1039。

〔註 40〕《史記》(臺北,鼎文書局,1985 年 3 月出版)卷 118〈淮南衡山列傳〉,頁 3085,《索隱》引虞喜《志林》:「輿地圖,漢家所畫,非遠古也。」

六國圖籍於咸陽。秦亡之際，劉邦入關，蕭何急收秦圖入藏石渠閣。〔註 41〕此外，史載東漢光武帝劉秀在城樓上指〈輿地圖〉對鄭禹說：「天下郡國如是，今始乃得其一。」〔註 42〕由此可見，地圖對王朝政府的作用頗爲重要，在政治領域中的地位已顯著提高。

（二）裴秀的地圖學理論

秦始皇統一中國，中央政府收藏了許多圖籍，後來，漢高祖攻入咸陽，秦國的圖籍被蕭何所接收。到了晉代，這些圖籍已大部分散佚。根據裴秀的說法，他當時所看到的「惟有漢氏《輿地》及《括地》諸雜圖」〔註 43〕而已。

1. 裴秀的制圖緣由

裴秀（224～271），字秀彥，魏晉時期河東聞喜（山西聞喜）人。出身於士族家庭，曾隨司馬昭出兵淮南，收集了許多地圖資料，後任職司空，又接觸到國家收藏的地圖資料，爲他建立地圖理論打下了良好的基礎。同時，鑒於當時戰亂後，全國地圖散佚較多，而古代舊地圖也因地名變遷，注解不一，或者製作粗糙，不便於使用。於是，他便考釋〈禹貢〉中的山川等記述，以及九州與當時十六州的變化，主持編繪了《禹貢地域圖》十八幅，又縮繪漢代的全國地圖爲《地形方丈圖》。正是在這種對於地圖的廣泛瞭解和製作實踐中，他逐漸總結經驗，建立了一套地圖製作的理論原則——制圖六體。

2. 制圖六體

裴秀提出的「制圖六體」是：「一曰分率，所以辨廣輪之度也。二曰准望，所以正彼此之體也。三曰道里，所以定所由之數也。四曰高下，五曰方邪，六曰迂直，此三者各因地而制宜，所以校夷險之異也。」〔註 44〕這是說，製作地圖首先要具有反映地圖長寬大小的比例尺，其次，要能夠確定地物彼此之間的方位。第三、要知道兩地之間的人行路程，第四高下，第五方邪，第六迂直，是說人行的路程有高低、方邪、迂直的不同。次外，爲了取得兩地間的水平直線距離，必須：「高取下、方取斜、迂取直」，亦即要因地制宜求出地物之間的水平直線距離。

裴秀的制圖六體，在內容上雖有主次之分，但是彼此之間，卻是互相聯

〔註 41〕《漢書》卷 39〈蕭何傳〉，頁 2006；又見《漢書》卷 1〈高帝紀〉上，頁 23。
〔註 42〕《後漢書》卷 16〈鄭禹傳〉，頁 600。
〔註 43〕《晉書》（臺北，鼎文書局，1995 年 6 月出版）卷 35〈裴秀傳〉，頁 1039。
〔註 44〕《晉書》卷 35〈裴秀傳〉，頁 1040。

繫、互為制約的。正如他自己所說的「有圖象而無分率，則無以審遠近之差；有分率而無準望，雖得之於一隅，必失之於他方；有準望而無道里，則施於山海絕隔之地，不能以相通；有道里而無高下、方邪、迂直之校，則徑路之數必與遠近之實相違，失準望之正矣，故以此六者參而考之。然遠近之實定於分率，彼此之實定於道里，度數之實定於高下、方邪、迂直之算。故雖有峻山鉅海之隔，絕域殊方之迴，登降詭曲之因，皆可得舉而定者。準望之法既正，則曲直遠近無所隱其形也。」〔註 45〕指出了對於制圖六體的作用、意義以及彼此之間的關係。

3.《禹貢地域圖》與《地形方丈圖》

裴秀除了提出制圖六體以外，還繪有數幅地圖。根據《晉書・裴秀傳》記載：「秀儒學洽聞，且留心正事，……又以職在地官，以〈禹貢〉山川地名，從來久遠，多有變易。後世說者或強牽引，漸以闇昧，於是甄擿舊文，疑者則闕，古有名而今無者，接隨事注列，做《禹貢地域圖》十八篇。奏之，藏於秘府。」〔註46〕又說：「文皇帝乃命有司，撰訪吳、蜀地圖，蜀土既定，六軍所經，地域遠近，山川險易，征路迂直，校驗圖記，罔或有差。今上考〈禹貢〉山海川流，原隰陂澤，古之九州，及今之十六州，郡國縣邑，疆界鄉陬，及古國盟會舊名，水陸徑路，為《地圖》十八篇。」〔註 47〕這十八篇地圖，可以說是中國明確見諸文字記載的歷史地圖集。

裴秀又根據用八十匹縑製成的天下大圖，簡縮為比例尺繪成《地形方丈圖》。根據《北堂書抄》記載：「晉司空裴秀，以舊天下大圖，用縑八十疋，省視既難，事又不審，乃裁減為《方丈圖》。以一分為十里，一寸為百里，從率數計里，備載名山都邑，王者可不下堂而知四方也」〔註 48〕。因此，推測裴秀在縮制天下大圖為《方丈圖》時，可能也使用了計里畫方之法。因此，裴秀的製圖理論中，除了已提到現代地圖中的投影和經緯度之外，其他主要的問題，都已明確提出。更重要的是，由裴秀所建立的這一套地圖製作理論和方法，影響著中國古代地圖理論和實踐的發展，形成了「計里畫方」為主要特徵的地圖學體系。

〔註45〕《晉書》卷 35〈裴秀傳〉，頁 1040。
〔註46〕《晉書》卷 35〈裴秀傳〉，頁 1039。
〔註47〕《晉書》卷 35〈裴秀傳〉，頁 1040。
〔註48〕〔唐〕虞世南，《北堂書鈔》（臺北，新興書局，1978 年 1 月出版），頁 431。

（三）六朝地圖學的其他面向

1. 刺繡地圖

六朝地圖的繪製，起於東吳立國之初的軍事需要。《拾遺記》卷八說：「孫權常嘆魏、蜀未夷，軍旅之隙，思得善畫者，使圖山川地勢軍陣之像。」當時的地圖繪製者之中，有一位趙姓婦女，後來成爲孫權的夫人，人稱趙夫人。孫權命她「寫九州方岳之勢」，她在完成後，對孫權說：「丹青之色，甚易歇滅，不可久寶；妾能刺繡，做列國方帛之上，寫以五岳河海城邑行陣之形。〔註 49〕」趙夫人所繪圖可能有兩幅：〈九州江湖方岳之勢圖〉、〈列國五岳河海城邑行陣之形圖〉。第一幅是地形圖，第二幅是駐軍圖。在地形圖之外，別繪駐軍圖，可能始於漢初，馬王堆所發現的地圖就有地形圖和駐軍圖。趙夫人繼承了漢代的傳統而有所發展，這種以刺繡的方法，做列國於方帛之上，寫以「五岳、河海、城邑、行陣之形」的地圖，很可能有三層，以方帛爲底色，表示大地，是第一層；繡出列國的疆域，是第二層；「五岳、河海、城邑、行陣之形」是第三層。漢代刺繡使用了不同的色彩的絲線，用刺繡的方法繪製地圖，很自然地會以不同的顏色的絲線來表示地面上不同的物體和形成圖面的多層次的感覺。如果這樣，那這是一幅彩色且有層次感的地圖。

2. 模型地圖

模型地圖，在中國遠古可能已經產生，例如，〈九鼎圖〉上若刻有山、水，亦可謂介乎地形圖與模型圖之間的一種雕刻或範鑄。東漢馬援「聚米爲山谷，指畫形勢」，可能是一種活動式之軍事地形模圖，然而古籍上確實關於地理模型之記載，似以劉宋謝莊之〈木方丈圖〉爲最早。謝莊遠承秦始皇墓內的大地模型和東漢馬援「聚米爲山谷」用於軍事的地理模型，「製木方丈，圖山川土地，各有分理，離之則州別郡殊，合之則宇內爲一」〔註 50〕，因此，這可能是一幅立體的合國內域外爲一的宇內地圖。它以州郡圖爲單元，在製作時作爲各單元的州郡圖都具有同一比例、方向等製圖原則，也就是說在運用和保管都很方便。由此看來，對於併合成宇內的各州郡圖，很可能都編有序數。模型以木爲質地，在長期頻繁的使用上，較不易損壞。劉宋時，地志興盛，域外地理知識增多，〈木方丈圖〉吸取了新的成果，在內容

〔註 49〕〔晉〕王嘉，孟慶祥、商溦姝譯注，《拾遺記譯注》（哈爾濱，黑龍江人民出版社，1989 年 4 月出版）卷 8，頁 218～219。

〔註 50〕《宋書》（臺北，鼎文書局，1993 年 10 月出版）卷 85〈謝莊傳〉，頁 2167。

上更爲精緻。在將山川土地的文字記載以地理模型的形式表現時，謝莊提出了若干原理。

3. 山水畫地圖

六朝時期，山水畫逐漸興起，使得地圖與圖畫之間有著密切的關連性。從六朝開始，在中國地圖的發展上，逐漸形成了一種山水畫形式的地圖。王庸先生曾指出：「魏晉以降，釋道盛行，寺觀多在山林之中，加以老、莊思想，亦風行當時，文人學士多傾向於自然風景之欣賞，以是兩晉時描述山水之作尤夥。此後山川寺觀志之作，蓋濫觴於此時焉。」〔註51〕由於描述山林寺觀的需要，中國山水畫藝術在此期間十分興盛，並且進入了山水記一類的遊記著作和山川圖志一類的方志著作之中，也影響到地圖的繪製，形成中國古代地圖中的山水畫地圖體系。〔註52〕山水畫地圖看起來像是地圖、又像圖畫。若是論製圖理論，這類地圖沒有嚴格的數學規範，對於地理方位、距離遠近、地勢高下以及地理事物之間的相互關係和比例，把握得往往不甚準確。對於地理情況熟悉的中心地區，表示得很細緻，而地理情況知之甚少的邊緣地區，則表示得過於簡略，科學性頗差。

但是山水畫地圖也有其優點，山水畫地圖的示意性很強，較少使用符號，多是直接將地理事物的概要輪廓描繪其上，用以表示小範圍的地域，例如駐軍、邊防、城市、園林、寺觀等等，比「計里畫方」地圖更加形象直觀。而且它的編繪簡單，一般的山水畫師即可勝任，所以山水畫地圖與計里畫方地圖並存，長期地延續下來。從數量來看，歷代山水畫地圖可能還多於嚴格規範的計里畫方地圖。中國古代許多邊防險要圖、宮殿城郭圖、江河圖、域外圖以及地方風俗圖等等大都是山水畫形式的地圖。

4. 圖經、圖記與圖志

六朝時期，有關地圖史的另一個面向即是途經、圖記與圖志的出現。東晉初期，楊佺期任懷州刺史時，曾繪製《洛陽圖》1 卷，〔註53〕根據《隋書·經籍志二》的記載，南朝期間所繪製的地圖，被隋所收藏的還有《湘州圖副記》1 卷、張氏《江圖》1 卷、劉氏《江圖》2 卷。〔註54〕意義上，這些描述

〔註51〕王庸，《中國地圖史綱》，（北京，三聯書店，1958 年 6 月出版），頁 25～28。

〔註52〕胡欣、江小群，《中國地理學史》（臺北，文津出版社，1995 年 12 月出版），頁 308。

〔註53〕《隋書》（臺北，鼎文書局，1974 年 7 月出版）卷 33〈經籍志二〉，頁 982。

〔註54〕《隋書》卷 33〈經籍志二〉，頁 985。

整個長江流域的《江圖》的出現，是地圖繪製上的一個創新。實際上，這與全國性的水文地理著作《水經》的出現是相互呼應的，東晉初年，重視水道，郭璞曾爲《水經》作注；北魏年間，酈道元也爲《水經》作注。

北朝隋唐時代，圖經的製作蓬勃發展起來，例如，北周《周地圖記》109卷，隋代郎蔚之《隋諸州圖經集》100 卷，裴矩《隋西域圖》3 卷，《隋區宇圖志》129 卷；以及《冀州圖經》1 卷、《齊州圖經》1 卷、《幽州圖經》1 卷等。〔註 55〕這些圖經、圖志在文字的數量上顯著的增加，地圖反而成了地志的附庸，且形製上既不同於傳統的輿地圖或是山水畫形式的地圖，也有別於前代的圖經，成爲中國地圖史和地志史上個分界點。從此，總地志和地方志便以「地圖少、文字多」這個架構發展，甚至後來，有些竟連篇首的區域界限圖也被忽略，圖經成了有名無實的地位，成了圖少字多的總地志，甚至於後來因爲地圖散佚，書名也改了。

第二節　六朝時期的方志學

中國從四世紀初期起，開始了一場規模頗大的混亂，牽涉到廣大人群在自然和人文地理環境上的深刻變化。這段從四世紀到六世紀後期之間，發生在中國境內的廣大人群所經歷的地理變異，大陸學者陳橋驛稱之爲「地理大交流」〔註 56〕。地理大交流的結果，促成了大批地理學家和地理著作的出現。這段期間，與中國早期的地理學家及地理著作不同的是——早期的地理著作如〈尚書・禹貢〉、《山海經》、《穆天子傳》等，作者雖然掌握一定的資料基

〔註 55〕《隋書》卷 33〈經籍志二〉，頁 986～987，

〔註 56〕陳橋驛教授認爲在地理大交流期間，不論在中國的北方和南方，數量巨大的人群，都面臨著「新」的自然地理環境和人文地理環境。在這場地理大交流中，直接參加交流的人們，新、舊地理環境構成了他們現實生活和思想上的強烈對比，空前地擴大了他們的眼界和豐富了他們的地理知識。對於那些沒有直接參加交流的人們，他們有的是留戀故土，寧願冒惡劣的處境而安土重遷；有的則是直接參加交流者的後代，這些人，儘管沒有地理大交流的實踐經驗，但他們同樣從他們的親屬和父老那裡，獲得他們的「故土」和「新領地」的地理知識。又假使我們把十五世紀初期及以後的時期中，人們對於新航路和新大陸的探索稱爲「地理大發現」，那麼，從四世紀初期到六世紀後期之間，這種發生在中國境內的巨大人群所經歷的地理變異，應該被稱爲「地理大交流」。參陳橋驛，《酈道元評傳》(南京，南京大學出版社，1994 年 4 月出版)，頁 18～20。

礎，但文字上包含了大量的假設與想像，〔註 57〕此類早期的地理學家，在實踐經驗方面較爲薄弱；反之，地理大交流時期則提供了許多地理學家直接或間接的實踐機會。這一段時期的地理著作，不僅在地理資料上較爲詳實，而地理學者之中，多數也都直接或間接地參與了這次的地理大交流經驗，因而在作品中反映出大量的實踐成果，這是前代地理學家和地理著作所無法比擬的。〔註 58〕

魏晉時期已經有了幾部私家的全國性的地理著作問世，〔註 59〕顯示了地理大交流的初步成果，南北朝以後，北方和南方的地理學家和地理著作風起雲湧，如雨後春筍般地大量出現。除了全國性地理著作以外，還有爲數更多的區域性地理著作，這些作品可以泛稱爲「六朝地志」〔註 60〕。其中絕大部分都是東晉及南北朝時期的作品，正是這一批地理學家和地理著作，標誌著此地理大交流的時代特色。

〔註 57〕王庸曾考證《山海經》，認爲其內容主要有三種成分（參王庸，《中國地理學史》，頁 7～8）：

其一，爲記山川、道里、民族等含有地理性質者。此其所述，雖未必眞確無訛，而大多可於後世之地理求其連帶關係。

其二，即所記各地物產，以及各種藥物之巫醫作用。其中自不乏眞實之記載，以與後世事實相質證。即其怪誕不經者，亦往往有淵源可考。

其三，即爲各種祭祀巫醫等原始風俗，與前項藥物頗多關係者。是則研究吾國民俗學者之重要材料，且有一部份故事傳說，頗多與古史有關者。

〔註 58〕由於六朝時期地理環境發生了根本性的變化，促使地理學家深入實際、開闊眼界、增強地學認識提供了天然機會。而他們紛紛親身參加野外考察，努力地深入實際去獲得第一手的資料，從而開創了地學研究重視考察的新風氣。地學家勤勉的野外考察，發現和記錄了各地的自然狀況。大量生動和細緻的描述，加上若干精闢的見解，被記載在地志、行記、專著和其他與地學有關的書中。地學著作大部分以地志的形式出現，記載著各地自然和人文實況的地志，在東晉、劉宋時期，已達到空前的繁榮。參周瀚光、戴宏才，《六朝科技》（南京，南京出版社，2003 年 8 月出版），頁 241。

〔註 59〕例如西晉末年，荀綽曾撰寫《九州記》；比他稍晚的樂資，則撰寫了《九州志》；接著，王隱在東晉初年撰寫《晉書・地道記》。

〔註 60〕胡寶國認爲漢唐期間私人撰寫的地志多出自南方地區，故爲了論述的方便，不妨將其稱之爲「六朝地志」，參胡寶國，《漢唐間史學的發展》（北京，商務印書館，2003 年 11 月出版），頁 174；郝潤華則進一步指出六朝地理書涉及範圍主要集中於長江中下游地區，以記述荊楚與揚州爲中心的吳越地區爲主，屬於地方史志範疇，主要記錄一地的自然山水、風俗民情，考察其內容，對於地域文化研究至關重要。參郝潤華，《六朝史籍與史學》（北京，中華書局，2005 年 3 月出版），頁 37。

六朝時期地方志書數量繁多，根據《隋書》卷 33〈經籍志二・史部・地理類〉〔註 61〕的記載（參表 2-4），南齊陸澄編纂《地理書》149 卷，注云：「合《山海經》已來一百六十家，以爲此書」〔註 62〕。陸澄的《地理書》雖然已佚，但是事實上，六朝以前的私家地理著作不多，所以此「一百六十家」中的大多數可能都是出自魏晉以來的作品。然而，陸澄蒐集的《地理書》尚不完備，之後有梁任昉踵事增華，編纂《地記》，注曰：「梁任昉增陸澄之書八十四家，以爲此記」〔註 63〕。二書合計達 244 家。綜合整理六朝時期

〔註 61〕《隋書・經籍志二》「史部・地理類」共著錄 139 部、1432 卷，如通計亡書，合計 140 部、1434 卷。在史部的 13 類中，「地理類」之卷數位居第四，僅次於「正史」、「儀注」、「雜傳」，現將史部 13 類之部數與卷數，概略統計如下（依卷數多寡排列）：

表 2-4：《隋書・經籍志二・史部》統計表

類　別	部　數	卷　數
1. 正史	80	4030
2. 儀注	69	3094
3. 雜傳	219	1503
4. 地理	140	1434
5. 譜系	53	1280
6. 起居注	44	1189
7. 雜史	73	939
8. 形法	38	726
9. 古史	34	666
10. 職官	36	433
11. 舊事	25	404
12.霸史	33	346
13.簿錄	30	214
合計	874	16558

〔註 62〕據《隋書・經籍志二》卷 33，頁 983～984，〈史部・地理類〉著錄：「《地理書》一百四十九卷，《錄》一卷。」並注曰：「陸澄合《山海經》已來一百六十家，以爲此書。」又著錄其「《地理書抄》二十卷。」從陸澄此書卷帙和采書種類之多，可知其內容十分廣泛，似爲班固《漢書・地理志》以來，史家對於全國範圍地理資料的再一次大規模總結和整理。後來蕭梁的任昉，在陸澄此書的基礎上又加增廣，撰成《地記》，說明了此書對於六朝地學曾做出貢獻。此外，附帶說明的是六朝時期，南方史家與世家大族的關係。六朝時期，僑姓的王、謝與吳郡的顧、陸、朱、張四姓等世家大族代表了六朝家族文化的精華。例如，《南史》卷 48 中詳細記錄了吳郡陸氏一門的學術情況。另外，東晉南朝的幾部史書與地方郡書，也大多出自世家大族的撰著。

〔註 63〕《隋書・經籍志》卷 33，頁 984。〈隋志〉著錄此書時自注：「梁任昉增陸澄

的地理類書目，從書名及其佚文分析，為了論述上的區分，將其分為七大類：〔註 64〕

第一、全國總志類：如《地理書抄》、《地記》、《輿地志》等；

第二、州郡地記類：如《吳郡記》、《南徐州記》、《司州記》等；

第三、都邑文物類：如《洛陽記》、《建康宮殿簿》、《鄴中記》等；

第四、山水地志類：如《衡山記》、《遊名山志》、《永初山川古今記》等；

第五、異物風俗類：如《南州異物志》、《扶南異物志》、《諸蕃風俗記》等；

第六、域外行記類：如《西征記》、《宋武北征記》、《遊行列國傳》等；

第七、先賢耆舊類：如《陳留耆舊傳》、《會稽先賢傳》、《廣陵烈士傳》等。

由此可知，六朝時期的地理書不僅種類繁多，而且寫作的角度，多從作者自己家鄉的州郡史地、山川景觀、人物風貌為書寫的重點，充分表現出「在地寫作」的特色。以下分別論述六朝時期，各類地理著作的種類與特色。

一、全國總志

自從《漢書・地理志》與《淮南子・墜形訓》以來，學者逐漸注意到全國性的地理環境資料的彙編和綜合性的研究。東漢時期，應劭曾撰寫《十三州記》和《地理風俗記》，為全國性質地理總志之嵩始。六朝以來，學者多有仿效。清代王謨《漢唐地理書鈔》收錄了東吳西晉間黃恭《十四州記》，即屬此類；〔註 65〕東晉年間，又有王隱《晉書・地道記》〔註 66〕和伏滔《地

之書（按：《地理書》）八十四家，以爲此書，其所增舊書，亦多零失。」可見，任書是在陸澄基礎上更進一步的擴充。

〔註 64〕王庸將六朝的地志分爲七類，分別爲：1. 方志與風俗傳，2. 異物志與風土記，3. 山川圖記，4. 州郡地記，5. 外域傳記，6. 圖經與圖志，7. 地理總圖志。參王庸，《中國地理學史》〈第三章：地志史〉，頁 127～195。胡寶國將魏晉南北朝時期的地理書分爲 8 種：1. 山水類，2. 都城類，3. 與宗教、域外有關者，4. 地名類，5. 少數民族類，6. 從征類，7. 總志類，8. 州郡地志。參胡寶國，《漢唐間史學的發展》，頁 160～185。

〔註 65〕王謨《漢唐地理書鈔》對於十三州、十四州有一些考證與說明。曰：「今考諸書所引，如應劭《十三州記》、闞駰《十三州志》，皆據兩漢地制。至三國吳時始分交州至廣州，故爲十四州。黃恭宜即廣州人，其作《記》多在晉初，故得合并交、廣爲十四州，又析而爲《交廣記》也。參〔清〕王謨，《漢唐地理書鈔》（臺北，中華書局，1961 年 9 月出版），頁 152。

〔註 66〕首先，在十餘種六朝紀傳體晉史中，王隱《晉書》記西晉史事最詳，蓋西晉

記》〔註 67〕的問世，亦屬全國性質的地理書鈔；東晉末年，袁山松《後漢書》中設〈郡國志〉一目，王謨亦將其佚文收入《漢唐地理書鈔》輯本。〔註 68〕

南北朝以來，學者對全國範圍地理資料的匯編和整理，更見成績。南朝方面，劉宋年間，有《元嘉六年地記》3 卷、劉黃門《地理書鈔》10 卷；〔註 69〕齊梁時期，更是出現了大部頭的總志類著作，像是陸澄《地理書》150 卷、任昉《地記》252 卷；〔註 70〕而顧野王《輿地志》30 卷，雖卷帙較少，但是可能是六朝時期，南方總志類地理著作的總結之作。〔註 71〕北朝

歷朝不久，隱書有 93 卷之多，篇幅居晉人所修紀傳體晉史之冠，足見其內容豐富、記載詳實，在西晉史上擁有權威性的地位。其次，王隱《晉書》在紀傳體的編撰纂體例上多有創新。清章宗源《隋書經籍志考證》曰：「沈約《州郡志》、酈氏《水經注》復引隱書《地道記》，是知易『志』爲『記』，王隱所撰。」王隱除了將地理志、州郡志易名爲地道記以外，還新創〈禮樂記〉、〈輿服記〉、〈形法記〉、〈瑞異記〉、〈石瑞記〉等五記（參〔清〕湯球輯，《九家舊晉書輯本》，鄭州，中州古籍出版社，1991 年 8 月出版，頁 171～208）。可見從六朝開始，各類志書，其名稱改「志」爲「記」，係創始於王隱。

〔註 67〕據《晉書》本傳，伏滔字玄度，平昌安丘人氏，東晉中期學者，精於輿地之學，爲桓溫所重，與袁宏並稱爲「袁伏」，本傳收錄其〈正淮論〉，評述淮南地區的地理形勢與人文變遷，並綜論此地區變亂之因果，惜此書早佚，僅在《藝文類聚》、《北堂書鈔》中有零星佚文。

〔註 68〕王謨認爲：「考《隋志》後漢書凡十數家，皆不立地理志，惟司馬彪及山松二書有郡國志。」可見，袁山松對於輿地之學的重視。參王謨，《漢唐地理書鈔》，頁 134～136。

〔註 69〕《隋書・經籍志》著錄「劉黃門《地理書抄》10 卷」，唯「劉黃門」有不同的說法。章宗源認爲「劉黃門」就是劉宋的劉澄之，姚振宗則疑爲梁代的劉璆。參見章、姚兩種《隋書經籍志考證》。另六朝時期，以《地理書抄》爲名的地理著作，除上述劉黃門之作以外，尚有〔齊〕陸澄、〔梁〕任昉所撰二種。

〔註 70〕《隋書・經籍志》史部地理類著錄陸澄《地理書》149 卷、《錄》1 卷；又著錄《地理書抄》20 卷，推測後書即爲前書的節抄本。從此書卷帙之龐大，以及《南齊書・陸澄傳》稱其「少好學，博覽無所不知，宋泰始初，爲著作郎、御史中丞，……入齊，歷任秘書監、領國子祭酒。」之豐富的學經歷，可想此書內容當十分廣泛，似爲《漢書・地理志》以來，史家對於全國性範圍地理學資料的再一波大規模的整理與總結。

〔註 71〕顧野王爲陳朝的史家，撰述頗多，有《玉篇》30 卷、《輿地志》30 卷、《符瑞圖》10 卷、《顧氏譜傳》10 卷、《通史要略》100 卷、《國史紀聞》200 卷等。《陳書》本傳稱其「長而遍觀經史，於天文、地理、文學、陰陽無所不通。……入陳，領大著作，掌國史。」參《陳書》（臺北，鼎文書局，1993 年 5 月出版）卷 30〈顧野王傳〉，頁 399～400 之記載。又《輿地志》一書，至唐宋時尚存，至宋元之際，馬端臨撰《文獻通考》則未著錄。清人王謨《漢唐地理書鈔》有輯本（頁 186～205），觀其內容除州郡沿革、山川水道、城邑宮闕、鄉鎮物產等外，又附述歷史傳說與軼聞掌故，可見此書涉及面向極廣。

方面，北魏年間，有《大魏諸州志》的問世；南北統一以後，隋朝年間，更是整理與匯總了三部巨著——《隋區宇圖志》129卷、《隋諸郡土俗物產》151卷、《隋諸州圖經集》100卷。〔註72〕

綜上所述，六朝史家在總志類地理書的撰述上取得了不少進展（參附錄一：六朝時期「全國總志」存目表），不管是南方或北方，尤其是南朝的齊、梁與北方的隋朝，皆陸續產生了部頭較大的作品。這一現象說明了史家對於全國範圍的地理形勢、人地關係的關注和研究，有了新的體認與成就。六朝期間，這些總志類地理書的歸納與與整理，必須建立在州郡地志的資料基礎上，因此，「全國總志類」地理書成果的豐碩，其實代表了地方性「州郡地志類」等方志的發達的現象。而全國總志類書目的書寫與內容，又多參考與因襲地方性州郡地志的資料，這也形成了地方對於全國的補充作用，地方地理可以成爲全國地理的基礎內涵的功能。隋唐以後，中國出現統一，陸續推出了全國性的地理書，例如《括地志》、《元和郡縣圖志》等總志名著，宋元以後，官方與私家對於撰注地理，更是不遺餘力，這些都顯示出必須建立統一而詳實的資料爲基礎，但是，六朝學者對於地理事項的探索和奠基，貢獻上也是不應忽視的。

二、州郡地記

「地志」又稱爲「地記」〔註73〕，一般是指記載一地的疆域、山川、人物、物產、古蹟的地方志書。因其通常透過政治、軍事、經濟、社會的諸多面向，綜合記述特定地域之疆域沿革等內容，因此在歷史地理學方面的史料相對比較詳細一些。從東漢開始，出現了一些私人撰寫的州郡地志，魏晉南北朝時期，此種類型的地志數量激增（參附錄二：六朝時期「州郡地記」存目表）。此類方志書目，從其書名來看，可以歸納出一些命名的規則。一般而言，與六朝的地方制度的行政區劃相關，分爲「州、郡、縣」三級，舉例而言，有「○州記」（例如，《冀州記》、《兗州記》、《荊州記》等）、「○郡

〔註72〕《隋書》卷33〈經籍志二〉，頁986～987。

〔註73〕王庸認爲：「所謂志，蓋即附離於各地方之故事史記，而所謂方志者，亦無非地方史記而已。……竊謂中國古地志，約可分爲二類：一爲普通有文無圖之記志，一爲圖說兼具之圖經。而有文無圖之志，其初多爲地方性質之史傳記載，史記與地志雜揉，魏、晉以降，因門閥關係，別傳與各地耆舊傳之作甚夥，史傳之攔入地志者較少。但有注重史事之方志。」參王庸，《中國地理學史》，頁127～129。

記」（例如，《吳郡記》、《始安郡記》等）、「○縣記」（例如，《吳縣記》等）三大類。另一種命名方式，則是不在書名上標明「某州」、「某郡」或「某縣」，而逕以本地地名（可爲州、郡、縣任何一級行政區名稱）後面加上「記」（例如，《齊記》、《丹陽記》、《永嘉記》等）、「論」（例如，《冀州論》等）、「錄」（例如，《徐地錄》、《吳興錄》等）、「志」（例如，《陳留志》、《巴蜀志》等）成爲書名。第三種命名方式，則強調鄰近地區的地理事項的彙整關係，亦即書名當中特別標明係某鄰近四個縣、八個郡、十個城、兩個州等區域合寫成書者。例如，《吳郡緣海四縣記》、《南中八郡志》、《會稽郡十城記》、《交廣二州記》等。最後一類的書名是在命名時使用「舊事」（例如《西河舊事》）、「舊志」（例如《豫章舊志》）、「雜事」（例如《交州雜事》）等字眼，亦可以視爲屬於州郡地記之類。〔註 74〕這顯示出私家撰注在地方志時的一些原則——空間地理上，可以採用官方的政區沿革爲範圍，也可以串連附近幾個地區爲範圍，也有逕以地名爲地理的概念（例如，認爲「陳留」、「關中」、「南中」本身就是一個地理範疇，不需在後面再加上人爲的「郡」、「縣」等字樣）。若分析其內容，州郡地記的內容亦具有多元之面貌。這可分爲幾個方面來論述：

首先是關於各地「民風、氣候、園林」的敘述——

例如，記載北方的冀州的風土與民性，曰：「冀州，天下之上國也，……土產無珍，人生質樸」〔註 75〕。又有一則記載了漢中地區的守喪貞節民風，曰：「昔有人無男，養七女。父亡，女負土各爲一冢，其冢羅列如七星，各高七丈，取土之處，今成一池，號曰七女池」〔註 76〕。而關於南方的熱帶氣候，六朝已有一些基本認識，例如：

> 熙安間多颶風，颶風者，具四方之風也。一曰懼風，言怖懼也。常以六、七月興，未至時，三日雞犬爲之不鳴，大者或至七日，小者一二日，外國以爲黑風。〔註 77〕

〔註 74〕可以稍微提及的是，一般六朝私家方志，卷數通常不很大，少則 1 卷、2 卷，然而根據《隋書・經籍志》的記載，吳許整所撰《豫章舊志》有 8 卷之多，撰者不詳的《交州雜事》則有 10 卷，可見篇幅出現較多的情形。

〔註 75〕參〔唐〕徐堅等，《初學記》（北京，中華書局，2004 年 2 月出版）卷 8〈河東道〉，引〔魏〕盧毓《冀州論》，頁 176。

〔註 76〕參〔宋〕樂史《太平寰宇記》（永和，文海出版社，1993 年 2 月出版）卷 138〈山南道六・興道縣〉，引《漢中記》，頁 254。

〔註 77〕參〔宋〕李昉等《太平御覽》（石家莊，河北教育出版社，2000 年 3 月出版）

這裡將南方熱帶地區的颶風的風名由來、形成季節、危害時間都做了初步的瞭解。又譬如，提到南方山水與園林，曰：「羅壁山，山有虞國墅，襟帶山溪，表里疇苑。洛陽來人云：『岩囿天勢。具體金谷』，郗太宰遍游諸境，棲情此地，每至良辰，攜子弟游憩。後以司空臨郡，遂卜居之」〔註 78〕，則是細膩地描繪了會稽地區山明水秀，適於棲弛玩水、修造園林，遂命卜居之地。

其次是關於「地名典故」的探究——

例如，江南有太湖，在六朝時代，其地尚有許多大小湖泊與太湖水脈相通，形成江南地區的水鄉澤國景觀，「太湖邊有游湖、草湖、胥湖、貢湖、就太湖爲五湖。又云胥湖、蠡湖、洮湖、滆湖、就太湖爲五湖」〔註 79〕。今湖南與廣西交界有九疑山，六朝地志對於九疑山地名由來，曰：「九疑山，在營道縣，九山相似，行者疑惑，因名九疑」〔註 80〕。又譬如，關於浙東名勝赤城山、天台山的地名典故，曰：「赤城山上色皆赤，岩岫連沓，狀似雲霞；懸霤千仞，謂之瀑布。飛流灑散，冬夏不竭。……天台山，舊居五縣之餘地。五縣者，餘姚、鄞、句章、剡、始寧也」〔註 81〕。中國地形上有北嶺、南嶺，爲自然、人文地理之天然分界，而南嶺又名「五嶺」，六朝地志有這方面的典故說法，曰：「五嶺，大庾嶺，一也；桂陽騎田嶺，二也；九眞都龐嶺，三也；臨賀萌渚嶺，四也；始安越城嶺，五也」〔註 82〕。另外關於「桃花源」，在六朝地志中也有說明，曰：「昔有臨沅黃道眞，在黃聞山側釣魚，因入桃花源。陶潛有〈桃花源記〉。今山下有潭，立名黃聞，此蓋道眞所說，遂爲其名也」〔註 83〕。此外，今陝西省渭河盆地，古稱關中，六朝地志對於「關中」的典故說法，指出了關中的山川形勢、地理方位、四塞要津，曰：

> 秦，西以隴關爲限，東以函谷爲界，二關之間，是謂關中之地。東西方千餘里，南北近山者，相去一二百里，遠者三四百里。南山自

卷 9〈天部・風〉，引〔劉宋〕沈懷遠《南越志》，頁 82。

〔註 78〕參〔宋〕施宿，《嘉泰會稽志》（臺北，成文出版社，1983 年 3 月出版）卷 9〈山・羅壁山〉，引〔劉宋〕孔靈符《會稽記》，頁 6311。

〔註 79〕參《太平寰宇記》卷 94〈江南東道六・烏程縣〉，引〔吳〕韋昭《三吳郡國志》，頁 708。

〔註 80〕參《太平御覽》卷 41〈地部・九疑山〉，引〔晉〕庾仲雍《湘州記》，頁 360。

〔註 81〕參《太平御覽》卷 41〈地部・天台山〉，引〔宋〕孔靈符《會稽記》，頁 355。

〔註 82〕參〔宋〕司馬光，《資治通鑑》（台北：宏業書局，1993 年 10 月）卷 7〈秦紀・始皇帝三十三年條〉，引〔宋〕鄭德明《南康記》，頁 242。

〔註 83〕參《太平御覽》卷 49〈地部・黃聞山〉，引〔齊〕黃閔《武陵記》，頁 445。

華岳，西連秦嶺、終南、太白，至於隴山。北有高陵平原，南北數千里，東西二三百里，西接岐、梁、汧、雍之山。關中有涇、渭、灞、滻、灃、滈、澇、潏之水。〔註 84〕

關於「氣」，不只是中原及江南王朝的流行說法，根據六朝地志的文字，在南方的交州地區亦可見「氣」，例如史料解釋了廣東馬鞍山的取名緣由，並涉及了有關南海之「氣」的記載，曰：

肅連山西十二里有靈洲山焉。其山平原彌延，層野極目。景純（按：郭璞）曰：『南海之間，有衣冠之氣』者，斯其地也。……馬鞍山，始皇朝望氣者云：『南海有五色氣』，遂發卒千人鑿之，以斷山之岡阜，謂之「鑿龍」。今所鑿之處，形如馬鞍，故名焉。〔註 85〕

因此，六朝州郡地記在敘述地名時，不僅考據了地名的緣由，也就山川形勢、山水景觀做了進一步的詳細觀察與記錄，而這些地名典故，使得人們對於各地的地理現象與地形地貌有了更爲深入的瞭解與認識，這也成爲六朝州郡地志的重要貢獻。

第三是關於「山川形勢」的記載——

例如，關中盆地有許多河川由北、南注入渭河，六朝時代對於這些河川已有說明，曰：「關中有涇、渭、灞、滻、酆、鄗、潦、潏之水。酆、鄗、潦、潏四水，在長安西南鄠縣，潦、潏皆南注，酆、鄗水北注」〔註 86〕。關於建康地區，也有不少關於山川形勝的記載，例如「京師南北，並有連嶺，而蔣山獨崖崛峻異，其形象龍，實楊都之鎮也。孫權葬山南，因爲名，號曰孫陵」〔註 87〕，將蔣山的特異地形與龍脈附會，並指出其具有護衛鎮守之地位；又如「出建陽門，望鍾山之與覆舟，似上東門望首陽之北邙也」〔註 88〕，

〔註 84〕參〔元〕駱天驤，黃永年點校，《長安志》（北京，中華書局，1990 年 8 月出版）卷 1〈京都〉，頁 4。

〔註 85〕參《太平寰宇記》卷 157〈領南道一・南海縣〉，引〔宋〕沈懷遠《南越志》，頁 378。

〔註 86〕參〔北魏〕酈道元，陳橋驛校釋《水經注校釋》（杭州，杭州大學出版社，1999 年 4 月出版）卷 16〈潦水注〉，引〔晉〕潘岳《關中記》，頁 300。關於關中八水的記載，《通典》與《水經注》所引文，略有出入，其中「涇、渭、灞、滻」四水相同；「灃、滈」二水，名稱文字略有出入；另二水，《通典》的記載爲「澇、潏」，《水經注》的記載爲「潦、潏」二水。

〔註 87〕參《太平御覽》卷 41〈地部・蔣山〉，引〔宋〕山謙之《丹陽記》，頁 359。

〔註 88〕參《太平寰宇記》卷 90〈江南東道二・江寧縣〉，引〔宋〕山謙之《丹陽記》，頁 677。

指出了建康的鍾山與洛陽的北邙山的山岳形勢的相似性。再如，提到山川形勢與改朝換代的預言之間的關係，有一則關於荊州興王的故事，曰：「枝江縣西至上明，東及江津，其中有九十九洲。楚諺曰：『洲不滿百，故不出王者』，桓玄有問鼎之志，乃增一洲，以充百數。僭號旬時，身屠宗滅，及其傾覆，洲亦消毀」〔註 89〕。又如「鬼谷子廟，三面連山，前有清溪之水，泉源不竭，山崖重疊，雲霧蔽兮。晉郭璞曾到，有〈遊山詩〉曰：『清溪千餘仞，中有一道士。雲生樑棟間，風吹窗牖裡。借問此阿誰？云是鬼谷子』，即此祠也」〔註 90〕，則是說明了鬼谷子之廟址，山明水秀，前臨川、三面有崗，屏衛護駕，爲風水佳地。另有一段史料，將益都廣固城的山川形勢，與都城選址的關鍵，以極簡要的敘述加以說明，曰：

> 晉永嘉五年，東萊曹嶷爲刺史所築。有大澗，甚廣，因土爲固，謂之廣固城。南燕慕容德議所都，尚書潘聰曰：『青齊沃壤，號曰東秦，土方二千戶，餘十萬。四塞之固，負海之饒，可謂用武之國。廣固者，曹嶷之所築，山川阻峻，爲帝王之都』。〔註 91〕

因此，六朝地志將各地的山、川的形貌與流勢，以生動的描寫與附會，將山的形貌狀比爲「龍」，將王朝的興盛衰亡，舉山川的地理態勢作爲合理解釋的方式。

第四種是記載各地的「傳說、鄉談、奇譚」等鄉野異事——

此處所說的傳說、鄉談、異事的面向，是有關六朝時期發生在當地的各式傳說。這些故事有些看起來可以用今天的科學來加以解釋，有些則不能加以解釋，可以看成是各地居民的地理觀念與想法。例如，提到武昌附近的龍山的吹角現象：「武昌有龍山，欲陰雨，上有聲如吹角」〔註 92〕，以及武昌附近金牛崗的「石鼓」與蕪菁山的「龍穴」的傳說：「武昌城東南有金牛崗，西有石鼓山，上有三石鼓，石鼓鳴，天必雨」〔註 93〕，「蕪菁山，有龍穴。其水深暗，少得入者。人採鐘乳，乘火而入，下有水深數尺，多有蝙蝠來撲火」〔註 94〕；還有關於風水「地氣」的記載，曰：「廣州城北有尉佗墓，墓

〔註 89〕參《太平御覽》卷 69〈地部・洲〉，引〔宋〕盛弘之《荊州記》，頁 609。

〔註 90〕參《嘉泰會稽志》卷 6〈廟〉引〔陳〕夏侯曾先《會稽地志》，頁 6247。

〔註 91〕參《太平寰宇記》卷 18〈河南道一十八・益都縣〉，引〔晉〕晏謨《齊地記》，頁 155。

〔註 92〕參《太平御覽》卷 338〈兵部・角〉，引〔晉〕史荃《武昌記》，頁 998。

〔註 93〕參《太平御覽》卷 10〈天部・雨〉，引〔晉〕史荃《武昌記》，頁 92。

〔註 94〕參《太平御覽》卷 54〈地部・穴〉，引〔晉〕史荃《武昌記》，頁 490。

後又大岡，謂之馬鞍岡。秦時占氣者言：『南方有天子氣』始皇發民，鑿破此岡，地中出血。今鑿處猶存，以狀取目，故岡受厥稱焉」〔註 95〕；另一則亦是關於山川「地氣」的記載，曰：「京口有龍目湖，秦王東觀，親見形勢，云此有天子氣。使赭衣徒，鑿湖中長岡使斷」〔註 96〕。六朝的荊州地區，亦出現較多部的州郡地記，內容上多涉及山川，描寫荊州特有的地形景觀，例如「宜都艮山縣，山有風穴，張口大數尺，名曰風井。夏則風出，冬則風入。樵人有冬過者，置笠穴口，風吸之，經月還，涉長陽溪而得其笠。則後知溪穴潛通」〔註 97〕，又如「艮山縣有一山，獨立峻絕。西北有石穴，北行百步許，二大石其間相去一丈許，俗名其一爲陽石，一爲陰石。水旱爲災，鞭陽石則雨，鞭陰石則晴」〔註 98〕。今之湖南地區，六朝爲湘州，亦有許多地記產生，試觀：「宋大明中，望氣者云湘東有天子氣，遣日者巡視，斬岡以厭之。尋乃湘東王爲天子，即明帝也」〔註 99〕。今江西地區，六朝爲南康郡、豫章郡，有一則史料提到奇異果物之事，曰：「平固縣有覆笥山，上有湖，周回十里。有一石雁浮出湖中，每至秋天，石雁飛鳴，如候時也」〔註 100〕，另外一則也是關於「天子氣」的傳說，曰：「太康中，望氣者云豫章、廣陵有天子氣，故封愍懷太子爲廣陵王，領鎮軍以鎮豫章。後永興中，懷帝遂以豫章王登天下位。隋平陳，罷郡爲洪州」〔註 101〕。又譬如，有一則關於孫權鑿井得碑文的記載，曰：

> 湓口城，漢高祖六年灌嬰所築。建安中，孫權經住此城，自標作井地，遂得故井。井中有銘石，云：『漢六年，穎陽侯開此井』。卜云：『三百年當塞，塞後不度百年，當爲應運者所開』。（孫）權見銘欣悅，以爲己瑞！〔註 102〕

這些攸關於各地傳說的各式記載，或涉及朝祚、王氣、地脈、命數、靈物、龍穴、陰陽等說法，有些是各地特有的地形景觀，可以加以理解解釋；但有

〔註 95〕參《水經注校釋》卷 37〈浪水注〉，引〔晉〕裴淵《廣州記》，頁 652～653。
〔註 96〕參《初學記》卷 7〈地部・湖〉，引〔宋〕劉楨《京口記》，頁 141。
〔註 97〕參《太平御覽》卷 9〈天部・風〉，引〔宋〕盛弘之《荊州記》，頁 82。
〔註 98〕參《太平御覽》卷 11〈天部・祈雨〉，引〔宋〕盛弘之《荊州記》，頁 101。
〔註 99〕參《太平御覽》卷 171〈州部・衡州〉，引〔宋〕甄烈《湘州記》，頁 626。
〔註 100〕參《太平御覽》卷 917〈羽部・雁〉，引〔宋〕鄭德明《南康記》，頁 342。
〔註 101〕參《太平御覽》卷 170〈州部・洪州〉，引〔宋〕雷次宗《豫章記》，頁 617。
〔註 102〕參〔宋〕李昉等，《太平廣記》（台北：文史哲出版社，1987 年 5 月）卷 163〈讖應・孫權條〉，引〔晉〕張僧監《潯陽記》，頁 1176。

些則是六朝時期各地對於地形地貌的不同的解釋。

再者，若依歷史段落分析，依拙見，粗將六朝地志的歷史發展歷程，分爲三個時期——三國的發展時期、兩晉的繁榮時期、南北朝的總結時期。三國時期，在南方的孫吳和蜀漢地區，撰寫地區性的地理書的趨勢仍在發展，州郡地記方面的主要著作有：韋昭《吳郡國志》與《吳興錄》、顧啓期《婁地記》、王范《交廣二州志》、朱育《會稽土地記》、譙周《巴蜀異物志》等。上述所列舉各書，除了《巴蜀異物志》之外，其餘都爲孫吳地區的著作。蜀漢地記，除了《巴蜀異物志》以外，還有譙周《三巴記》與《益州記》、僧仁壽《華陽記》；曹魏地志，有楊元風《貴陽記》。從今天所知的書籍來看，似乎曹魏與蜀漢的地方志書，在數量上都不及孫吳地區。孫吳政權的建立出於掌握本地區情況以便利用各項資源的需要，迫切要求地理學爲其提供服務。這促使了文人學者撰寫地理著作，地方官員報告轄區的地理情況的動機。曹魏與蜀漢的地志在質量與數量上均不及孫吳，但是曹魏與蜀漢的地志，也體現著從記載全國政區沿革的地理志朝向記載各地區地理事項的轉化，這說明了地志的趨勢是從東漢末年地理學發展的必然結果。〔註 103〕三國時期，政治分裂而地志發展進程的一致性，說明了中國即使在分裂時期，各個政權仍然出現了一種對於地理知識的追求的動機。這種動機表現爲民族歷史發展的延續性的趨勢。

兩晉時期是六朝地志的繁榮時期。在南方地志繁榮期到來之前，有過短暫的西晉統一時期。西晉時期的地理著作，在一定程度上反映與延續了學者對於地理學研究的興趣，也滿足了西晉統治政權對於南方新佔領地區的需求的期望。所以，從地理學自身發展來說，西晉是連接了孫吳與東晉時期，使之不造成斷層，又爲日後的東晉南朝的繁榮期做了準備。

東晉政權南渡以後，開始了大規模開發經營江南地區的過程，宋、齊、梁、陳四朝循此而進，南方地區的開發，日有進展。然而，因爲南方地區地

〔註 103〕分析三國時期的地志，已比兩漢時期爲多，處於發展階段，是漢代地志的延續。由於政治上的分裂，割據東南地區的孫吳政權，和從屬於這個地區的士族團體，雖也需要瞭解敵對政權佔領區的地理情況，但對於自己所處地區的地理環境的瞭解也是迫切需要，孫吳政權雖然不能說沒有一統中原的決心，但其心理上主要是偏安一方，是一個在爭奪天下的過程中較爲守勢的統治集團。對於這樣的集團來說，全面瞭解北方與南方的地理情況，變得相對上不是很緊迫的事。因此之故，孫吳時期不曾產生過含括魏、蜀、吳之全國性的地理總志，只出現了孫吳政權統治地區的區域性地區總志。

域遼闊，地理事項複雜，東晉時期的地理著作在一定程度必須能反映整個地區的實況，以及能滿足於開發經營整個南方地區的需求，因此南方的地理學家紛紛以實地考察、描述地貌、記載物產、追述前人和當時人的活動，做出各種評價。地理學家致力於深入地學的環境，並親身參與野外考察，努力地去獲得第一手的資料，從而開創了地學研究重視考察的新風氣。地學家勤勉地野外考察，發現和記錄了各地的自然狀況，大量生動和細緻的描述，使得若干精闢的見解，被紀錄在州郡地志等書籍當中。地學著作數以百計的出現，記載著各地區自然和人文情況的州郡地記，在東晉南朝時期，達到了歷史空前繁榮的情況。

三、都邑文物

六朝時期的方志類書目當中，還有一類專記都邑城市的文物（參附錄三：六朝時期「都邑文物」方志存目表），例如當時的四大都會——長安、洛陽、建康、鄴，都有不少的文物留存，提供了這方面寫作上的材料。此類書目的名稱，或稱爲「記」（例如，《西京記》、《洛陽記》、《建康記》、《鄴中記》等）；或稱爲「宮殿簿」、「宮地記」、「宮舍記」（例如，《洛陽宮殿簿》、《建康宮殿簿》、《洛陽宮地記》等）；或是以佛教史籍自名爲「伽藍記」、「寺塔記」（例如，《洛陽伽藍記》、《京師寺塔記》等）。唯此類著作，一般卷數並不會很多，例如描寫洛陽的方志，有陸機《洛陽記》一卷，描寫建康的有姚察《建康記》一卷，描寫鄴的有陸翽《鄴中記》二卷。然而，雖然此類方志著作卷數相對較少，但是其內容與史料的描述仍有値得稱許之處。

以描述洛陽都邑文物的幾部方志爲例（以附錄三，《洛陽記》、《洛陽圖》、《洛陽宮殿簿》、《洛陽宮地記》、《洛陽宮舍記》、《洛陽故宮名》爲例），可以發現這類方志的命名有幾種方式。一種是在書名上，標示出寫作的取向偏重於「宮」、「宮殿」、「宮舍」者，其內容似乎偏重在都城皇室之「宮」（例如，永寧宮、許昌宮）、「殿」（例如，景福殿、清暑殿、承光殿、九華殿）、「闕」（例如，朱雀闕、白虎闕、蒼龍闕、南宮闕）、「堂」（例如，承慶堂、綏福堂、醴泉堂、百戲堂）、「臺」（例如，臨照臺）、「室」（例如，望舒涼室、含章鞠室、清暑涼室）、「園」（例如，華林園）、「池」（例如，瓊花池）、「門」（例如，玄武門、閶闔門、白虎門、西掖門）等之記錄與描寫。這些內容顯現出作爲都城的建築體各部分的組成與構造，根據現存史料來看，這些記錄都城建築

的方志，對於各部分的建築大都能分門別類加以記錄，仍不失其身為都邑文物方志之特色。〔註 104〕

另一種是書名沒有特別標出建築體名稱，而僅以都城為書名者，這類未以集中記錄宮城建築為主要焦點的都邑方志，則似乎表現出書寫上較具彈性的特點。一方面，在內容上，仍留存一些關於都城建築體的名稱與體量的記載，另一方面，也多出描述都城的市井、民居、山川、道里等有關社會與地理面向的敘述。以陸機所寫的《洛陽記》為例，內容首先點出了「洛陽城，周公所制。東西十里，南北十三里，城上百步有一樓櫓，外有溝渠」〔註 105〕，接著又說「洛陽有四關，東為成皋，南伊闕，北孟津，西函谷，表里猶內外也」〔註 106〕。關於洛陽城門的出入規定，陸機曰：「洛陽十二門，南北九里，城內宮殿、臺觀有合閣。左右出入城內皆三道。公卿尚書從中道，凡人左右，出入不得相逢，夾道中植榆柳，以蔭行人」〔註 107〕。關於洛陽的市集，《洛陽記》曰：「三市：金市在大城中；馬市在城東；□陽市在城南」〔註 108〕，還有洛陽附近的山、川的記載，《洛陽記》曰：「首陽山在洛東北，去洛二十里」〔註 109〕，「嵩高山在洛陽東南五十里」〔註 110〕。由此可以窺見陸機《洛陽記》除了記錄洛陽都城的名物，還從建築、社會、地理等多方面來對洛陽加以記錄。

接著來看記錄南方建康的幾部都邑方志的情形。首先從命名的名角度分析，建康的方志亦大略可分為二大類，一種是僅以「建康＋記」為書名（例如，《建康記》）；另一種則是「建康＋宮殿簿」為書名（例如，《建康宮殿簿》），這也可以看出這類都邑類方志，不分南北，其命名上的共通性。若針對內容，也可以看出這點特性，以《建康宮殿簿》為例，其文字多敘述建康都城中的「宮」（例如，太初宮）、「殿」（例如，光嚴殿、林光殿、神龍殿）、「堂」（例

〔註 104〕不過，根據《太平御覽》卷 183〈居處部〉（頁 726～733）及《初學記》卷 24〈居處部〉（568～584）下之「宮、殿、樓、臺、堂、門」等門類之記載，似乎這些記錄宮殿的史料，大多僅重在錄存其名，而不在詳細交代這些建築體的實際體量。

〔註 105〕《太平御覽》卷 193〈居處部・櫓〉，引〔晉〕陸機《洛陽記》，頁 810。

〔註 106〕〔梁〕蕭統編，《文選》（北京，中華書局，1996 年 1 月出版）卷 28〈樂府詩・結客少年場行〉注引〔晉〕陸機《洛陽記》，頁 1322。

〔註 107〕《太平寰宇記》卷 3〈河南道三・洛陽縣〉，引〔晉〕陸機《洛陽記》，頁 40。

〔註 108〕《太平御覽》卷 827〈資產部・市〉，引〔晉〕陸機《洛陽記》，頁 698。

〔註 109〕《文選》卷 24〈贈答詩・贈白馬王彪詩〉，注引〔晉〕陸機《洛陽記》，頁 1123。

〔註 110〕《文選》卷 16〈哀傷賦・歎逝賦〉，注引〔晉〕陸機《洛陽記》，頁 724。

如，醴泉堂）、「觀」（例如，通天觀、迎風觀、大壯觀、商彪觀）、「樓」（例如，景陽樓、穿針樓）等建築的名類。不過，描寫南方建康的這類文物，除了標示建築體之外，還進一步指出這些建築的體量、方位、功能，建築體的建制與天文星宿之間的關係，以及這些建築與六朝園林之間的關係。例如，《建康宮殿簿》記錄：「林光殿，在縣東北十里潮溝村覆舟山前（按：此爲距離、方位、位置），晉以爲藥園（按：此爲園林發展，園林功能的演變），……光嚴殿，在縣東北六里景陽山東（按：此爲方位、距離、位置的描述）〔註 111〕，……赤烏殿，在縣東北五里吳昭明宮內（按：此爲距離、方位、宮殿歷史沿革），制度上應星宿，亦所以永安也（按：此爲建築建制緣由，與天文的對應）〔註 112〕」。另一則史料描述建康宮殿與園林之關係，也是將距離、功能、時間、景貌、沿革，都做了整體的描寫：

> 通天觀，在縣東北五里一百步舊臺城內。宋元嘉中，築蔬圃，二十三年，更修廣之，築池汨天泉，造景陽樓、大壯觀、花光殿，設射堋，又立風光殿、醴泉堂。〔註 113〕

從這條史料，可以看出《建康宮殿簿》對於建康宮城內的建築，不僅記錄其名稱，對於建築的歷史沿革、時代演變、方位距離、功能發展，都投注以比較翔實的記載。

另一部描寫建康的都邑方志爲陳姚察所寫的《建康記》〔註 114〕，本書內容重點似乎不在對於建康宮城的記載，而比較興趣於建康附近的山川的描寫與物產之備錄。《建康記》曰：「吳大帝鑿通城北塹，以泄玄武湖水。發源於鍾山，接於秦淮，謂之清溪」〔註 115〕，又有一條史料，指出廟宇選址與風水之關係，曰：「灌水對大廟東，深下不測，有龍穴洞，源出白石山下。郭璞卜之，以安厝大廟」〔註 116〕。這裡指出廟宇的選址，有其風水的考量，

〔註 111〕參《太平御覽》卷 175〈居處部・殿〉，引《建康宮殿簿》，頁 668。

〔註 112〕參《太平御覽》卷 175〈居處部・殿〉，引《建康宮闕簿》，頁 669。

〔註 113〕參《太平御覽》卷 179〈居處部・觀〉，引《建康宮殿簿》，頁 699。

〔註 114〕姚察（533～606）爲南朝吳興武康（今浙江湖州）人，《陳書・姚察傳》中敘述了姚察幼年的一些事蹟，似乎可以爲姚察對於生命的態度提出一些解釋，關於這點，詳後述。先看〈本傳〉中指出姚察幼有至性，事親以孝聞，以及姚察年幼（六歲），誦書萬餘言。又指出當時正逢戰亂，姚察家口既多，常採野蔬自給，而姚察也甘以藜藿爲食。參《陳書》卷 27〈姚察傳〉，頁 348。

〔註 115〕《資治通鑑》卷，「齊永明九年條」，注引《建康記》，頁。

〔註 116〕參〔唐〕虞世南，孔廣陶校注，《北堂書鈔》（臺北，宏業書局，1974 年 10 月出版）卷 158〈地部・穴篇〉，引《建康記》，頁 765。

而郭璞對於大廟的水脈、龍穴、深潭的卜址，說明了可以安厝廟宇的考量。此外，《建康記》比較與其他同類都邑方志不同的是，此書有將近 30 條文字被收入包括《太平御覽・藥部》與《藝文類聚・藥部》等後代類書的「植物」條目當中。〔註 117〕而文字的書寫方式整齊劃一，大都爲「建康出麥門冬，……建康出當歸，……建康出紫參，……」這樣的方式。從這些植物的分類上，包括藥草、野草等，似乎也可看出作者姚察對於植物的熟悉程度，這可能與姚察從小入深山採集野蔬食用，後來又與佛教有一些因緣，以及長年素食有關。〔註 118〕而本書所錄載的建康所出產的植物種類之繁多，也可以說明了六朝方志對於植物的實用性記載的傾向。

從以上關於都邑文物類方志的分析，可以說明六朝都邑文物類方志在記錄宮城史料時，已經從錄存宮城建築名稱，朝著關心都城的山川、地貌、植物、方位、體量、民生、社會等多元的大地的層面加以記錄的過程。

四、山水地志

六朝地志以很多筆墨描述山丘水域，東漢桑欽作《水經》，綱領性地記載了國內河川分佈的狀況，對已往所積累的知識作了一個概括性的啓發。到了兩晉時期，郭璞爲之作注，補充新發現的內容，使其充實完備。之後，南齊劉澄之《永初山川古今記》二十卷，不僅篇幅較大，而且將原本與水流相關的山丘放在一起論述。山丘之域恆定，河川之道易更；敘述地理，改以山丘爲參考座標，有可以考定古今水域變遷的功用。

〔註 117〕《太平御覽》卷 989〈藥部六〉與《藝文類聚》卷 993〈藥部〉，所徵引《建康記》所記錄的建康附近的物產計有「天門冬、精術、麥門冬、卷柏、當歸、芍藥、澤蘭、狗脊、白頭翁、白及、玄參、紫參、沙參、茱萸、山茱萸、草蘆茹、鬼督郵、芫華、躑躅、蜀漆、秦皮、半夏、射干、通草、牛膝、紫威、桔梗、郎牙、甘遂」等 29 種之多。

〔註 118〕〈本傳〉稱姚察於陳滅入隋後，於隋廷任職秘書丞，別敕成梁、陳二代史（按：後來其子姚思廉係根據此二書遺稿，以撰成《梁書》、《陳書》）。（隋）文帝亦知姚察「蔬菲」，乃賜「菓菜」。後來姚察於 74 歲時，自述曰：「吾家世素士，自有常法。……吾在梁世，當時年十四，就鍾山明慶寺尚禪師受菩薩戒，……且吾習蔬菲五十餘年，既歷歲時，循而不失。瞑目之後，不須立靈，置一小牀，每日設清水，六齋日設齋食菓菜，……將終，曾無痛惱，但西向座，正念，云『一切空寂』」。由這段史料，可以知道在南朝與北朝朝廷之間，都知道姚察素食，而且姚察自己也說過他素食的家世背景與他對於佛教的戒律的守持，其間也可以看出他對於生命的態度。參《陳書》卷 27〈姚察傳〉，頁 348～353。

六朝地志，有兼記山川的（參附錄四：六朝時期「山水地志」存目表），例如羅含《湘中山川記》、袁山松《宜都山川記》、劉澄之《永初山川古今記》與《司州山川古今記》；也有專記一山或一水的，如庾仲雍《江記》和《漢水記》、宋居士《衡山記》、袁宏《羅浮山記》、盧元明《嵩山記》；也有記多座山嶺的，如謝靈運《居名山志》；也有專記水源的，如庾仲雍《尋江源記》、釋道安《四海百川水源記》。此外，有些地志的書名雖不以山水爲題，但是實際上記述山丘河湖，如南齊黃閔《神壤記》，其內容爲「記滎陽山川」〔註 119〕。將山川從地志中劃出，與土地、風俗、異物、都城等互相區隔，可見六朝地理學家對於山、水欣賞與記載的態度提升，對於自然地理的意識增強。

六朝地志，一方面描述了大地區的地理形勢——例如，王隱《晉地道記》：「潯陽，南開六道，途通五嶺，北導長江，遠行岷漢」；又如，顧野王《輿地志》：「夫齊，東有即墨之饒，南有泰山之固，懸隔千里，齊得十二焉。」而更多的是對於各地山川的描述——從方位、高度、體量、形狀、水文、物產、游觀等方面加以記述。六朝地志敘說山川的筆法，往往從郡縣治所出發——例如，王隱《晉書・地道記》：「潯陽，南開六道，途通五嶺，北導長江，遠行岷漢」；又某山川所處東西南北的方爲所在，往往給出距離——例如，顧野王《輿地志》：「湖熟西北，有方山。」。這種記述方法，由一山帶出其他山水，使讀者對所敘地區的地貌有整體感。此外，地志所記之山脈，往往言其高度——例如，盛弘之《荊州記》：「空泠峽，絕崖壁立數百丈。」又如顧野王《輿地志》稱：「九峰山，山高一千丈」〔註 120〕。由此可知，王隱與盛弘之的這種描述山水地理的寫法，爲蕭梁後期的顧野王所依循與傳承。

地志描述河湖的內容，亦是豐富而多彩。所記的河流，載明發源地、流程和所歸江海以及水文、物產及沿岸的景貌。從現存書目來看，似乎六朝地學家對於考察水體，以長江及其支流爲關注的重點。例如，庾仲雍《江記》和《漢水記》，各有五卷之多，在內容上相當詳實，對於長江的考察研究，始自源頭，終於入海口。當時記述長江流域的區域性地志，例如《荊州記》、《湘

〔註 119〕參《隋書》卷 33〈經籍志二〉曰：「《神壤記》一卷，記滎陽山水，黃閔撰。」，頁 983。

〔註 120〕千丈之山，高萬尺，古時尺短，約 4 尺合今 1 米，故千丈之山約有 2500 米，然而，古人所說的山高，往往不是自山頂至山腳的相對高度，而是指從山下到山頂的路途距離。

州記》、《豫章記》、《九江記》、《吳郡記》等，無一不詳敘長江及其支流和湖泊，這些成就就成爲後代可以利用的史料。

東漢地志以記述物產和民俗爲主，漢人所寫的南方地志往往是「物產志」。六朝初期的地志，一方面繼承了兩漢的傳統，使得草木、禽獸、礦物仍是其重要的書寫內容。誠如左思〈三都賦〉序中所說：「其山川城邑，則稽之地圖；其鳥獸草木，則驗之方志。」但是，在承襲傳統的同時，六朝的地志發展也有了新的增添。與漢代的地志相比較，孫吳時期的地志，比較注重於「山川地形」。例如顧啓期考察婁江、馬鞍山、太湖一帶的地形，將石灰岩溶洞載入《婁地記》內；康泰考察漲海，將珊瑚洲地形，在所著的《扶南傳》中加以說明。對於地志類書籍，漢人因爲重在一地之方物，取名時往往也是在「異物」之前冠以「地名」。六朝後期，部分地志因爲內容上已由物產擴展至山川、地形、地貌、疆域之描述，爲使其名稱符實，往往刪去異物一詞，而逕稱其某地志或地記。地志所記之一地，地理內容更爲多樣，地形事項備受關注，這也反映出六朝時代對於地理觀念的深化。

晉宋以後，地志中關於山水本身的介紹明顯增加，例如，袁山松《宜都山川記》，就以山水命名，而且就連許多以州郡命名的地志也都是如此。在這些地志當中，「山、水」已成爲敘述的焦點。這種情形在今天可以看到的六朝地志佚文中頗爲普遍。由於物產不再是關注的焦點，所以地志涉及的區域也不再只是交、廣等偏遠地區，而是遍布整個六朝地區。

分析起來，地志的描寫面向轉趨於關注山水，其原因是多方面的。首先，魏晉以降，釋道盛行，寺觀多在山林之中，加以老、莊思想亦風行當時，文人學士多傾向於自然風景之欣賞，於是兩晉以後描述山水之著作尤夥。此後山川寺觀之作，蓋濫觴於此時。除此之外，亦有經濟方面之原因，唐長孺先生曾指出，當晉室東渡後，北方大族南來者多集中在揚州，這一地區原本有大族已經佔有大量土地，剩下來可以供北方大族掠取的土地已很有限。他們若想在三吳地區求田問舍，就只有轉向佔領山澤，從晉末劉裕當國開始，國家屢屢下令禁止封錮山水，這個事實也正從反面說明了，世家大族封略山湖的行動是難以阻擋的，經濟活動既然已經轉向山澤發展，人們對於山、水地理投以關注也是自然而然之事。

此外，對於山水的關注也與魏晉以來士人生活中所形成的寄情山水的風氣有關。翻閱六朝史籍，士人雅好山水的記載比比皆是。對於山水的濃厚興趣則是引發士人撰寫地志的另一個主要的原因。士人遊玩山水之餘，常常就所見所聞以文字記述下來，寫成詩，即成了山水詩；寫成文，乃成了地志。地志既然多由文人執筆，且與社會風氣攸關，則其書寫往往也有著，比較接近於文學作品而非傳統制式的地理書。可以說，晉宋以後士人對於山水的欣賞，促成了山水文學的興起，其實，大致同時出現的眾多充滿著文學韻味的山水地志，亦是此文學潮流之下的產物。因此，從漢魏詳載異物的地志到晉宋以後描寫山水風光的地志，山水文學的擅變，與山水地志的演變，是六朝時期山水、文學、地理三個面向交織穿插的歷史脈絡。

五、異物風俗

漢代以前，涉及東南地區的地理志書，依現存目錄，似乎僅有《廣陵郡圖經》、《交州異物志》、《南裔異物志》等幾部，其所記載的地域範圍以「郡」為最小的單位，大致上包括長江流域及其以南地區。所記之地域以二個地區為中心——亦即，南方的政治中心地區（按：指廣陵）和邊陲地區（按：指交州、廣州）。亦即，廣陵郡治所在的廣陵，治所在江蘇揚州，漢代以來，是荊、吳地區的政治、經濟和文化中心，亦為兩漢以來東南地區的都會。此外，交州在兩漢時期，轄境相當於今兩廣及越南中北部地區，是漢代在嶺南的邊陲地區。其地域上更為廣大，正處熱帶與亞熱帶區域，自然景觀與物產民俗等方面不僅有別於中原地區，也不同於江南，對於中原和江南人士來說，這種「異物」、「異俗」、「異地」，最能引起他們的注意而加以記載（參附錄五：六朝時期「異物風俗」方志存目表）。

東漢魏晉期間，由私人所撰寫的州郡地志常以「異物志」命名，所載多為各地稀有的動植物。根據〈隋志〉史部地理類，東漢有議郎楊孚撰《臨海水土記》及《交州異物志》〔註 121〕；三國時期有萬震《南州異物志》、朱應《扶南異物志》、沈瑩《臨海水土異物志》、《涼州異物志》；魏晉時有薛瑩《荊揚巳南異物志》、譙周《異物志》等；而《隋志》曾記錄：「《發蒙記》一卷，

〔註 121〕此類撰述，最早見於著錄者，為東漢楊孚《南裔異物志》(一作《交州異物志》)，亦即粵人著作之最先見於史志者。《隋書・經籍志》：「《異物志》一卷，後漢議郎楊孚撰。」又「《交州異物志》一卷，楊孚撰。」姚振宗《隋書經籍志考證》：「區大任《百越先賢志》楊孚，字孝元，南海人。章帝朝舉賢良對策，上第，拜議郎。帝時南海屬交趾部，刺史競事珍獻，孚乃枚舉物性靈悟，指為異品以諷切之，著為《南裔異物志》。後為臨海太守，復著《臨海水土記》，世服孚高識，不徒博雅。」

束晳撰，載物產之異。」因此，推測此書亦屬於異物志一類。

事實上，漢魏時期未標明「異物」的州郡地志也大都有此特色。〔註 122〕異物志的淵源不在官修地志，但它也不是憑空而來的。從淵源上，異物志與《山海經》以及模擬《山海經》的《神異經》、《十洲記》等存在著繼承關係；從記載上，異物志的文字紀錄與《山海經》之記異物類似而較爲覈實；從地方取材上，異物志所述大抵以南方事物爲多。劉歆、郭璞都指出了《山海經》記「異」的特點，郭璞並爲之辯解。關於《神異經》與《十洲記》，《隋志》均注東方朔撰。《神異經》記異更爲明顯，魯迅稱它是仿《山海經》，然略於山川道里而詳於異物。〔註 123〕但也有人說，東漢末年的服虔已經引用過《神異經》。如此，則該書說不定爲東方朔所撰，但至遲到東漢已經問世。

從《山海經》、《神異經》、《十洲記》，到漢晉時期的異物志，均關注於異物，線索是比較清晰的。變化上，代表了從山川道里等地理因素，轉向凸顯以異物爲描寫的焦點。而詳實記載異物的來源、取得、保管、樣貌等特徵，也表現出異物的神話色彩也日趨淡化，眞實性日漸增強的情形。王庸曾簡要地說，東漢以降有所謂異物志者，其意義與《山海經》之記異物相類似而較爲覈實。〔註 124〕可以說六朝的異物志，一方面顯現出人們對於廣遠的南裔的諸多神話傳說的想像，另一方面，異物所展現出來的，也是與中原物產大不相同，卻又「實際存在」且令人「深感好奇」的神奇特徵。現舉幾則史料來觀察從東漢到六朝，南方甚至交、廣、越的異物。首先以描述浙江地區的兩本異物志，東漢楊孚《臨海水土記》與吳沈瑩《臨海水土記》爲例，楊孚書中提到的魚類頗多，有「板魚、鯪魚、槌額魚、海鰍魚、石班魚、鯰魚、織杼魚、鉛刀魚、眞魚、海鱒、黃靈魚、寄魚、邵魚、伏念魚、陶魚、土奴魚、新婦魚、鱉魚、鯤鮑魚、黍魚、土拌魚、鯧魚、海豨魚等」〔註 125〕；

〔註 122〕胡寶國主張從時間、內容上分析，將六朝地志劃分爲前後二期，東漢魏晉時期地志關注的對象主要是「異物」，而晉、宋以後，地志關注的對象則主要是「山水風光」。隋唐以後，隨著中央集權統一國家的建立，地理思想日益偏重於「實用」。以這樣的立場出發，造成了唐代的學者對於不關心國計民生的魏晉南北朝私家的地志，給予了負面且激烈的批評。參胡寶國，《漢唐間史學的發展》，頁 160。

〔註 123〕魯迅指出《山海經》稍顯於漢而盛行於晉，故模仿《山海經》的《神異經》當爲晉以後人作。

〔註 124〕王庸，《中國地理學史》，頁 133。

〔註 125〕參《太平御覽》卷 938～940〈鱗介部十、十一、十二〉，引《臨海水土記》，頁 523～549。

而沈瑩《臨海異物志》中提到的魚類也很多，有「石首魚、婢屣魚、人魚、鹿魚、燕魚、鳶魚、鏡魚、印魚、鯉魚、含光魚、井魚、吹沙魚、琵琶魚、銅睟魚、鼠魚、黃雀魚、板魚、石首魚等」〔註 126〕；此外，還有二條史料提到比目魚，曰：「兩片特立，合體俱行，比目魚也」〔註 127〕，又曰「比目魚，似左右分魚，南越謂之板魚」〔註 128〕。除了魚類，還有關於南方特有的生物，例如，關於大象的記載也頗爲生動，曰：「象之爲獸，形體特詭，身倍數牛，目不逾豨，望頭若尾。馴良承教，聽言則跪」〔註 129〕；鳥類則有關於鸚鵡的記載，曰：「鸚鵡有三種，青者大如烏臼，一種白大如鴟鴞，一種五色，大於青者，交州巴南盡有之」〔註 130〕。交、廣兩地屬於副熱帶與熱帶氣候，物產豐富，因此關於「檳榔、椰樹、荔枝、龍眼、石榴、橄欖、香蕉」〔註 131〕等南方特有種果品的生長、食用、外觀、果肉、功效、獻貢等均有記載。而南方居民的「善游採珠」〔註 132〕的技巧；南方特有的海上交通工具，大者長二十餘丈，高去水三二丈，望之如閣道，載六七百人，物出萬斛的「舡」〔註 133〕，都是屬於南方特有的異物與風俗。

漢晉時期人們對於異物的興趣可能與當時的求「異」的風氣有關。〔註 134〕這種上不同於秦漢，下不同於隋唐的寫作形式，不僅在魏晉時代非常流行，而且當時更被認爲是史學著作的一部分。不過，自從《新唐書．藝文志》將這類著作歸納在子部小說家之中，此後一直將這類著作單純視爲文學作品，而

〔註 126〕參《太平御覽》卷 938～940〈鱗介部十、十一、十二〉，引《臨海異物志》，頁 523～549。

〔註 127〕參《太平御覽》卷 938〈鱗介部．比目魚〉，引《臨海水土記》，頁 528。

〔註 128〕參《初學記》卷 30〈鱗介部．魚〉，引《臨海異物志》，頁 742。

〔註 129〕參《太平御覽》卷 890〈獸部．象〉，引〔吳〕萬震《南州異物志》，頁 143。

〔註 130〕參《初學記》卷 30〈鳥部．鸚鵡〉，引〔吳〕萬震《南州異物志》，頁 737。

〔註 131〕參《文選》卷 5〈京都賦．吳都賦〉，注引〔吳〕薛瑩《荊揚已南異物志》，頁 213。

〔註 132〕參《太平御覽》卷 803〈珍寶部．珠〉，引〔吳〕萬震《南州異物志》，頁 486。

〔註 133〕參《太平御覽》卷 769〈舟部．敘舟〉，引〔吳〕萬震《南州異物志》，頁 201。

〔註 134〕陳師啓雲指出了當時的道家思想中，有強調法術和長生者。這一類的所謂「仙道」（長生不老），代表了「異化」的道家思想和地方宗教的混合。荀悅曾對此深入研究，並不否認有關超越人之存在的靈異的歷史資料，但荀悅也認爲，所謂的不朽的「神仙」，只是偶爾在邊遠地區發現的怪物和怪人。荀悅也不相信煉金術士的丹葯，他認爲煉金的試驗必須符合自然的規律，而想從符合自然規律的試驗中得出超自然的原理是自欺欺人的。參陳師啓雲，《荀悅與中古儒學》，頁 210。

忽略了其原來和史學的親密關係。這種意見的來源出自於劉知幾。他在《史通・書志篇》中說：「古之國史，聞異則書。」史家眞正對於怪異之人、怪異之事有濃厚的興趣並信以爲眞，在東漢以後，如東晉的史家干寶就有這種傾向。干寶《搜神記》專記古今神祇靈異人物變化，時人劉惔稱其爲鬼之董狐。從司馬遷到干寶，並非史學引發了志怪的風氣，倒是志怪風氣盛行後影響了史學的發展。因此，〈隋志〉將志怪小說列之於史部當是受此影響。或許正是因爲與地理無關的志怪小說越來越盛行，所以在地志中反倒是逐漸少了不眞實的成分，所以才有如王庸所說的六朝異物志比山海經所載的異物較爲核實的變化。

綜合這類書目當中的文字，大抵皆爲記載長江流域以南之異物，所記多草木禽獸以及礦物之異於中原者；行文當中，亦間附以故事、傳說、神話，是殆當時北方士民向南遷徙過程當中之一種心態反映。惟此類述作，流傳後世者絕鮮，僅於古籍中目錄舊注，以及類書之屬，可以略見梗概。由此可見，此類異物志在當時述作之一種「風尚」。王庸認爲異物志主要出現在南方地區，他也認爲六朝之記異物，大抵以南方事物爲多，所以作者多爲北方士族之識廣見聞者；而異物志大抵皆記載長江流域以南之異物，其所記多草木禽獸、以及礦物之屬，而異於中原且間附以故事神話，是殆當時北方士民南遷之一種反映。

六、域外行記

《隋書・經籍志》曾著錄《張騫出關志》一卷，未署撰者。魏晉之世，因佛教與商業之關係，與外域有關之地志行記漸多，其作品除前段所談之「異物風俗」之著作外，尚有本段即將要談的「域外行記」。「行記」係自出發地前往目的地，在途中記錄行程、活動、見聞和感思的著作。這類著作在六朝以前雖然也有，〔註 135〕但是以「行記」來命名，卻是魏晉南北朝的事。「行記」又名「行傳」、「遊記」、「遊行傳」、「歷傳」、「傳記」、「游志」，〔註 136〕在魏晉南北朝及其以後時期，行記始被歸爲地理類著作，在陸澄和任昉所編的地學

〔註 135〕如收入《隋書・經籍志二》的《張騫出關志》。

〔註 136〕如姚最《序行記》，李繪《封君義行記》，薛泰《輿駕東行記》。如《慧生行傳》，劉師知《聘游記》、釋智猛《游行外國傳》、釋法盛《歷國傳》、康泰《扶南傳》、郭緣生《述征記》、謝靈運〈游名山志〉等。

書中，行記類是僅次於地志類的地理學著作。〔註 137〕現根據《隋書．經籍志》所收的行記類書籍，按其作者出行的目的性質，粗將其分爲四類（參附錄六：六朝時期「域外行記」方志存目表）：

第一、旅遊考察類：

這類作品，其書名通常冠以「行記」、「行傳」、「遊行」等字樣，例名釋智猛《遊行外國傳》、薛泰《輿駕東行記》、姚最《序行記》等。

第二、奉使朝聘類：

古代官員的奉派，或是赴他鄉就任，由於道里疏遠，通常需耗費許多時日，因此沿途所經所見，就成爲記錄行旅過程當中所見所聞的紀錄。例如江德藻《聘北道里記》、劉師知《聘遊記》、蔡允恭《并州入朝道里志》，通常這類書目當中含有「聘遊」、「朝聘」等名稱。

第三、征伐巡狩類：

這類行記得特色是強調其「征」、「伐」的從軍行旅的過程，與從自己本地往他地（西征、北征、或向外族征伐）做軍事移動的方向與空間性。〔註 138〕例如，裴松之《述征記》、伍輯之《從征記》、徐齊民《北征記》、諸葛穎《北伐記》、戴延之《宋武北征記》等。

第四、求道傳法類：

六朝時期是佛、道在中土傳播流佈的時期，所以西行求法、漫遊佛國、取經譯經，亦屬於此類域外行記的內容。例如，釋法顯《佛國記》、釋智猛《游行外國傳》、釋法盛《歷國傳》、釋縣景《爲國傳》等，都可以視爲此類作品。

〔註 137〕周瀚光認爲六朝的行記是地志的附庸，在陸澄和任昉所編的地理志彙編當中，行記是僅次於地志的地理學著作。六朝以後，行記進一步發展，在唐宋元明清歷代，行記的數量與水平，甚爲重要。例如，隋常駿《赤土國記》、唐玄奘《大唐西域記》、王玄策《中天竺國行記》、宋佚名《王沂公行程錄》、王延德《高昌行記》、金烏古孫仲端《北使記》、元耶律楚材《西遊錄》、李志常《長春眞人西遊記》、常德《西使記》、明徐宏祖《徐霞客游記》等，都是六朝行記進一步發展的成果。

〔註 138〕由現存行記類方志書目來看，有「西征記」、「北征記」，但無「東征」與「南征」，依拙見，這可能與南方對於北方的態度有關，南朝政府認爲北朝政權爲夷狄政權，南方正統有向北朝征伐，並收復故土的義務，因此南方對於北方的軍事行動，算是「征伐」行爲。此外，南北朝時期系南北政權對立，而當時的戎狄位處中土的西方，因此南、北之間的戰爭，相對上較受到注意與記錄。

上述四種行記，因其出行的目的不同，所以地學含量也多少不等，成就水平也有高地之差。第一種旅遊考察行記，其目的在於揭示所行之山水之分合與走向，及廣野大澤之物產、氣候、居民及文化特色。由此而形成的著作，所涉及的地學含量較多，也具備豐富的地理學知識和理論。此外，旅遊所記，雖是休閑自娛的作品，但從地學的角度來看不容忽視。游觀於自然景物之中，使人生發情境交融之情，使得六朝文人出於對自然的憧憬和在大自然的懷抱中求得愉快、和悅而達到有我或無我之境。第二、三種，記載仕宦、朝覲、奉使、征伐、巡狩之作品，政治成分較多，其中的地學知識含量和所論述的地學事項的價值，歸因作者學術修養的高低和所從事的職業而有所不同，也與派遣他們的帝王將相的學識密切相關。第四種，求道傳法之作，是道士、和尚遊行域外，足跡遠涉西域、中亞、印度、南洋、交廣地區，紀錄宗教生活的實錄。

六朝行記地理類著作，與官員奉命出使海外和佛教僧人西行求法有關。孫吳建國以後，孫權謀求向海外發展，促使孫吳沿海地區的封疆官吏也積極對外交往。一時之間，有朱應《扶南異物志》、康泰《吳時外國傳》、《扶南記》的問世。兩人之書改變了孫吳之前對於南部邊疆及域外地理知識的情況，深為後人所重視。朱、康之後，有萬震撰《南州異物志》，見於《隋書．經籍志》，向達稱該書「雖以異物名書，所述多為海南諸國萬物風俗，無異一地理書也。」據此而論，《南州異物志》有可能也是一部域外行記，而不是僅據傳聞寫成的異物志書而已。

記述南海諸國的書籍，在〈隋志〉中還有《交州以南外國傳》、《林邑國記》、《日南傳》，唯皆不詳撰者。由於隋據有南海海疆不滿30年，這些書籍也很有可能係出於南朝人之手。記載六朝海南諸國的地理書，還有吳佚名《吳時外國傳》、劉宋竺枝《扶南記》、沈懷遠《南越志》、另有佚名《南越記》、《南越志》、《南越書》、《林邑記》、《扶南傳》等書，為初唐及其以前人的著作。其他與六朝相關的記載異域而為漢族僧人所作的，還有法顯《佛國記》、智猛《游行外國傳》、法勇《歷國傳記》、道普《游履異域傳》。上述書籍，除了竺枝所著的《扶南記》為僧人所著，其他著作究竟為使者、商賈、遊人、僧道等的行記，還是文人學者根據他人口述或著作、檔案所做今已無從知悉。不過，域行記使得六朝人對於南部、西部邊疆及其域外地區的地理知識有了更進一步的瞭解與擴展。

七、先賢耆舊

東漢以後，開始出現了一種以集中記載某一地區人物爲主的傳記創作，這便是地方人物傳記。這些地方人物傳記的出現，與東漢以後至魏晉時代社會大動盪局面的形成有關。漢末各種社會矛盾日益加劇，促使了社會動盪的爆發，中國境內，尤其是黃河流域更成了兵燹混戰的戰場。爲了逃避戰亂，追尋較爲安定的環境，戰亂地區的人民紛紛逃離故土，或向河西、或向遼東、或向江南，開始了民族的大遷徙。戰亂中，昔日統一時代的社會次序失去了傳統的精神維繫。一些地方官員或仕紳階級，爲了維護地方綱紀，振奮社會風氣而做了各種努力。在諸般努力的過程之中，追懷撰述當地「先賢」、「耆舊」之嘉德義行以激勵民心世俗，遂成爲各地在動亂時期的精神堡壘。

以名稱而言，這類記載各地區先賢耆舊的作品，相當程度表現出作者之本家本鄉的在地特色。其撰寫的人物都是選擇對於家鄉事物曾經關心過，曾經擊退盜匪、保鄉衛民的人物事蹟。因此，其名稱通常都是在地名之後冠以「先賢」（例如《魯國先賢傳》）、「後賢」（例如《會稽後賢傳記》）、「耆舊」（例如《陳留耆舊傳》）、「列士」（例如《豫章列士傳》）、「名士」（例如《江左名士傳》）、或總稱爲「人物志」（例如《交州人物志》）。雖然六朝時期的地方耆舊傳記大多散佚，然從後代殘存的輯本當中可以看出這些所謂的先賢耆舊之傳記，大致在體例上均帶有鮮明的倫理教化色彩。現依地區，將先賢耆舊傳記粗分爲三部分，按總錄（總敘全國不分區之先賢耆舊）、北方先賢耆舊、南方先賢耆舊（參附錄七：六朝時期「先賢耆舊」方志存目表）：

第一、總錄：

例如，魏明帝《海內先賢傳》、佚名《四海耆舊傳》、《先賢集》等；

第二、北方先賢耆舊：

這又可分爲齊魯中州地區兩個地區分別來看——

（1）齊魯地區：如《魯國先賢傳》、《東萊耆舊傳》等；

（2）中州地區：如《陳留耆舊傳》、《汝南先賢傳》。

第三、南方先賢耆舊：

這又可分爲三吳、荊湘、巴蜀、交廣四個區域來看——

（1）三吳地區：如《會稽先賢傳》、《廣陵耆老傳》等；

（2）荊湘地區：如《荊州先賢傳》、《武昌先賢傳》等；

（3）巴蜀地區：如《益部耆舊傳》、《續益部耆舊傳》等；

（4）交廣地區：如《廣州先賢傳》、《交州人物志》等；

以內容而言，更可以看出，這些身處亂世的鄉賢故老，不僅具有「忠孝節義」的品格特性，也擁有「果敢、懲奸、誓命」的人格特質，而他們的事蹟，成爲當地教育後代的教材，他們的死亡也成爲默默保佑鄉民的宗教力量。以記載中州地區的《陳留耆舊傳》爲例，可以略窺這些面向。「吳祐爲恒農令，勸善懲奸，貪濁出境，甘露降，年穀豐。童謠曰：『君不我優，人何以休；不行界署，焉知人處』」〔註 139〕，唱出了恒農鄉民對於吳祐無私公正，使得居民可以安居樂業的感謝；「王業，字子春，爲荊州刺史，有德政。卒於枝江，有三白虎，低頭曳尾，宿衛其側，及喪去逾州境，忽然不見。民共立碑文，號曰枝江白虎」〔註 140〕，這裡也代表了鄉民對於官吏清廉的企盼，與有德者可達天的信仰。其他像是「官逢大旱，求雨無成，積材自焚」〔註 141〕的張熹，後來天靈感應而降雨；帶領鄉民，大聲疾呼：「此乃鼠竊狗盜，守尉今捕誅之，何足可優」〔註 142〕，英勇擊退盜賊的叔孫通；還有東晉元帝時，發生在廣陵郡，自賣器茗，將「所得錢，散路傍孤貧乞人」〔註 143〕的老姥；以及孟宗事母至孝，母好食竹筍，孟宗乃入竹林中大聲哀嚎，「方冬，筍爲之出，因以供養。時人皆以爲孝感所致」〔註 144〕的故事。這些事蹟或表彰忠孝節義、安貧樂施、大公無私等義行，也突顯出六朝先賢耆舊方志中強調傳統道德的意義。

進一步說明，從這些地方先賢耆舊傳看來，不少作者都是當地的士紳名流或曾任當地的地方長官。例如較早期的《陳留耆舊傳》的編撰者袁湯曾任陳留太守，〔註 145〕再如《東萊耆舊傳》作者王基曾爲青州士紳，青州刺史王淩特表請爲別駕，協理治州有方；〔註 146〕《交州人物志》作者士燮曾任交趾

〔註 139〕參《太平御覽》卷 456〈人事部・謠〉，引《陳留耆舊傳》，頁 852～853。
〔註 140〕參《太平御覽》卷 892〈獸部・虎〉，引《陳留耆舊傳》，頁 151。
〔註 141〕參《北堂書鈔》卷 35〈德威〉，引《桂陽先賢畫贊》，頁 130。
〔註 142〕參《太平御覽》卷 269〈職官部・縣尉〉，引《魯國先賢傳》，頁 502。
〔註 143〕參《太平御覽》卷 867〈飲食部・茗〉，引《廣陵耆老傳》，頁 980。
〔註 144〕參《太平御覽》卷 963〈竹部・筍〉，引《楚國先賢傳》，頁 730。
〔註 145〕〔晉〕袁宏《後漢紀》載其爲太守時「褒善敘舊，以勸風俗，嘗曰：『不值仲尼，夷、齊西山餓夫；柳下東國黜臣，致聲名不泯者，篇籍使然也。』乃使户曹追錄舊聞以爲耆舊傳。」
〔註 146〕《三國志・魏書・王基傳》，頁 750～751。

太守；〔註 147〕《廣州先賢傳》作者陸胤曾為交州刺史，〔註 148〕皆為明顯的例子，也正說明了先賢傳與傳統儒家思想之間的關係。

第三節　酈道元《水經注》與「大地」思想

中國古代記述水道的著作，早期有《尚書．禹貢》，其中有導山、導水兩部分；此外有《管子》的〈水地〉、〈度地〉；《山海經》的〈山經〉、〈海經〉等篇章，但都還不算是專記水道的著作。專門記水道者起自《史記．河渠書》，此例一開，不但正史及地方志將水道列為專節，還出現了如《水經注》的專門巨著，蔚成了古代地理書的一個大類，此意義非同小可。〔註 149〕〈河渠書〉

〔註 147〕《三國志．吳書．士燮傳》，頁 1191～1192。

〔註 148〕《三國志．吳書．陸凱附陸胤傳》，頁 1409～1410。

〔註 149〕在中國，一本書成為一門學問的情形，例子不多。稱《紅樓夢》研究為「紅學」，現在已經非常流行，但是這門學問的研究的歷史，不過半個多世紀而已；稱《徐霞客遊記》的研究為「徐學」，也是本世紀的事。若以研究歷史之悠久，內容之豐富，牽涉之廣泛，成就之卓著而論，則由《水經注》一書而形成之「酈學」，顯然是此中翹處。《水經注》成書於西元六世紀初，隋唐時代，開始將其內容進行分類，收入各種類書及地理書中。及至後代，歷代均有學者文人對於《水經注》當中優美的文字愛不釋手，而進行研讀與仿效，使得《水經注》的研究史因為歷代的整理與研究而更顯豐碩。酈學是學者在對《水經注》的不斷研究中逐漸形成的。酈學的形成則要從《水經注》說起，此書的成書年代，至今尚無定論，酈道元被害於孝昌 3 年（527），從此直到隋一統的半個世紀，華北戰亂頻仍，此書卻可存本下來，《隋書．經籍志》著錄此書作 40 卷，顯然仍是全本。後來的隋代的《北堂書鈔》，唐初的《初學記》等類書中，都收錄了《水經注》的大量資料。其中《北堂書鈔》的作者虞世南是大業年間的秘書郎，而《初學記》則是唐代朝廷的文化機構集賢院的集體編撰，兩書的資料來源都係出自宮廷內庫，這說明了至少在隋唐初期，《水經注》的傳鈔本流傳尚不普遍。之後，杜佑《通典》，李吉甫《元和郡縣圖志》，都曾引及酈注，這些也都是官方著述，同樣是可以利用內庫藏書的。
北宋初年的《太平御覽》和《太平寰宇記》，都曾鈔錄《水經注》的大量資料。情況與隋唐一樣，說明了朝廷仍然藏有此書的抄本，而且都是卷牒完整的佳本，此後，隨著傳鈔的流行，私人收藏的本子有所增加。從隋唐到北宋，對於《水經注》的研究還處於較為封閉的層面。主要是剪輯書中所記載的各種資料，有的把這種資料進行分門別類，收入各種類書，如上述的《北堂書鈔》、《初學記》、《太平御覽》等；有的則摘取其片言片語，作為其他書文的註釋，如唐初司馬貞作《史記索隱》，章懷太子注《後漢書》等；也有把酈注資料，按地區分類，錄入全國總志或其他地理書，如唐代的《元和郡縣圖志》、宋代的《太平寰宇記》、《元豐九域志》等等。

的內容特徵，首先是它不是對現有河渠做靜態描述，如像《水經注》那樣，分別記述某水系有某支流、發源某處、流經某地，沿途有何地形、地物、掌故，河流入於某川、某河、某海等等，而是主要通過河道的開鑿、治理過程，闡述人們變水害爲水利的奮鬥過程。一般而言，這項過程有三部分內容：治理水害、修築漕渠和河渠灌溉。司馬遷以極大的熱情和興趣對許多成功的事實和經驗做了詳細記述，同時還懷著滿腔鬱憤，對於豪門的阻撓、氣數等迷信思想的干擾做了揭露，從而對漢代弊政進行了無情的鞭撻。司馬遷爲了寫〈河渠書〉曾做過大量、長期的實際考察和研究，所以，寫來不但眞實性強，且能正確反映了地區的土壤與地形特徵。〔註 150〕

假使我們把十五世紀初期以後，人們對於新航路和新大陸的探索稱爲「地理大發現」；那麼，中國從四世紀初到六世紀末期間，發生在廣大人群之間的地理經驗，可以稱之爲「地理大交流」。這段期間，不論在中國北方或南方，都面臨著不斷變化的自然地理和人文地理環境。直接參與這場地理大交流過程者，面對地理環境新舊變化的強烈對比，因而擴大和豐富了他們的地理知識；而對於那些沒能直接獲得地理大交流的實踐經驗者來說，同樣地，也從他們的親故和父老那裡，吸取了地理大交流的新知識。

一、酈道元與《水經注》

在地理大交流時代，北方地理學家的翹楚，無疑是北魏的酈道元。他所寫的《水經注》，正是這個時代的地理著作中登峰造極的作品。酈道元爲什麼能在地理學上達到如此輝煌的造詣？這首先應可歸因於他所處的時代，正是地理大交流的歷史過程，觸動了他的地理學的思想和實踐。

（一）地理大交流的時代

酈道元在《水經注・序》中自稱：「脈其枝流之吐納，診其沿途之所躔，訪瀆搜渠，緝而綴之。」全書記載了許多他在野外考察中親眼目睹的成果，這與同時代的許多地理學家一樣，有著直接實踐的經驗。然而《水經注》的

〔註 150〕例如寫井渠的開鑿，是由於「岸善崩」；褒斜道的失敗是由於「水湍石」等。爲寫禹跡，他曾沿江、淮、河三大河流最易出事的地段實地踏勘，而後悟出禹爲何不逕挽黃河東行入海，反而使它東北流入渤海灣的原因。他說這是由於自塑方至龍門一段，地勢高、水流急，孟津以東地勢漸低，落差太大，易生水災，所以把它引入魯西北的高地，以減小水勢。這是一個很少有人提出的問題，司馬遷不但提出來，還給了正確的解答。

記載遍及全國，況且遠涉域外，當時南北分裂，酈道元足跡未履南方，凡是他所未能親臨之地，所依靠的是他人所撰述的文獻，也就是間接的實踐資料。酈氏撰《水經注》注文內明確指出引用的文獻共達 480 種，其中地理類為 109 種。在這 109 種地理文獻之中，魏晉南北朝以前的僅有 20 種；而魏晉南北朝，也就是「地理大交流」開始以後的則多達 89 種。這就說明了地理大交流時代的地理學著述對於酈氏撰述的影響。清陳遠溶在《荊州記・序》中說：「善長（按：酈道元，字善長）著書，博采眾字，隨所甄錄，點竄成文。……酈注精博，集六朝地志之大成。」〔註 151〕假設沒有這個時期湧現出來的大量「六朝地志」，《水經注》也就無法得到如此卓越的成就。這說明了地理大交流的時代，對於酈道元其人其書，具有何等重要的意義。

（二）酈道元的生平

酈道元，字善長，范陽人，出身官宦世家，先後在平城和洛陽擔任過御史中尉等中央官吏，並且多次出任地方官。自幼好學，博覽群書，愛好游覽，足跡遍及河南、山東、山西、河北、安徽、江蘇、蒙古等地，每到一地，都留心勘察水流地勢，探溯源頭，並且閱讀了大量的地理著作，積累了豐富的地理知識。他認為地理現象是不斷發展變化的，經過朝代的更迭、城邑的興衰、河道的變遷和山川名稱的更易，地理著作必須不斷充實完善。在他參閱了 480 種書籍，通過自己的實際考察，終於完成了《水經注》這一部地理巨著。全書四十卷，記述了 1252 條河流的發源地點、流經地區、支渠分布、古河道變遷等情況，同時還記載了大量農田水利建設工程，以及城郭、風俗、土產、人物等資料。《水經注》不僅是一部具有重大價值的地理巨著，而且也是一部頗具特色的山水游記。酈道元以飽滿的熱情、深厚的文筆，形象生動地描述了各地山川的景致。他為官「執法情刻」、素有「嚴猛」之稱，頗遭皇族與豪強忌恨。北魏孝昌三年（527），汝南王元悅乘雍州刺吏蕭寶夤企圖反叛之機，慫恿朝廷派酈道元去作關右大使。途中，蕭寶夤派人把他和他弟弟道峻及兩個兒子一同殺害。著作另有《本志》、《七聘》，已佚。

酈道元的畢生行歷，在《魏書》和《北史》中均有列傳記載，惟《魏書・酈道元傳》全文只有 309 字，《北史・酈道元傳》也只有 612 字（包括抄錄《魏書》的 309 字在內）。除了《魏書》和《北史》這兩篇〈本傳〉以外，

〔註 151〕《荊州記九種・襄陽四略》（武漢，湖北人民出版社，1999 年出版），頁 13。

歷代以來沒有任何記載酈道元行歷和酈氏家族的其他資料。因此，可以這麼說，在三十萬餘字的《水經注》當中〔註 152〕，不僅記錄了酈道元的畢生遭遇，而且也包含了他的感情和思想，這是後世對於酈道元一生的評述最有價值的資料。雖然說《水經注》是一部以記載河流和地理為主的地理書，但是，從思想史的角度來看，這也是屬於他自己的「自傳」，對於這部自傳進行深入細緻的剖析，那麼，酈道元的生平業績和思想感情，都可以和盤托出了。

（三）《水經注》的成書

地理大交流促進了地理學思想的空前活躍，而地理學思想空前活躍的結果，是大量地理著作的產生。這些地理著作和先秦時代的地理著作很不相同，他們擺脫了先秦作者的想像和假設，而以他們的直接或間接的實踐經驗作為寫作的依據，因此出現了許多記載翔實、描述生動的作品。酈道元不僅不滿意先秦地理書籍有著想像和假設的成分，甚至對於魏晉南北朝以前的地理著作都表示了他的批評意見。他在《水經注・序》中指出：

> 昔《大禹記》著山海，周而不備；《地理誌》其所錄，簡而不周；《尚書》、《本紀》與《職方》俱略；都賦所述，裁不宣意；《水經》雖粗綴津緒，又闕旁通。所謂各言其志，而罕能備其宣導者矣。〔註 153〕

這裡，酈道元首先批評的，如《大禹記》、《本紀》、《尚書》、《職方》等，都是先秦地理著作，酈氏認為這些作品「周而不備」、「俱略」；同時也批評了《漢書・地理志》的「簡而不周」；對於當時流行的「都賦」，則以「裁不宣意」來評價。

那麼，酈道元是如何寫出《水經注》，基本上，可以歸納成三點：

1. 充分利用親身經歷，寫進了大量的所見所聞：

酈道元小時候跟隨做刺史的父親在青州住過多年，以後在首都平城洛陽做京官，又到冀州、魯陽郡、東荊州等地做地方官，孝文帝為遷都從平城到陽考察時他也跟隨行動。正如他在《水經注》的自序中說的，凡所到之處，都「脈其枝流之吐納，診其沿路之所躔，訪瀆搜渠，緝而綴之。」

〔註 152〕胡適〈所謂先生之遺聞其實都是謝山先生自己的見解〉《胡適手稿》二集中冊：「《水經注》本文約有三十四萬五千字。」

〔註 153〕〔北魏〕酈道元，陳橋驛校釋，《水經注校釋》（杭州，杭州大學出版社，1999 年出版），頁 5。

2. 依據前人和別人的著作，也就是說要博覽群書：

酈道元在這方面是下了很大功夫的，他在《水經注》中引用古人以及當時人的書籍著作多至 480 種，有紀傳體的正史、有各種地方志、有游記、有雜記、還有詩賦文章，都強力搜羅、注明出處。

3. 綜合分析史料：

例如，舊說記載春秋末年晉國的大貴族智伯說過汾水可以淹另一個貴族魏氏的都城安邑，絳水可以淹另一個貴族韓氏的都城平陽，酈道元沿著這兩條水考察，發現汾水河床高，安邑處在東岸低窪處，可被汾水淹沒，而平陽地勢高於絳水河床，絳水淹平陽絕沒有可能。又如根據各種記載，在「穀水」的注裏弄清了前人怎樣把澗水錯成了淵水。這說明酈道元已具備一定的科學分析能力，因此纔能有所創見而不囿於陳說。

二、《水經注》的史料運用

《水經注》是一部敘述地域範圍極爲廣泛的書籍，除了基本上以西漢王朝的疆域爲底本以外，還涉獵了當時不少的域外地域，包括今天的印度、中南半島、朝鮮半島等地；另一方面，以時間縱斷來說，上起先秦、下迄南北朝當代，上下逾二千年；以內容來看，全書包括自然地理、人文地理、歷史沿革、風俗民情、人物掌故等等——可以說地域之「廣」、時間之「久」、史料之「多」，是這本書的特色。故而可以推論這本牽涉廣泛的巨著，史料的搜集與運用的過程是頗具挑戰性的。

爲了撰寫《水經注》，酈道元到底搜集了多少史料，歷來的酈學家曾根據《水經注》各篇列出及引用的文獻典籍進行歸納統計，有各種不同的統計數字。〔註 154〕現依陳橋驛的統計，列表說明如下：

〔註 154〕歷代對於《水經注》各篇列出名稱的文獻進行統計，曾經出現幾種不同的數據。根據陳橋驛的匯總整理（見陳橋驛，《酈道元評傳》，頁 111）指出，明嘉靖黃省認爲有 164 種；王國維認爲有 169 種；中華書局的馬念祖《水經注等八種古籍引用書目匯編》所列《水經注》引書共 375 種；侯仁之主編《中國地理學簡史》一書認爲《水經注》注文所引用的書籍多至 430 種；又鄭德坤《水經注引得》說酈氏引用凡 437 種。陳橋驛則主張《水經注》列名引用的文獻，計有 480 種。

表 2-5：《水經注》引用文獻統計表

類　別	文獻種數	類　別	文獻種數
地理	109	博物	4
歷史	63	宮室	4
人物	32	譜牒	4
圖籍	13	書信	19
論說	10	職官制度	12
雜文	8	傳奇	13
詩賦	115	讖緯	24
經書	11	工具書	15
子書	18	其他	6

在上述各類之中，地理類文獻不僅是《水經注》撰寫的關鍵類目，也是所有文獻當中搜集面最廣、史料分析的難度最高的項目。而且，地理類文獻當中，除了極少數以外，絕大部分都是地理大交流時代的產物。《水經注》是一部地理書，地理類史料是撰寫此書的基本史料。當時雕版印刷術尚未興起，所有文獻的取得，都必須通過傳抄的過程，而地理類文獻的取得比起其他資料更具艱難性，這是因爲地理類文獻包括「全國地理文獻」和「區域地理文獻」二類。前者史料相對集中；後者則分散各地，蒐集上相對困難。另一方面，以史料的時間性來瞭解，一類是六朝以前的古代地理文獻，例如《山海經》、《禹貢》、《職方》等，都是流傳已久的作品，文字上較爲穩定，取得上較爲容易；另一類，就是地理大交流時代的地理志書，不僅數量龐大，而且在當時屬於新作品、新資料，分散在全國各角落，內容豐富、資料新穎。由酈道元在地理類史料的收集上所下的功夫，可以看出酈道元治學的根基與成就。

三、《水經注》與「大地」思想

（一）文化本位、客觀記錄

所有這些，都證明了水經注撰寫於酈道元個人生平的後期階段，正值胡太后臨朝，朝政腐敗至不可挽回之時。北朝的興盛時期已經過往，而南朝也處於奢迷腐敗、苟且偷安的景況之中，酈道元顯然已經明白，在他的有生之年，一個版圖廣大的統一局面是不可能實現了。但是，儘管事不可爲，他把這種希望寄託在撰述《水經注》這部書當中。當酈道元出生之時，南北分裂已經超過一個半世紀，除了干戈擾攘之外，他畢生從來沒有能看到統一的國家，但是他著述《水經注》卻以西漢王朝的版圖爲基礎，這就是他心目中的大一統。

酈道元寫《水經注》，敘述的空間範圍是否受限於《水經》的架構當中？其實不然，因爲選擇《水經》作注，也是酈道元個人的決定，這正是他的一統思想的反映。何況，《水經》簡列河川源流，並不包羅西漢版圖〔註155〕；然而弔詭的是，雖然北南分裂的現實不容改變，但是他的著作卻不以北南爲鴻溝。甚至在許多地方使用了南朝的年號來記載。基本上，他的這種思想是隨著南北形勢的變遷而逐漸形成的。例如，全書第一個使用南朝的紀錄在卷 5〈河水注〉：

> 宋元嘉二十七年，以王玄謨爲寧朔將軍，前鋒入河，平碻磝，守之。〔註156〕

除了上列卷 5 出現劉宋的年號以外，從卷 28〈沔水〉起，南朝年號一時大量出現，而且有時在同卷文字中反覆使用。酈道元如此頻繁地在《水經注》中使用南朝年號，應該做如何解釋呢？《水經注》中，使用南朝年號 15 次。從南朝年號出現的卷次來看，全書 40 卷，卷 28 以前出現 1 次，以後出現 14 次——因此，保守的說法，酈道元的用意在於「北方河流用北朝年號，南方河流用南朝年號」的原則。以酈道元的有生之年，年復一年、歲月遷延，南朝固然不足成器，北朝卻也一蹶不振，酈道元完全明白，在大一統的偉大事業上，南北兩朝都已無所作爲了。北朝既已無力征服南朝，則南北對峙的局面，在他的有生之年，已經成爲定局了。因此，南北兩朝的年號並存，就成爲一種「客觀的事實」。因此，迴避南朝的年號，不僅已無必要，而且作爲一部表現實況的地理著作，更應該南北兼顧，尤其是他畢生未能劍及履及的南方半壁江山，這或許是他南北年號並用的原因。〔註157〕

〔註155〕例如，珠崖、沾耳二郡，在今海南島，因與《水經》所述河流無涉，並不載入《水經》；但是酈道元的《水經注》卻以之附於〈溫水注〉的記載之中，而且記載詳細：「珠崖、沾耳，與交州俱開，皆漢武帝所置，大海中，南極之外，對合浦徐聞縣，清朗無風之日，遙望珠崖州，如麋大，從徐聞對渡，北風舉帆，一日一夜而至。……」這裡可以看出，酈道元以西漢的版圖敘述此海南二郡，以彰顯大一統版圖的思想。一個足跡未至南方的北人，對於這二個空間距離遙遠的南海郡縣，竟敘述地如此詳細，這就說明了酈道元對於歷史上出現過的大一統版圖的嚮往。

〔註156〕陳橋驛，《水經注校釋》，頁 85。

〔註157〕陳橋驛，《酈道元評傳》（南京，南京大學出版社，1994 年出版），頁 41。

表 2-6：《水經注》記載「南朝年號」史料表〔註 158〕

卷次／頁碼	篇 名	南朝帝號	注　　文	北朝帝號
28／506	沔水注	宋少帝	宋元嘉中，通路白湖，下注揚水，以廣運漕。	北魏太武帝
29／517	湍水注	宋少帝	而是墓至元嘉初尚不見發。（元嘉）六年大水，蠻饑，始被發掘。	北魏太武帝
32／564	肥水注	宋廢帝	有宋司空劉勔廟，宋元徽二年建於東鄉孝義里。	北魏孝文帝
32／564	肥水注	齊武帝	（劉勔）廟前有碑，時年碑功方創，齊永明元年方立。	北魏孝文帝
32／564	肥水注	宋明帝	沈約《宋書》言：「泰始元年，豫州刺史殷琰反，明帝假輔國將軍，討之。」	北魏獻文帝
32／564	肥水注	齊高帝	建元四年，故吏顧紡明爲其廟銘，故佐龐珽爲廟讚，夏侯敬友爲廟頌。	北魏孝文帝
35／604	江水注	宋少帝	宋元嘉十六年，割隸巴陵郡。	北魏太武帝
35／606	江水注	宋少帝	宋景平二年，迎文帝於江陵。	北魏太武帝
35／606	江水注	宋文帝	宋元嘉二年，衛將軍荊州刺史謝晦阻兵上流，爲征北檀道濟所敗。	北魏太武帝
35／609	江水注	宋明帝	宋泰始元年，明帝遣沈攸之西伐子勛，伐柵青山。	北魏獻文帝
36／629	溫水注	宋文帝	元嘉二十六年，以林邑頑凶，歷代難化，恃遠負眾，慢威背德。	北魏太武帝
36／629	溫水注	宋文帝	（元嘉）二十三年，楊旌從四會浦口入郎湖。	北魏太武帝
36／631	溫水注	宋文帝	元嘉元年，交州刺史阮瀰之征林邑。	北魏太武帝
36／631	溫水注	宋文帝	元嘉二十三年，交州刺史檀和之破區栗已。	北魏太武帝
36／633	溫水注	宋文帝	元嘉中，檀和之征林邑，其王陽邁，舉國夜奔竄山藪。	北魏太武帝
38／667	湘水注	宋文帝	宋元嘉十六年，立巴陵郡，城跨岡嶺，濱阻三江。	北魏太武帝
39／684	贛水注	宋少帝	景平元年，校尉豫章，因運出之力，於渚次聚石爲洲。	北魏太武帝

〔註 158〕根據陳橋驛，《水經注校釋》卷 28～39，頁 506～684。

由此可見，酈道元的大一統思想，顯然有兩個階段，開始，他滿懷信心，一個版圖廣大的帝國，將在北魏君主的元宏的賢明領導之下出現，但是到了後來，嚴酷的事實，使得他不得不承認南北並存的天下大局。這種思想階段的轉變過程，酈道元是做得正確的。假使《水經注》的撰寫是按照他的早期思想以「北朝獨尊」作爲基礎，毫無疑問地，此書就不可能取得如此偉大的成就。

酈道元作爲北魏孝文帝元宏近臣的年代，北魏的武功強盛，大有統一天下的局勢，建立一個像西漢王朝一樣的大帝地國。但在文化上，他顯然傾向於南朝，除了北魏王朝以外，對於北方在這段期間先後登台的非漢族政權，他都是不齒與不削的。此中原因，乃在於酈氏家族雖然出仕於北朝，但是他們所服膺與薰陶的是儒家思想，對於文化落後的北朝諸王朝，是充滿著蔑視的眼光的，這種文化傾向在《水經注》的文字中可見一般。此外，除了北魏以外，《水經注》對於十六國君王，一律直呼其名；而相反地，對於南朝帝王，於文章中卻常稱廟號，特別是對於劉裕，注文中優禮有加，或稱宋武帝、或稱劉武帝、或稱劉武王。這種截然不同的南北待遇，儼然成爲一種明顯的對照。

酈道元這種心態，無疑是漢族文化薰陶的結果，這在當時這個民族雜處的時代，不論是南方或北方，漢族特別是其中的知識分子階層，這種文化本位的傾向是普遍存在的。換個方向講，在這個時期，不僅南人有這種心態，其他民族其實也是仰望漢族文化的。可以說在當時不管是南方或北方，不管君主或士族，心裡面其實十分明白，江南才是「衣冠禮樂」的「正朔所在」。這說明了，在文化上，當時以南朝爲正統的這種觀念，實在是根深蒂固的。

（二）訪瀆搜渠、實地考察

中國古代的地理學，確實存在過一個虛構時代的階段，這個時代主要在先秦，但是其影響卻一直到兩漢，虛構地理學的作品，例如，《山海經》、《穆天子傳》、〈禹貢〉等，他們都是很有價值的作品。在這些作品當中，有虛有實，從虛構的部分來看，其荒誕不經並不亞於一些神怪小說，但是這些所謂的「荒誕」的情節，卻是落實在相當可靠的地理基礎上的。例如，《穆天子傳》就是一個例子，《穆天子傳》中所記載的周穆王的旅行與其與西王母的會晤，當然是虛構的，但是在這趟旅程之中所出現的許多地名卻是實在的。虛構這個故事的作者，顯然在當時的中西交通上做過一番詳細的調查研究，從當時北方的游牧民族的民族傳說，以及當地部族的民族詩歌當中，獲悉了中國以西的一些地理概況。又以〈禹貢〉來說，當然也是一部很有價值的地理文獻，其中所描述的「九州」的自然景觀和人文景觀，不僅表現了地理學的綜合性，而且常符合實際，但是畢竟也帶有虛構的成份。

上面說到的虛構地理學，到了兩漢仍有很大的影響。就以《漢書・地理志》爲例，此書當然並非虛構，但在卷首卻把〈禹貢〉和〈職方〉全錄在內。中國古代的這種虛構地理學的作品和撰寫方法，甚至直到地理大交流的時代，當寫實地理學開始抬頭的時代，仍然在地理學的發展中起著不少的作用。這就是酈道元在《水經注・序》中指出的：「今尋圖訪賾者，極聆州域之說，而涉土游方者，寡能達其津照，縱彷彿前聞，不能不猶深屛營也。」他當然是反對這種虛構地理學的，所以他說：「默室求深，閉舟問遠，故亦難矣。」其實，在整個地理大交流的時代，在《水經注》成書以前，就已經出現了寫實地理學，是他們直接或間接的實踐成果，但是之前並沒有任何的作者在他自己的地理著作當中，闡述過自己的工作方法，他們中的多數，或許還沒有意識到以往那些虛構作品的缺陷。是酈道元第一個在自己的〈序〉之中，提出了自己的研究和著述方法：「脈其支流之吐納，診其沿路之所躔，訪瀆搜渠，緝而綴之。」在中國地學史上，這一句話，可以說是中國寫實地理學的「宣言」。

（三）綜合旁通、備其宣導

酈道元撰《水經注》內明確指名引用的文獻共達 480 種，其中地理類 109 種。在這 109 種地理文獻之中，魏晉南北朝以前的僅有 20 種，而魏晉南北朝，也就是「地理大交流」開始以後的達 89 種。這就說明了地理大交流時代的地理學著作對於酈道元撰述的影響。所以，地理大交流促使人們的地理學思想空前活躍，地理學思想空前活躍的結果，是大量的地理著作的出現，這些地理著作和先秦時代的地理著作，例如《山海經》、《禹貢》、《穆天子傳》等很不相同，他們擺脫了先秦作者漫無邊際的想像和假設的寫作方式，而以他們直接或間接的實踐經驗作爲寫作的依據。使得中國第一次出現了許多記載翔實、描述生動的地理著作。酈道元不滿於先秦地理著作，甚至對於魏晉南北朝以前的地理作品都表示了他的批評意見。他在《水經注・序》中指出：

> 昔《大禹記》著山海，周而不備；《地理誌》其所錄，簡而不周；《尚書》《本紀》與《職方》俱略；都賦所述，裁不宣意；《水經》雖粗

綴津緒，又闕旁通。所謂各言其志，而罕能備其宣導者矣。〔註 159〕

這裡，酈道元所批評的，例如，《大禹記》、《本紀》、《尚書》、《職方》等，都是先秦地理著作，酈氏說他們「周而不備」、「俱略」，這當然是人所共見的。但是他同時也批評了《漢書・地理志》的「簡而不周」。對於這一點，酈道元的批評和今天我們的觀點很不相同。我們今天推崇此書，認爲這是中國沿革地理學的嚆矢。他所記錄的漢代郡縣沿革，是很寶貴的資料。但是就酈道元看來，這些資料的搜集並不困難，事實上，酈道元曾經針對《漢書・地理志》的沿革記錄作了不少的糾謬和補充。

其次，酈道元指責了「裁不宣意」的「都賦」。這是當時流行的一種文字體裁，屬於韻文的一類。例如漢代楊雄的〈蜀都賦〉、晉左思的〈齊都賦〉等，《水經注》指名引用的這類都賦作品共有 13 篇，若加上性質雷同的，如〈東京賦〉、〈西京賦〉；還有性質相似的，例如〈五湖賦〉、〈江賦〉、〈大河賦〉等，一共有 19 篇。文字的內容都是記載當時的大都會以及著名的河山。按其內容屬於地理文章，但按其體裁，則屬於詩賦。基本上，除了少數的賦體屬於兩漢的作品以外，大多數的都賦作品都是魏晉南北朝的產物。也就是說，這類都賦作品是與酈道元同時代的當代作品。但是這類作品往往有文章單薄，加上音韻的限制，所以常有敘事簡略、詞不達意的缺點，這也是酈道元批評「裁不宣意」的缺點所在。

酈道元最後批評的是他爲之作注的《水經》。對於酈道元來說，《水經》算不上一部很古老的書籍。據清代學者戴震與楊守敬的研究，《水經》的作者是三國時代的魏人。而酈道元對於《水經》的批評，並不像其他他所見到的地理著作那般地全盤否定，而是以一句低調的褒語「粗綴津緒」稱之，然而，缺點上仍舊是「又闕旁通」這個關鍵因素。

因此，如果把酈道元對於以前的地理著作的批評加以分析，可以知道，諸如「周而不備」、「簡而不周」、「又闕旁通」等這些缺點加以歸納，可以窺見他的地理學思想。由此可見，酈道元的地理學思想，特別重視地理學的「綜合性」。他反對《漢書・地理志》那種沿革式的簡單羅列，也反對《水經》那種水道流程的簡單羅列，而提出了「旁通」的地理學思想。「旁通」就是「綜合性」，就是各地理要素之間的相互聯繫。在這種地理學思想的指導下，他爲《水經》作注，使得全書成爲一部以河流爲綱的區域地理研究文集。每一條

〔註 159〕陳橋驛，《水經注校釋》，頁 5。

河流按其流域的分佈形成了若干區域。每一個區域都是自然地理和人文地理的綜合體，他運用得自地理大交流以來的大量新資料，盡可能地詳細地對每個區域進行描述。他用實際措施改變被他所批評過的那些古代地理書的簡單羅列。

（四）水德含和、變通在我

《水經注》是一部以水道爲綱的區域地理著作，在每一個區域當中，都重視了自然地理和人文地理的綜合性。但是由於區域的劃分上，往往是按照河流流域做標準的，所以在注文當中，所涉及的所有自然地理要素，首先就是河流。作爲一部地理著作，不可避免地要研究人地關係，也就是人與自然界的關係。從酈道元在此書中對於人與水的關係的處理中，不僅可以窺測他的地理學思想，同時也可以看到他的自然觀和世界觀。在整個自然界，酈道元把水的重要性，提高到極高的位置，這或許就是他選擇《水經》作注的原因。他在《水經注・序》中引《玄中記》說：「天下之多者，水也，浮天載地，高下無所不至，萬物無所不潤。」所以在酈注全書中，充滿了人類利用水的篇章。由於古代是農業社會，酈道元所看上的「萬物無所不潤」，主要還在於農業、因而全書記在了大量的農田水利工程。

陂湖是古代農田水利工程的主要內容。也是《水經注》描述人與水的關係的重要部分。一般的陂湖，全書比比皆是，而位置清楚，面積詳悉的大型陂湖，全書也在20處以上，從水利史的角度來說，這些記載是非常寶貴的。陂湖以外，《水經注》還非常重視河渠水利工程，包括堤、塘、堰等等，記載得十分完備。由於陂湖的水利價値，《水經注》在這方面的記載確實不遺餘力。全注記載了各種大小陂湖達到 560 處左右，除了多處大型陂湖外，酈道元甚至不願放棄記錄那些實際上面積極小的陂湖，這主要的原因就是他十分重視人與水的關係，酈道元寫出了水這種「高下無所不至」的水體的眞實感情。正是因爲這種感情，凡是歷來興修水利的，他就讚賞歌頌，漠視甚至破壞水利的，他就抨擊詛咒。例如，在酈道元心目中，像是西門豹和史起等人，都是值得尊敬的榜樣，因爲他們正確地處理人與水的關係。

《水經注》裡面的一句名言，說明了他對於水與人的關係的正確認識，同時也是他對於人和自然界的關係的正確認識，代表了他的自然觀和世界觀的思想。這句名言在卷 12〈拒馬水〉：

（拒馬水）又東，都亢溝水注之，水上承淶水於淶谷，引之則長津

委注，過之則微川輟流。水德含和，變通在我。〔註160〕

一部《水經注》記載了多少人與水的關係，「水德含和，變通在我」這是酈道元在這個問題上的總結。

（五）山水朋友、自然之愛

明朝酈學家朱子臣，曾評論酈道元之水經注：「山水朋友，性命文章，是名士本色，敘得矜重。」是「名士本色」一語，說明了他確實讀過不少古人描寫山水著作，他把這些名士的本色，歸結爲「山水朋友，性命文章」一語，算是酈道元的自然之愛。清初學者張岱在其《跋寓山注二則》一文中曾經說過：「古人記山水，太上酈道元，其次柳子厚，近時則袁中郎。」酈道元以描寫山水著名，這當然是古今學者所公認的。這三個人文字表達的對於中國的自然之愛，都是中國的土地。

《水經注》描寫長江三峽的篇幅很多，從卷33〈江水〉開始，這不禁讓人懷疑，酈道元是否眞正去過當地，當然，這實在是一個誤會。酈道元對於他的足跡未能到達的山川勝地，總是蒐集大量資料，經過他的仔細選擇，認眞體會，然後引用原文，或是加以修潤改寫。所以雖然他並非親臨親見，但是文字之間仍然十分生動。對於聲名甚著的長江三峽，酈道元當然把它視爲描寫的「重點」。因此，在文獻的選擇上，他精選了許多有關長江三峽山水勝景的文章。其中最重要的就是曾任職宜都太守的東晉袁山松的《宜都山川記》（或作《宜都記》）。酈道元在注文當中常提到：「袁山松曰」、「山松曰」、「宜都記曰」等。可以爲證。例如，在卷34〈江水〉中有：

山松言，常聞峽中水疾，書記及口傳，悉以臨懼相戒，曾無稱有山水之美也。及余來踐躋此竟，既至欣然，始信耳聞之不如親見矣。……仰矚俯映，彌習彌佳，流連信宿，不覺忘返，目所履歷，未嘗有也。既自欣得此奇觀，山水有靈，亦當驚知己于千苦矣。〔註161〕

這段話，當然是《宜都記》中的話，當年袁山松任宜都太守，才有機會在三峽「流連信宿，並且「耳聞不如親見」，正是袁山松的話，把它移植到酈道元身上。但是比較一下，可知這一篇描寫三峽的千古傑作，顯然並非宜都記的原文，而是酈道元根據宜都記和其他一些文獻而改寫過的。如與袁山松的原文與水經注的文章加以比較，可以看出《水經注》在袁山松的基礎上加工的

〔註160〕陳橋驛，《水經注校釋》，頁225。
〔註161〕陳橋驛，《水經注校釋》，頁596。

痕跡。

酈道元的家鄉在范陽郡、涿縣的酈亭，從他的一生行歷來看，他在家鄉的時間是很短促的，但是他對於家鄉的自然風景卻充滿了熱情。從卷 12〈巨馬水〉可見一斑：

> 巨馬水又東，酈亭溝水注之，水上承督亢溝水於迺縣東，東南流，歷紫淵東。余六世祖樂浪府君，自涿之先賢鄉爰宅其陰，西帶巨川，東翼茲水，枝流津通，纏絡墟圃，匪直田漁之贍可懷，信爲遊神之勝處也。〔註 162〕

除了家鄉以外，他童年時期隨著父親奔走四方，所到之處他以後都回憶當地的美好自然環境，寫在他的注文裡。但是令人十分驚訝的是，他對於早年遊歷的所見所聞，在數十年後，撰寫水經注的時候，竟然還可以清清楚楚地描寫的何等細膩。如果不是一個對於山川風物充滿自然之愛的人，是不可能寫出如此生動美好的篇章來的。

本章小結

在本章中，吾人看到六朝地理學的諸多面向，一方面漢代的《漢書・地理志》爲正史地理志奠定了良好的基礎，六朝各正史地理志爲地理學的官方系統，也遵循著這個偏重政區發展、歷史沿革、州郡縣市、方位物產的沿革地理學，而此亦爲中國地理學的基本傳統之一。沿革地理學的這個以歷史面向爲主軸的發展，藉由歷朝歷代的行政區劃，記載於官方的檔案史冊。這也是六朝「大地」思想探究歷史沿革的重要成果。

此外，這種以政區沿革爲地理論述標準的方式，亦與其他「大地」思想面向攸關。例如，談到陰陽五行的九州觀念、分野預測、正統論爭、星野分域等論點；還有風水學說的都城選址、望氣尋龍，皆須透過區域地理來瞭解與認識。而六朝地理學中的「大地」思想除了這個範疇以外，更有爲數眾多的談論自然地理的文字。就因爲六朝地理學的私家地理角色的發達，使得六朝「大地」思想充滿著多樣而有趣的內涵。這些內容包括了觀察山水的形勢（例如《廬山記》、《宜都山川記》）、記錄物產的豐饒（例如《巴蜀異物志》、《臨海水土異物志》）、感念耆老的恩澤（例如《陳留耆舊傳》、《廣州先賢

〔註 162〕陳橋驛，《水經注校釋》，頁 25。

傳》)、行旅海外的奇遇（例如《佛國記》、《西域道里志》）等等。而這些記錄又需著重在地理學之實際的記錄與經驗的記載，也深化了六朝「大地」思想觀察物理、留心人物、記錄物產的特色。

因此，從漢代的地理學的官方色彩，演變到六朝地理學的私家色彩，顯現出「大地」思想由官方面向朝著私人面向轉化的過程。從官方的將地理學視爲「王朝」之學，到六朝民間可以自撰地方志書，逐步向「人民」靠攏的歷史歷程。而漢代地理學的初始樣貌（區域地理、州國地理、郡國地理），也隨著時代的演化、南北的分裂、世家大族的分割，而使得地理學朝著「多而雜、細而微、分而異」的樣貌轉變，六朝時代的許多論都城、誌異物、品園墅；以及察風土、卜葬地、尙感應的「大地」思想，都是這種時代演變下的實踐。

第三章　六朝的園林、農學與「大地」思想

六朝的地理學與園林、農學的發展具有歷史文化定位的傳承關係。〈地理志〉是正史的門類，是屬於封建體系的官方文書，代表著封建政權對於統治地域的統治權力，而園林與農學的地權關係，則是屬於私人產權的行使範圍。因此，從權力的演變來看，〈地理志〉的疆域與政區都是屬於官方、公家、政府部門的事務；而私家園墅與私人農場則是屬於個人、私有、自給自足的事項。

另一方面，從園林史的發展歷程分析，秦漢時代的園林講求壯碩之美與擬天象地，而六朝時代的園林則充滿著順應山水與多種耕耘的傾向。園林內的各種植物與動物景觀，各種建築景觀與佈置，都是園林主人的私家產業。這些園墅的地區分佈是整個政府地理區所關心的問題，而園林內部的造設則屬於私人土地權利的所在。六朝時期，園林內的一草一木、動物植物、亭臺樓閣、山川溪壑，都是六朝「大地」園林與農學面向的許多子目，這也體現出「大地」思想朝著多元與細部分劃的趨勢。

第一節　六朝的土地與山澤：分配與佔領

一、〈占田令〉與六朝的土地分配

東漢一代，由於土地兼併發展劇烈，因而造成嚴重的社會危機，爆發了

黃巾之亂，導致統治階級的分崩離析。〔註 1〕西晉太康元年（280），滅東吳政權，統一中國以後，便頒佈了〈占田令〉，在全國推行占田制。〔註 2〕

（一）〈占田令〉的史料

關於西晉占田制的內容，見於《晉書・食貨志》，及《通典・食貨典》〔註 3〕，而《通典》乃是依據《晉書》，故此引《晉書・食貨志》的記載於下：

> 及平吳之後，有司又奏：「詔書『王公以國爲家，京城不宜復有田宅。今未暇作諸國邸，當使城中有往來處，近郊有芻槀之田』。今可限之，國王公侯，京城得有一宅之處。近郊田，大國田十五頃，次國十頃，小國七頃。城內無宅城外有者，皆聽留之。」
>
> 又制户調之式：丁男之户，歲輸絹三匹，緜三斤，女及次男丁爲户者半輸。其諸邊郡或三分之二，遠者三分之一。夷人輸賨布，户一匹，遠者或一丈。男子一人占田七十畝，女子三十畝。其外丁男課田五十畝，丁女二十畝，次丁男半之，女則不課，男女年十六已上至六十爲正丁，十五已下至十三、六十一已上至六十五爲次丁，十二已下六十六已上爲老小，不事。遠夷不課田者輸義米，户三斛，遠者五斗，極遠者輸算錢，人二十八文。
>
> 其官品第一至于第九，各以貴賤占田，品第一者占五十頃，第二品

〔註 1〕關於東漢帝國的滅亡，陳師啓雲指出了中央政權與地方勢力之間的消長關鍵：「漢朝統治者與官僚所建立和維持的帝國統一的龐大表象下的，地方傳統和區域利益始終存留著。強大的反抗浪潮，主要來自那些在各省擁有特殊土地利益的地方豪強和龐大而有勢力的家族。……儘管後漢皇帝或是他們的代理人這樣盡力加強對中央行政機構的專制控制，但是在地方上看來，他們的眞實權威卻是相當有限的。……地方政府（州和郡）的命令如同雷霆，帝國（來自中央）的敕令僅僅是掛在牆上的裝飾。」參陳啓雲，《荀悅與中古儒學》（瀋陽，遼寧大學出版社，2000 年 6 月出版），頁 16～17。

〔註 2〕關於西晉田制的歷史地位，楊聯陞教授曾在《晉代經濟史譯注》中指出西晉的占田、課田，尤其是課田，兼具漢代「限田」和北魏唐初「均田」的用意，是漢唐間田制政策發展的重要轉捩點，也是北魏與唐代分田觀念的先河。參 L.S.Yang, Studies in Chinese Institutional History, Harvard University Press, 1963, pp.119~197；參陳啓雲《漢晉六朝文化・社會・制度——中華中古前期史研究》（臺北，新文豐出版公司，1997 年 1 月出版），頁 19。

〔註 3〕〔唐〕杜佑，《通典》（杭州，浙江古籍出版社，1988 年 11 月出版）〈食貨典〉，卷 1，頁 12。

四十五頃，第三品四十頃，第四品三十五頃，第五品三十頃，第六品二十五頃，第七品二十頃，第八品十五頃，第九品十頃。而又各以品之高卑蔭其親屬，多者及九族，少者三世。宗室、國賓、先賢之後及士人子孫亦如之。而又得蔭人以爲衣食客及佃客，品第六已上得衣食客三人，第七第八品二人，第九品及舉輦、跡禽、前驅、由基、強弩、司馬、羽林郎、殿中冗從武賁、殿中武賁、持椎斧武騎武賁、持鈒冗從武賁、命中武賁武騎一人。其應有佃客者，官品第一第二者佃客無過五十户，第三品十户，第四品七户，第五品五户，第六品三户，第七品二户，第八品第九品一户。〔註4〕

從以上引文來看，〈占田令〉大略可分爲三個部分：

第一、王公貴族的占田：

〈占田令〉允許國王公侯在京城可以有一處住宅，此外，按等級高低可以在京城近郊占有一定數量的土地，大國十五頃、次國十頃、小國七頃。至於在其封國之內的占田數額，法令中沒有明確的規定限額。

第二、各級官員的占田：

官員按品秩的高低，分別依照不同的標準數額占田，一品可占田五十頃，以下每品遞減五頃，至九品占田十頃。此外，官員還可以按照品秩高低蔭課，占有數量遠高於一般庶民，數逾十倍以至幾十倍，這又表明了西晉占田制度維護了王公貴族、官僚地主們的利益。

第三、一般庶民的占田：

〈占田令〉規定，男子一人占田七十畝，女子三十畝，其丁男課田五十畝，丁女二十畝，次丁女半之，女則不課。占田對象只是籠統地規定男子、女子，不像課田那樣明確地劃分爲丁男、丁女、次丁男，這表示了占田的對象和範圍十分廣泛籠統，凡是著籍於國家戶籍的勞動力，不分年齡和性別皆可按照規定的數額占田。這體現了西晉〈占田令〉中包括著鼓勵農民墾闢國有荒閑土地和發展農業生產的精神。

西晉規定「男子一人占田七十畝，女子三十畝」這裡是單純的指男子和女子而言，並非丁男或次丁男、女。一户之内可能有幾個丁、次丁、老小男女，他們都可以按照男子一人七十畝，女子一人三十

〔註4〕《晉書》（臺北，鼎文書局，1995年6月出版），卷26〈食貨志〉，頁790～791。

畝去占田。問題是一户可能占有這麼多的田畝嗎？又可以有能力耕種這麼多的田地嗎？基本上，如果以全境人口與土地的單位比例來看，西晉時期無人耕種的土地仍多，西晉人民是可以按照這樣的規定去占田，在實務上，是無困難且可行的。〔註5〕此外，西晉的〈占田令〉只是紙面上的文書，占田非由國家分配土地，而是任農民自己去佔有，能不能佔到，以及究竟佔了多少，西晉政府並不干涉。當時有李重曾說過「人之田宅既無定限」之言，說明了西晉〈占田令〉的虛實性。

此外，西晉占田制，其所謂的占田，不是由國家實行授田的方法，乃是由王公貴族，官僚地主以及一般庶民按照各自的占田標準數額自己去占有土地，國家承認占田的合法性。確認占田者對於土地的占有權，同時，〈占田令〉中所規定的各級人員的占田數額，又是占田的最高限額，具有限田的意義，占田與限田的意義相當，這反映了西晉占田制仍是以國有制度爲主導土地制度。

再者，基本上，〈占田令〉是屬於官品占田法和蔭親屬制。《晉書・食貨志》說，「其官品第一至于第九，各以貴賤占田，……而又各以品之高卑蔭其親屬，多者及九族，少者三世。」這就是西晉官品占田法和蔭親屬制。西晉占田，無論官占或是民占，都無限制。太康年間，太中大夫恬和曾要求「使王公以下，制奴婢限數及禁百姓賣田宅。」李重駁斥：「人之田宅既無定限，則奴婢不宜偏制其數。」（《晉書・李重傳》）表明了占田限額，實務上施行不力。即就所謂官品占田而言，九品小吏可以佔到十頃，而一個男性農民，卻只能占田七十畝。表明官吏與農民占田，只是在法令上的規定。法令既然規定九品官可以占田十畝，因此只要一當上九品官，即可放手去搶佔土地，顯然這個法令有利於品級低的官吏，是十分明顯的。官吏無論占田多少，根

〔註5〕魏景元四年（263）滅蜀後，與蜀通計，全境有943，423户，5,372,891口（根據《文獻通考》（杭州：浙江古籍出版社，1988年11月）卷10〈户口考〉，引劉昭補注《後漢郡國志注》，頁107）。吳亡時，吳有523,000户，2,300，000口（根據《三國志》（臺北，宏業書局，1993年8月出版）卷48，〈吳書・孫皓傳〉注引《晉陽秋》，頁1177）。加在一起，晉初全國的户數是1,466,423户，口數是7,672,891口，户不及150萬，口不及770萬。而西漢時期在平帝元始二年（2）就已達827萬多頃，東漢順帝建康元年（144）墾田數也達689萬多頃。以七百萬人口和七百萬頃的可墾田計算，晉初全國每一個人約可占田一頃。公布男子一人占田70畝，女子30畝的法令。

據「蔭親屬」的規定，所有官吏和他們的親屬都可免除一切課役。

（二）占田的歷史沿革

對西晉〈占田令〉內容進行分析，可以看到，一方面繼承了商鞅變法以來的歷史傳統，吸收了歷代占田的主張，與實踐的經驗，另一方面又依據當時的社會條件而有所因革。

首先，西晉〈占田法〉繼承並肯定商鞅「名田宅」和秦始皇「自實田」以來的土地私有的傳統，規定從王侯至吏民均有占田的權利，允許並承認其向國家呈報登記屬於自己的土地。沒有觸動封建土地私有制，又從法律上肯定並強化這種私有制。其次，西晉占田吸收了董仲舒所提出，而爲後代不斷豐富發展的「限民名田」的主張和思想。從「占而不限」改變爲「占而有限」的政策。再者，西晉占田參照了西漢末年何武、孔光的作法，制訂了從王侯到各級吏民占田的最高限額。第四、西晉〈占田令〉吸收了荀悅「以口數占田，各爲立限」的思想，和魏晉之際「計口而田」的實踐經驗，制訂了男女計口占田的制度。

因此，西晉占田制是從戰國秦漢以來占田制發展的產物，是中國封建社會占田實踐和理論的總結化及法典化。〔註6〕而它的產生，大體上歷經了四個發展階段：

第一階段：商鞅「名田宅」與秦始皇「自實田」〔註7〕。這個階段包括從商鞅變法到西漢文景之時，其主要特點是「占而不限」，亦即國家允許人民佔有私田，並未加以任何法律上的限制。這個階段的占田的特點是「不加限制」。

第二階段：董仲舒「限民名田」。這個階段爲西漢中後期，其特點是改變前代「占而不限」的政策，首次提出「占而有限」的主張。〔註8〕

〔註6〕陳師啓雲指出荀悅在漢末所所提出的土地政策，是對後來中國經濟產生深遠影響的制度，也是漢魏之際第一個公開發表的重要議論。其內容是針對土地占有的限制和平均分配土地。參陳啓雲，《荀悅與中古儒學》，頁225～227。

〔註7〕占田，最初亦稱爲名田，名田，一詞，始見於《史記》卷68〈商君列傳〉，商鞅變法時規定，「明尊卑爵秩等級，各以差次名田宅」，《史記》卷30〈平準書〉司馬貞《索引》釋名田爲以名占田也。《漢書》卷24〈食貨志〉顏師古注曰：「名田，占田也」，說明了名田即是占田，商鞅時的名田已經具有占田的含意是明確的，並且是按照等級占田，所謂的「各以差次名田宅」，即是按不同的等級占有土地的意思。

〔註8〕董仲舒曾在武帝元狩三年（公元前120年）提出私人侵佔土地的危機，而漢

第三階段：何武、孔光的〈占田令〉的頒佈。這個階段的特點是第一次制訂了占田法令，規定了占田、占奴婢的最高限額，把「限民名田」的主張變爲具體的法令。

第四階段：荀悅提出「以口數占田」的主張與「計口而田」的社會實踐。這個階段從東漢末至西晉初，其特點就是進一步要求確定每人的具體占田數額，改變從前籠統規定一個最高限額的辦法，從而爲西晉占田制做了進一步的準備。因此，西晉占田制，並非西晉所首創，而是從戰國以來占田限田制度的繼承和發展。〔註 9〕

在關於一般庶民的占田規定中，既有占田數額又有課田數額，占田與課田到底是什麼關係，各屬於什麼性質？對此，史學界有過兩種不同的看法，一種意見是認爲，課田與占田是連在一起的，都是屬於土地制度。另外一種意見，認爲占田、課田是性質完全不相同的兩種制度，占田屬於土地制度，課田則屬於賦稅制度。所謂的「課田」，其內涵是督農耕墾，課取田租，在西晉占田與課田中，課田主要是指課稅之田，換言之，是指徵收地租的土地數額，西晉時代，「課」即是「課稅」，史書中有明確的記載，例如晉武帝太康五年（284）七月，詔「減天下戶課三分之一」，這裡的「戶課」，顯然是指賦稅，應是如此的。所以，所謂的課田的課，視爲課稅之田，是屬於賦稅的範疇。〈占田令〉中包括了田租徵收的規定，只是《晉書・食貨志》未能詳載，然而徐堅《初學記》中則有明確記載：

凡民丁課田，夫五十畝，收租四斛、絹三匹、綿三斤，凡屬諸侯，

武帝的逐漸集權化及其經濟改革，儘管在起初相當成功，但是，當他的橫暴的官員（酷吏）打破地方平衡時，最終導致了各地廣泛的騷亂。參陳啓雲，《荀悅與中古儒學》，頁 46。

〔註 9〕荀悅早在《漢紀》中對於土地制度已發表了看法，評論了土地稅制及其過去的內在弊病。他認爲縱使漢代對土地的占有量有所限制，但卻沒有收效，因此，僅僅限制是不夠的，真正需要的是一種積極的政策。不過，他也一針見血地指出，作爲一種經濟手段，社會已經定型，人口的增長形成極大壓力，土地缺乏，而土地侵佔形成了惡性循環。之後，在《申鑒》的論議中，荀悅重申了他的觀點，並加入新的評論，他認爲絕對的土地占有權並不是古代的傳統；井田制並不是適宜現代的（「專地非古也，井田非今也」），所以他略去了限制土地占有的條款。但他仍堅持地主張，政府應該在道義上不去承認人們對土地無止盡的和不正當的占有權，這樣就保持住了現況；然後，當政府有能力強制推行之時，再制訂進一步的規章制度。參陳啓雲，《荀悅與中古儒學》，頁 225～227。

皆減租穀畝一斗，計所減以增諸侯。絹户一匹，以其絹爲諸侯秩。有分民租二斛，以爲侯奉。其餘租及舊調絹二户三匹、綿三斤，書爲公賦，九品相通，皆輸入於官，自如舊制。〔註10〕

另外，若以課田來說，根據《晉書・食貨志》：「丁男課田五十畝，丁女二十畝，次丁男半之，女則不課。」這段話是在敘述占田法以後所說的，所謂的「其外」，並非在占田以外，再加什麼田，而是說在占田法之外，還有一種課田法。按照《晉書・傅玄傳》，記載傅玄於泰始四年（269）上疏曰：「近魏初課田，不務多其頃畝，但務修其功力，故自田收至十餘斛，水田收數十斛。自頃以來，日增田頃畝之課，而田兵益甚，功不能修理，至畝數斛已還，或不足以償種。非與曩時異天地，橫遇災害也，其病正在於務多頃畝而功不修耳。」由此可以明白，課田是早已有之。課田的含義，或務修其功力，而不務多其頃畝，如魏初，或務多其頃畝，而不務修其功力。由此推測，西晉的「丁男課田五十畝，丁女二十畝，次丁男半之，女則不課」的課田法則，是在平吳以後，在太康年間制定的。這顯然是接受了傅玄的意見，把課田法從務多其頃畝，轉到了固定畝數，務修其功力上，占田是虛的，課田是實的。西晉政府並不問人民到底佔了多少畝，但是卻要求人民務修功力多少畝，從中取稅。

又分析西晉的賦稅是如何徵收呢？根據《初學記・寶器部》引《晉故事》曰：「凡丁民課田，夫五十畝，收租四斛，絹三匹，綿三斤。」接著說「凡屬諸侯」，國家減其郡縣內租穀和絹綿，以曾以奉諸侯的問題。「其餘，租及舊調絹一戶三匹，綿三斤，書爲公賦，九品相通，皆輸入於官，自如舊制。」這裡所謂「公賦」，包括租和調；輸法，「九品相通，皆輸入於官。」這是通行於全國的辦法。「九品」，是九個貧富不同的戶等，「九品相通」，是說公賦包括租和調是按九個戶等，分別徵收。戶等不通，所納租調數額也不相同。所謂的「租四斛，絹三匹，綿三斤」，只是丁男之戶，所納租調的一個平均指標而已。《晉書・食貨志》上所說的丁女及次丁男爲戶者半輸，也是一個平均指標，非謂不管戶等，每戶一律徵收此數。用丁男、丁女、次丁男爲戶者所應納的平均數額，分別來乘郡縣丁男、丁女、次丁男的戶數，即某郡、某縣所應徵收的租、調總額。

〔註10〕〔唐〕徐堅，《初學記》（北京，中華書局，2004年2月出版）卷27〈寶器部・絹第九〉，引《晉故事》，頁657～658。

此外，所謂的租四斛，非指丁稅，而爲丁男之戶應納的平均租額。《晉故事》裡的史料，一則意味著西晉一戶以丁計，所以《晉書・食貨志》中的「戶調之式」，丁男之戶絹三匹，綿三斤，在《晉故事》中，變成了「夫」調之式。二則意味著西晉課田，是爲了徵收租和調，而非單爲徵租。所以《晉書・食貨志》中的絹三匹，綿三斤，被《晉故事》擺到了「凡民丁課田，夫五十畝」之下，三則意味著租和調的徵收，均以戶爲單位，九品相通，輸入於官。丁男之戶的平均指標是租四斛，絹三匹，綿三斤；次丁男爲戶者，平均指標是此數的一半，九品相通之法，曹魏已經用過，故《晉故事》有「自如舊制」的話。

這段記載比較全面性地反映了西晉賦稅徵收的內容、數量、及徵收的方法，賦稅徵收的內容包括田租和戶調。戶調的數量與戶調中的規定相一致，課田數額即是徵收田租的畝數亦與占田法中的課田制所規定的數額相一致。這說明了課田就是課取田租的畝數，即以五十畝爲徵收田租的統一標準。無論實際占田多少，一律課租四斛，每畝八升，由上述可以證明，占田法中的課田制就是田租制，屬於賦稅制度，而不屬於土地制度。

（三）〈占田令〉的歷史意義

西晉占田制的產生，推究其有著深刻的社會原因。首先，是爲了鼓勵農民墾荒，恢復和發展農業經濟，以保障國家的財政收入。曹魏幾十年的屯田，雖然逐步恢復了北方的農業經濟，但是直到魏末晉初，待開墾的荒田仍然很多。〔註 11〕一方面，人口稀少、土曠人稀，土地兼併時有所聞；另一方面，游食商販，結黨營私、不事農耕者又爲數不少。〔註 12〕「今地有餘羨，而不

〔註 11〕陳師啓雲指出了從經濟因素，建安政權特別注意控制其掌握之下的地區的經濟，特別是某些基本的農業產品。曾被漢武帝用來直接支持他的邊疆防衛計畫的「軍屯」，被重新啓用，以解決北方心臟地帶的當務之急。所以曹魏政權基於經濟因素，重新啓用軍屯制度，有其正面的積極意義。參陳啓雲，《荀悅與中古儒學》，頁 70。

〔註 12〕荀悅曾批評當時的三種「無法無天」的「游士」：其一是目無秩序的「游俠」勇士；其二是以「游說」爲業的陰謀家；第三種是「立氣勢、做威福、結私交」的「游行」。再加上大地主和地方軍閥，這些都是帝國權威的破壞者。參陳師啓雲，《荀悅與中古儒學》，頁 119；而宋師德熹更指出漢代有班固與荀悅從國家法治的立場，嚴格批判俠的傷道害德和敗法惑世，所以罪不容誅。另有司馬遷從同情地瞭解立場，揄揚俠風俠行的可貴，但也相當稱道其重視然諾、輕生重義的精神，否則及淪爲盜賊匪寇之「暴豪之徒」，參宋師德熹，〈「俠以武犯禁」乎？——唐代文史中俠者形象的碰撞〉。

農者眾」〔註 13〕，以致於「百姓凋敝，公私無儲」〔註 14〕，因此，晉武帝在泰始、咸寧年間，一再地詔令地方官都課農桑，令郡國「申戒郡國計吏守相令長，務盡地利，禁游食商販」〔註 15〕，並「使四海之內，棄末反本，競農務功」〔註 16〕，並將地方官吏都農墾田的情況，作爲官吏考課的重要標準。太康元年（280）的〈占田令〉的頒佈，與西晉政府推行墾田政策有著密切的聯繫，是墾田政策的進一步深化和制度化。既以法令的形式承認墾田者對於土地的合法占有權，又保證了國家的財政收入。

其次，爲了調整和解決屯田後的土地占有關係，司馬昭滅蜀的次年（264），便「罷屯田官，以均政役，諸典農皆爲太守，都尉皆爲令長」〔註 17〕，西晉初年，晉武帝於泰始二年（266）再次下詔「罷農官爲郡縣」〔註 18〕，從此，由典農中郎將、典農校尉、典農都尉等屯田官所專掌的屯田區不復存在，屯田民皆成爲國家的編戶齊民，屯田雖除，但是大量的屯田民卻依然耕種著原來的屯田土地，這就需要制訂新的土地制度，以確認耕種者的土地占有權，實行新的賦稅徵收方法。

再次，需要安置大量的退役士兵，平吳以後，全國統一，戰爭結束，當時不僅有大量的裁減原駐札在與東吳接壤地區的軍隊，而且各州郡所轄的地方軍隊也大大裁減。西晉平吳以後，又「得兵二三十萬」〔註 19〕，大量的士兵從軍隊退役後，成爲普通農民，需要將其重新安置於農業生產。而在平吳之前，淮南、淮北設有大量的軍屯區，這些軍屯土地不能因爲軍隊的裁減而拋荒，反而需要繼續耕種。因此，需要有一種新的土地制度來保證退役士兵占有一定的數量的土地和使軍屯土地得到繼續利用。

復次，爲了抑制土地兼併，限制了大土地占有者勢力的發展，魏末晉初，士家大族，豪強地主侵佔國有土地，兼併小農土地，隱佔了勞動力的情況日趨嚴重，這不僅造成人口流移，而且還直接影響到國家的財政收入，危及國

〔註 13〕《晉書》卷 38〈齊王司馬攸傳〉，頁 1132。

〔註 14〕《晉書》卷 52〈阮種傳〉，頁 1448。

〔註 15〕《晉書》卷 3〈武帝紀〉，頁 58。

〔註 16〕《晉書》卷 26〈食貨志〉，頁 786。

〔註 17〕《三國志》（臺北，宏業書局，1993 年 8 月出版）卷 4〈魏書‧陳留王奐紀〉，頁 153。

〔註 18〕《晉書》卷 3〈武帝紀〉，頁 55。

〔註 19〕《晉書》卷 3〈武帝紀〉：「收其圖籍，……户五十二萬三千，吏三萬二千，兵二十三萬，男女口二百三十萬」，頁 71。

家財政權的穩固。所以，在土地和勞動力的問題上，封建國家與士族豪強產生矛盾，爲了保障地主集團的整體利益，穩固封建國家政權，就必需透過合法的法令的形式適當地限制士族豪強勢力的發展，又要能保證農民能占有一定數量的土地，以調整封建國家、地主與自耕農三者之間的關係。〔註 20〕正是基於以上的諸因素，終於產生了西晉的占田制。

二、〈占山法〉與六朝的山澤佔領

自秦漢以來，山林川澤名義上屬於國家所有，設置少府機構管理山澤，是皇室的收入。〔註 21〕但國家公權力所及畢竟有限，山林川澤習慣上屬於當地居民採樵漁獵之地。〔註 22〕大體論之，東晉南朝以前，禁的時候多，開的時候少；東晉南朝以後，開的時候多，禁的時候少。而自劉宋孝武帝大明年間（457～464），頒布〈占山法〉之後，山林川澤在整個中國環境史上有了重大的變化。

江南山湖川澤甚多，佔奪山嶺湖澤，是南方權門兼併的途徑，其目的主要在創闢莊園。雖然早在成帝咸康二年（336），王導當政時，已頒佈〈壬辰詔書〉，東晉末年劉裕當政時，又重申此一詔書，嚴禁佔山護澤，可是時勢所

〔註 20〕荀悅針對土地的佔有與民力的擁有，曾提出一些看法。首先以封建制度而論，諸侯不僅要服從上級的領導，而且只對他們封地內的土地擁有繼承權：而對於生活在他們控制區內的人民則沒有「專斷所有權」，亦即所謂的「土地可以被分割和占有（有分土），但人民卻不能被分割和占有（無分民）」。其次，荀悅似乎也勾勒出一種新貴族的形象——大分裂時代的中國菁英（地主階級）。這種新貴族的形象是應該在道德、禮儀和意識型態事務方面服從君主的領導，但也應該有全權處理自己的事務——其結構是高度個人化，並以家庭爲基礎。再者，這種新菁英應該不僅擁有世俗財富（金錢、土地、權力），更擁有精神或文化精華。參陳啓雲，《荀悅與中古儒學》，頁 149～151。

〔註 21〕關於山林川澤的管理問題，荀悅曾提出一些論點。首先，他堅持建立一種制度，把國家的收支和皇室的收支相分離。在漢代早期，皇室的財政需求和國家的財政需要之間曾做過嘗試性的分離。前者由少府管理，後者由大司農管理。基本上，國家開支的來源主要是土地和人口稅。後來又加上政府對於某些產品（鹽、鐵）的壟斷經營的收入。皇帝及其家庭私人開支的收入主要來自特別的皇家保留地（山、海、池、澤的產出）和貢品。可是，在後漢王朝崩潰之際，這種界限變得不太分明。參陳啓雲，《荀悅與中古儒學》，頁 223～224。

〔註 22〕山林川澤在古代一向不承認私人有佔領的權利。秦漢時期，山澤屬於皇室總務官少府所管理。西漢以後，隨著皇權的消長與禁令的寬嚴，對於山澤的控制雖不能常常十分嚴格。東漢時有皇室常常出租的形氏將山澤開放。

趨，似乎禁者自禁、占者自占。〔註 23〕貴室豪強經常巧立「屯、邸」名目來佔錮山澤，〔註 24〕屯禁範圍甚至達到數百里之遙。在屯禁範圍之內，小民薪採漁釣皆責稅直，甚至禁止採釣。〔註 25〕

基本上，縱觀〈占山法〉全文，可以看出，〈占山法〉的要旨是在確認以前的占山護澤爲「先業」的前提下，對今後的占山護澤做出一些限制性的規定。因此，〈占山法〉的關鍵是個「限」字。「皆依定格，條上貲簿」，是指將所占的山林川澤登記入貲產簿內，以便於封建政府征收貲稅，實質上是封建政府承認了占山護澤的合法性。因此，〈占山法〉是確立了山林川澤可爲私人占有的律令。既然〈占山法〉的要旨是「限制」，但由於承認占山護澤的合法性，因此非但不起限制作用，反而把占山錮澤推向了新的高潮。而東晉南朝園林的發展史，就是在〈占山法〉的傘翼底下而邁向了新的歷程。

（一）六朝的山澤開放

六朝開放川澤山林，始於東晉元帝建武元年（317）的「弛山澤之禁」；之後，成帝咸康二年（336），又頒布〈壬辰之制〉，〈壬辰之制〉極爲嚴厲，「占山護澤，強盜律論，贓伊丈以上，皆棄市」；安帝義熙八年（412），劉裕掌權，頒令「州郡縣屯、田、池、塞、諸非軍國所資，利入守宰者，今一

〔註 23〕永嘉之亂以後，中原大族率眾南遷，爲組建東晉政權，除了在政治上對於地方大族採取適度的開放與籠絡方針，在經濟利益上爲了減少彼此的衝突，占有和墾闢土地也往往選擇地方大族勢力薄弱，乃至於尚未開發利用的山林川澤之地區來伸展其勢力。北方大族擁有眾多的人力和財力，爲了控制政權並伸展其勢力，因而爲選擇以墅作爲大土地占有的有利條件。

〔註 24〕封固山澤營建田墅的另一個必要環節就是置屯立邸。南朝有關「營立屯邸，封略山湖」（《南齊書》（臺北，鼎文書局，1993 年 5 月出版）卷 2〈高帝紀下〉）的記載非常多，例如天監七年詔：「凡公家諸屯戍見封氣者，可悉常開禁」（《梁書》（臺北，鼎文書局，1993 年 1 月出版）卷 2〈武帝紀中〉）；大同七年詔，「復工私傳、屯、邸、冶，爰至僧尼，當其地致細民措手無所」（《梁書》卷 3〈武帝紀下〉）；又「司徒竟陵王於宣城、臨成、定陵三縣界立屯，封山澤數百里」（《梁書》卷 52〈顧憲之傳〉）。這些屯、邸都是當時的封建政府、王公顯貴、世族豪家封固山澤的一種組織。透過聚集人力對所封占的山澤進行有目的有計畫的開拓整治，同時也防禁細民樵採捕獵，以確保獨佔和獲取自然資源。因此，屯邸的建置過程，實際上也就是山墅的營建過程。

〔註 25〕例如，《南史》卷 4〈齊本上紀〉云：「建元元年，詔二宮諸王悉不得營立屯邸，封略山湖。」；又卷 35〈顧憲之傳〉云：「時司徒竟陵王於宣城、臨城、定陵三縣界立屯，封山澤數百里，禁人樵採。」屯禁範圍即封略範圍，如果任其發展，不僅將激化階級矛盾，而且莊主如無力經營，山澤就將成爲無人地區，但如果完全禁斷，事實上又不可能。

切除之。」〔註 26〕這實質上是允許了山林川澤的開放，所以次年（義熙九年，413）便詔令「弛湖池之禁」。其間雖或有禁斷，但是進一步的發展，便是出現了劉宋孝武帝大明初年的〈占山法〉。起因是，楊州刺史西陽王劉子尙要求「更申恆制（壬辰詔書）」，尙書左丞羊希以爲「壬辰之制，其禁嚴刻，事既難遵，理與時違」，建議易禁斷爲限制，「立制五條」。據《宋書》的記載，羊希是在「壬辰之制，其禁嚴刻，事既難遵，理與時弛，而占山封水，漸染復滋，更相因仍，便成先業。一朝頓去，易致嗟怨。」的情況之下，奏請頒布〈占山法〉的，其內容如下：

> 凡是山澤，先常修葺，種養竹木雜果爲林仍，及陂湖江海魚梁鰌鮆場，常加功修作者，聽不追奪，官品第一、第二，聽占山三頃；第三、第四品，二頃五十畝；第五、第六品，二頃；第七、第八品，一頃五十畝；第九品及百姓，一頃。皆依定格，條上貲簿。若先已占山，不得更占，先占闕少，依限占足。若非前條舊業，一不得禁。有犯者水上一尺以上並計贓，依常盜律論。停除咸康二年壬辰之科。〔註 27〕

分析上面〈占山法〉的內容有六條要點：

其一、「凡是山澤，先常器率，種養竹木雜果爲林仍，及陂湖江海魚梁鰌鮆場，常加工修作者，聽不追奪。」亦即，凡在此以前占有的山林川澤，只要常加工修作，便可聽不追奪，並確認爲先業，成爲私有財產。

其二、「官品第一、第二，聽占山三頃；第三、第四品，二頃五十畝；第五、第六品，二頃；第七、第八品，一頃五十畝；第九品及百姓，一頃。」各以官品占山護澤，最高者可爲三頃，每降二品，減五十畝；至於九品及百姓，可占一頃。

其三、「若先已占山，不得更占，先占闕少，依限占足。」先佔的山，指正在加工經營的山，超過第二條規定的，不追奪，但也不得更佔；先佔少於第二條的規定，可以依限佔足，過限則不

〔註 26〕晉末劉裕當國期間，曾經兩度禁止封錮山水（義熙七年，義熙九年），以後宋文帝、宋孝武帝，也多次禁止封山錮澤，政府累次下令，即說明了法令之無效性。最後，這條從遠古以來的制度就不能不放棄了，私家佔有山澤在歷史上第一次給與法律上的承認。

〔註 27〕《宋書》（台北：鼎文書局，1993 年 10 月）卷 54〈羊玄保附羊希傳〉，頁 1537。

可。這便是限制。

其四、「皆依定格，條上貲簿。」這是說要按照稅制規定完納貲稅。

其五、「若非前條舊業，一不得禁。有犯者水上一尺以上並計贓，依常盜律論。」所謂的「若非前條舊業，」指的是一、二、三條規定的可不追奪的舊業及少佔闕少，依限佔足的「新業」。「一不得禁」，指不得禁人樵採漁釣。「有犯者」指超過前條舊業並多佔、禁人樵採漁釣者，無論水上一尺以上都要計贓，按常盜律論處。亦即，除了被占有的山林川澤外，其餘山林川澤，一律開放。聽任官吏貴族與百姓按照上述限額占有，但不得超過限額，超過者，水上一尺以上均算違制，依常盜律處斷。

其六、廢除〈壬辰之制〉。

縱觀〈占山法〉全文，可以看出，〈占山法〉的要旨是在確認以前的占山護澤爲「先業」的前提下，對今後的占山護澤做出一些限制性的規定。因此，〈占山法〉的關鍵是個「限」字。「皆依定格，條上貲簿」，是指將所占的山林川澤登記入貲產簿內，以便於封建政府征收貲稅，實質上是封建政府確立了占山護澤的合法性。因此，〈占山法〉是確立山林川澤可爲私人占有的律令。既然占山法的要旨是「限制」，但由於它普遍地確認了占山護澤的合法性，因此非但不起限制作用，反而把占山錮澤推向新的高潮。

（二）墅的營建與地產

江南之地，川湖密佈，草木繁茂，廣泛開發難度較大。孫吳的重要經濟區在「三吳」，而又以吳郡最爲殷實。永嘉之亂以後，中原大族率眾南遷，爲組建東晉政權，除了在政治上對於地方大族採取適度的開放與籠絡方針，在經濟利益上爲了減少彼此的衝突，占有和墾闢土地也往往選擇地方大族勢力薄弱，乃至於尚未開發利用的山林川澤之地區來伸展其勢力。北方大族擁有眾多的人力和財力，爲了控制政權並伸展其勢力，因而爲選擇以墅作爲大土地占有的有利條件。

基本上，營立田墅或是山墅的第一步工作是選擇有利的自然條件與山澤形勝加以封固。墅的選址大多選擇依山傍水、風景佳麗而又土壤肥沃、資源豐富的山區或是丘陵地帶。在生產上有條件地因地制宜、合理規劃、綜合利用。比較典型的墅大多包括山林、果園、蔬圃、牧地和水旱田等內容。江南川湖密佈，由於東漢以來水輪機械日益爲人們所利用和重視，伴隨著山澤開

發與農田整治，墅主們也都相當重視水利建設和水利資源的利用。〔註 28〕

墅的營建主要由兩部分內容構成。一是供地主生活起居和頤養消閑的設施。例如錢塘朱異「自潮溝列宅至青溪，其中有臺池翫好」〔註 29〕；徐勉的墅「華樓回榭，頗有臨眺之美」又「爲培塿之山，聚石移果，雜以花卉，以娛休沐，用託性靈」〔註 30〕；謝安「土山營墅，樓館竹林甚盛」〔註 31〕；謝靈運於會稽立墅，南北兩山建有居宅，又「面南嶺，建經臺；倚北阜，築經堂。傍危峰，立禪室；臨浚流，列僧房」〔註 32〕，依山傍水，錯落有致，是一組佈局巧妙的建築群。〔註 33〕

墅的土地來源，有獲自皇家的賞賜，例如鍾山墅乃是「晉丞相王導賜田」；有出資購置營建，例如梁中書令徐勉，把自己「經始歷年，粗已成立」的「墅舍」，「貨與韋黯」，又把所得的田價百金的一半交給長子徐崧，令其將「所買湖熟田地」營建爲墅，並勉其「既以營之，宜使成立」〔註 34〕。還

〔註 28〕在國外漢學界有採用馬克斯關於「東方、亞洲社會」（Oriental or Asiatic type of society）觀點而加以研究發揮者，例如魏特夫（K.A.Wittfogel）之「東方專制集權論」，見所著 Oriental Despotism: A Comparative Study of Total Power（1957），又稱「水利社會型論」（Hydraulic Society）。主張東方型之社會，因早期農業之發展賴於水利灌溉（古所謂溝洫河渠），水利工程需用大量勞力公共合作，集中分配管理，因而產生權力集中，以「公」制「私」之傳統；私利無由發展，社會亦缺少變化。之後，有許倬雲教授根據此一理論發表過《漢代農業：中國早期土地經濟的形成》。陳師啓雲對於此論點，提出不同的看法，陳師認爲，首先，400 多年的兩漢社會並非孤立、靜止的；其次，中國在三國、南朝、唐宋、明清時期，在中、南部地區，常見有貴族私人水利工程的建設，不可忽視；第三，綜觀歷史，較好的灌溉、排水及水路運輸工程，事實上在秦漢以前非官僚統治的情況下已具有很好的基礎。參陳啓雲，《漢晉六朝文化・社會・制度——中華中古前期史研究》，頁 131～140；陳啓雲，〈漢代中國：經濟、社會和政府的權力〉，《陝西歷史博物館館刊》，第 1 輯（西安，1999 年 6 月出刊），頁 171～174。

〔註 29〕《南史》卷 62〈朱異傳〉，頁 1518。

〔註 30〕《南史》卷 60〈徐勉傳〉，頁 1484。

〔註 31〕《晉書》卷 79〈謝安傳〉，頁 2075。

〔註 32〕《宋書》卷 67〈謝靈運傳〉，頁 1765

〔註 33〕魏晉以來，玄學之風盛行，世家大族選建墅舍對山川自然之美都很考究，例如〈山居賦〉中提到的「五奧」，「五奧者，縣濟道人、蔡氏、郝氏、謝氏、陳氏各有一奧，皆相掎角，并是奇地」（《宋書》卷 67〈謝靈運傳〉，頁 1755）。墅的建築設施或繁或簡，沒有固定規模，但是供地主生活消遣的內容則必不可少。即使是不很講求享樂的地主，「十畝之宅，山池居半」（《梁書》卷 51〈庾言先傳〉，頁 751），也有相當的安排。

〔註 34〕《南史》卷 60〈徐勉傳〉，頁 1484。

有憑藉權勢掠奪土地，梁朝宗室蕭正德，「陰養死士，……自征虜亭至於方山，悉略爲墅」，即是一例。最富於時代特色，也是最爲廣泛的形式，是對於山林川澤的墾闢和興建。

東晉大族刁逵在京口「固吝山澤」〔註 35〕，擴展至萬頃家業。之後，不到二十年間，大量「山湖川澤，皆爲豪強所專，小民薪採漁釣，皆責稅直」〔註 36〕，由於這種封固、強佔山澤之風，其經濟內容遠不只是簡單地資源掠奪和禁民樵採漁釣強責稅直，而是包含著投資開發等生產建設的內容。所以東晉咸和七年（322）、義熙九年（413）曾先後頒制禁絕。但是到了劉宋大明（457～464）初年〈占山格〉頒行，在嚴峻的不可逆轉的課寬經濟規律面前，不得不面對現實，承認「凡是山澤，先常熂爈種養竹木雜果林仍，及陂湖江海魚梁鰌鮆場，常加工修作者，聽不追奪。」〔註 37〕迄至於齊梁兩朝，「權豪之族，擅割林池；勢富之家，專利山海」〔註 38〕，江南閩浙一帶未經開發的半山區山區多數爲私家所占有。可以認爲，大族分割了山澤的過程，也就是墅的營建和山區的開發過程。

封固山澤營建田墅的另一個必要環節就是置屯立邸。〔註 39〕南朝有關「營立屯邸，封略山湖」〔註 40〕的記載非常多，例如梁天監七年詔：「凡公家諸屯戍見封熂者，可悉常開常禁」〔註 41〕，大同七年詔，「復公私傳、屯、邸、冶，爰至僧尼，當其地界，止應依限守視；乃至廣加封固，越界分斷水陸採補及以樵蘇，遂致細民措手無所」〔註 42〕。又「司徒竟陵王於宣城、臨成、定陵三縣界立屯，封山澤數百里」。〔註 43〕這些屯邸都是當時的政府、王公顯貴、世族、豪家封固山澤的一種組織。屯者，聚也。看來是聚集人力

〔註 35〕《晉書》卷 69〈刁協附刁逵傳〉，頁 1846。

〔註 36〕《宋書》卷 2〈武帝紀・中〉，頁 29。

〔註 37〕《宋書》卷 54〈羊玄保附羊希傳〉，頁 1537。

〔註 38〕任昉，〈爲竟陵王世子臨會稽郡教〉，收入《全上古三代秦漢三國六朝文》（石家莊，河北教育出版社，1997 年 10 月出版）冊 7，《全梁文》卷 42，頁 422。

〔註 39〕唐長孺曾指出屯的本義爲屯聚，邸的本義爲糧倉，六朝歷史因爲社會的演變、奴婢的私有化、土地的釋出與佔領，而使得六朝的土地開發型態與屯、邸、園、墅的組織分配互相關聯，參唐長孺，〈南朝的屯邸別墅及山澤佔領〉，收入《山居存稿》（北京，中華書局，1989 年 7 月出版），頁 1～25。

〔註 40〕《南齊書》（臺北，鼎文書局，1993 年 5 月出版）卷 2〈高帝紀・下〉，頁 33。

〔註 41〕《梁書》卷 2〈武帝紀・中〉，頁 48。

〔註 42〕《梁書》卷 3〈武帝紀・下〉，頁 86。

〔註 43〕《梁書》卷 52〈顧憲之傳〉，頁 759。

對所封占的山澤進行有目的有計畫的開拓整治，包括棄率種樣之類，同時防禁細民樵採捕獵，以保獨佔和獲取自然資源，即所謂「以收私利」，在富有礦藏的山區還可以取礦置冶。因此，屯邸的建置過程也就是山墅的營建過程。

（三）墅的生產和經營管理

由於墅是一個自成體系的封閉式的經濟實體，生產和經營廣泛而複雜，加之作爲封建地產的墅數量多寡不一，規模大小各異，分佈又不集中，因而大族極爲重視對於墅的管理。〔註 44〕

田墅的生產經營一般有兩種形式，一是採取租佃經營，「其佃谷，皆與大家量分」〔註 45〕，地主與佃客將生產物對半分成。王導的鍾山墅傳至梁朝王騫之時，始終「與諸宅及故舊共佃之」即是一例。根據一些零星資料測算，一個勞動力所能耕種的面積大約在 10 畝至 50 畝之間，因此實行上，只能是小型分散的租佃耕作，「客皆注家籍」，沒有遷徙和選擇主家的自由。在當時官役很重的條件之下，佃客事實上也不多願意離開主人，而另謀生路。墅內的生產基本上服從於消費，謝靈運〈山居賦〉謂：「春秋有待，朝夕需資。既耕以飯，亦桑貿衣。藝菜當肴，采藥救頹。自外何事，順性靡違」〔註 46〕。其〈游名山志〉也說，「夫衣食，人生之所資；山水，性分之所適。今滯所資之累，擁其所適之性耳」〔註 47〕。大族們滿足於衣食、蔬果、藥物的消費和供給，有美好湖光山色資觀賞，一切不假外求。便是營建田墅組織生產的用

〔註 44〕有關六朝田墅的經營管理及其與經濟開發之關係，學界研究頗多。例如早期有何茲全對於魏晉莊園經濟的研究，指出土地利用與部曲、佃客、農民之間的關係，參何茲全，〈魏晉時期莊園經濟的雛形〉，《食貨半月刊》1：1（1934 年 12 月出刊），頁 6～10；陶希聖，〈齊民要術裡田園的商品生產〉，《食貨半月刊》3：4（1936 年 1 月出刊）。近年又有萬繩楠、鄭欣、黃正藩、田澤濱、劉毓璜、閻萬英，均對於此論題提出寶貴的意見，參萬繩楠，〈南朝時代江南的田莊制度〉，《歷史教學》（1965 年 11 月出刊），頁 42～45；萬繩楠，〈南朝田莊制度的變革〉，《安徽師大學報》（1980 年 2 月出刊），頁 47～53；鄭欣，〈東晉南朝的世族莊園制度〉，《文史哲雙月刊》（1978 年 3 月出刊），頁 33～44；黃正藩、田澤濱，〈六朝時期江南的山墅〉，《魏晉南北朝史》（1988 年 2 月出刊），頁 3～13；劉毓璜，〈論漢晉南朝的封建莊園制度〉，《歷史研究》（1962 年 3 月出刊），頁 116～133；閻萬英，〈魏晉南朝地主田莊經濟在江淮地區開發中的積極作用〉，《中國農史》（1988 年 4 月出刊），頁 14～21。

〔註 45〕《隋書》（臺北，宏業書局，1974 年 7 月出版）卷 24〈食貨志〉，頁 674。

〔註 46〕《宋書》卷 67〈謝靈運傳〉，頁 1766。

〔註 47〕謝靈運，〈游名山志〉，收入《全上古三代秦漢三國六朝文・全宋文》卷 33，頁 317。

意所在。吳郡著姓張茂度「內足於財，自絕人事，經始本縣之華山以爲居止，優遊野澤」他的兒子張永喜好書法，「紙及墨皆自營造」〔註48〕，不待外求。《顏氏家訓．治家篇》說，當時典型的生產是「閉門而爲生之具以足」。六朝時期的墅就是這種封閉式的爲了滿足自身的消費而建立的經濟組織。〔註 49〕山區豐富的自然資源爲多種經營和生產提供了極爲有利的條件。使得這種自給型的經濟更加充實。

田墅的另一種經營形式是直接組織生產。謝靈運始寧墅的各項生產包括「山作水役」，采拾諸事，便是直接役使勞動力。史載：「奴僮既眾，義故門生數百，鑿山浚湖，功役無已。」謝混一家，「自混亡，至是九載，而室宇修整，倉廩充盈，門徒業使，不異平日，田疇墾闢，有加於舊」〔註50〕。梁朝蕭景先，「私馬有二十餘匹，牛數頭，……三處田勤，作自足供，衣食力少，更隨宜買麤猥奴婢充使」〔註51〕。墅中的勞動者的生產活動有一定程度的分工，所謂「山作水役，不以一牧」，生產物全部歸墅主所有，而以產品的一小部分供給這些勞動者連同其家口的生活。以保證勞動力的再生產在田墅內部得以維持。「資待各徒，隨節競逐」，在一定意義上表現著這種剝削關係下勞動者的情景。北方世家大族顏氏的治家格言，在總結墅主正確處理依附勞動者的關係時強調：「上以僕役爲資，當施其情願，庇其衣食，定其當治，掃其優劇，出之休飨，後之捶責。雖有勸恤之勤，而無沾曝之苦」〔註52〕。實際情形雖未必如此，但是墅內生產管理和役屬關係當中極爲重視管理則是顯而易見的。

南朝田莊不是地主階級宗族的田莊，而是地主階級個體家庭的莊園，這種樣式的莊園實行多種經營，並且開始使用傭傭勞動。南朝的莊園含山帶水，經濟作物和加工產品較多，並非單種糧食。莊主幾乎無不需要「氣律種

〔註48〕《宋書》卷53〈張茂度傳〉，頁1510～1511。

〔註49〕陳師啓雲以荀悅的觀點指出了魏晉六朝時期經濟與金融制度面的特色。首先，荀悅批評政府的高壓行政措施，而倡導「輕稅政策」，他斥責重稅和牟利之間的關係，並把這些比做是政府對人民的竊盜和搶劫。其次，荀悅讚揚商業和金融體系的積極價值，這與儒家根深蒂固的反「貴重金屬」和「商業貿易」的看法相反。荀悅同時也肯定了商業對於國家凝聚力的貢獻。第三，荀悅支持「自由市場」體系，更反對政府的限制措施。參陳啓雲，《荀悅與中古儒學》，頁223～224。

〔註50〕《宋書》卷58〈謝弘微傳〉，頁1592。

〔註51〕《南齊書》卷38〈蕭景先傳〉，頁663。

〔註52〕顏延之，〈庭誥〉，收入《全上古三代秦漢三國六朝文．全宋文》卷36，頁350。

養竹、木、雜果爲林果」，無不需要加工修作「陂湖江海魚魷鱉場」〔註53〕。因此，「山作及水役、採拾諸事」，成了莊園中的重要勞動，謝靈運在〈山居賦〉中所寫的他的山居之幽美，竹園、果園之繁茂，便是使用他的奴僮和義故門生從時「山作及水役」得來，賦中寫東窗近田「阡陌縱橫，疼脈交經，導渠引流，脈散溝并」，西館崖下「密竹蒙徑，從北直南，悉是竹園」，北山二園，南山三苑「百果備列，乍近占遠，羅行布株，迎早候晚」。收穫各隨其月，可見經營的廣泛性和山作、水役的重要性。

或說，南朝莊園完全自給自足，這也與實際不符。南朝莊園園主不僅經營農業、手工業，而且經營商業。還在東晉的時候，城市商業極有發展，以山陰爲例，王彪之在〈整市教〉中說「或店肆錯亂，或商估沒漏，假冒豪強之名，擁護貿易之利。……屬城承寬，亦皆如之」〔註54〕。可見山陰及其屬城店、肆很多，就是在會稽「封略山湖」的豪強或是「豪族富室」，也就是會稽的莊園主人。謝靈運〈山居賦〉有「亦桑貿衣」之語，也反映了莊園與外界的貿易往來的情形。

再者，討論剝削方式，直到東晉初年，莊主剝削佃客的方式還是「其佃穀，皆與大家量分」〔註55〕，可是，到了南朝初期，在新的莊園中，出現了一種新的剝削客戶的方式，謝靈運的〈山居賦〉說他在會稽修營別業，「山作水役，不以一牧，資待各徒，隨節競逐。」這十六個字，反映了一個重要的變化，那就是在南朝初期，在會稽始寧謝靈運的山莊中，實行的是一種剝削僱傭勞動的方式——「資待各徒」。而非「其佃穀與大家量分」。莊園的多種經營與力役的自外而來，使得「量分」變得已不合時宜，「資待」遂應運而生。此外「隨節競逐」四字，還表明了「資待」的出現，提高了佃客的勞動積極性。

第二節　六朝的園林與農學

一、六朝的園林發展與大地

六朝時期，中國的私家園林進入了空前的發展，六朝以前的園林景觀重

〔註53〕《宋書》卷54〈羊玄保附羊希傳〉，頁1537。
〔註54〕王彪之，〈整市教〉，收入《全上古三代秦漢三國六朝文‧全晉文》卷21，頁224。
〔註55〕《隋書》卷24〈食貨志〉，頁674。

視建築群的營造，而六朝時期則側重自然景觀的調和，象徵物我合一的態度。〔註 56〕因而在觀念的轉折上，是由秦漢的神異類象到六朝的山林水鄉；由秦漢的鬥富豪氣到六朝的觀賞雅趣，並逐漸朝著隨應自然與生態景觀的和諧一體而邁進。〔註 57〕

（一）六朝園林之規模與遊賞——起宅邸舍、有足賞翫

六朝時期有不少私家園林見於文獻之記載，其中有建構於都城中的城市型私園——宅園、遊憩園；亦有闢建於鄉野郊區的別墅園與莊園。六朝時期的城市型私家園林多爲貴戚、官僚所經營，爲了滿足奢侈浮競的生活享受，與爭奇鬥富的誇耀心態，故佈置上多工雕巧飾於呈現館宇樓閣的華瞻典麗，並刻意追求綺靡璀燦的園林印象。六朝時期，江左由顧辟疆之私家園林開其榛蕪，據《世說新語》記載：

> 王子敬（獻之）自會稽經吳，聞顧辟疆有名園，遂訪之。先不識主人，徑往其家。值顧方集賓友酣燕。而王遊歷既畢，指麾好惡，傍若無人。顧勃然不堪曰：「傲主人，非禮也；以貴驕人，非道也。」〔註 58〕

由王獻之好奇探究之心態，推想顧辟疆之園林在當時必頗富聲名；園林既可宴饗親朋故友，又可「遊歷既畢」，可想也具有一定規模。

六朝時期，士族地主的宅屋往往座落於其莊園之內，所以東晉南朝的史書也常使用「宅」來指涉士族莊園。〔註 59〕一般而言，六朝時期士族莊園

〔註 56〕吳功正從發展史、園林觀念、景觀系統、內部結構及特徵、以及整體園林文化，論述六朝園林多元而多樣的形貌，並指出六朝園林居於中國園林轉折期的地位，參吳功正，《六朝園林》（南京，南京出版社，1992 年 11 月出版），頁 1～216。

〔註 57〕吳功正指出六朝六朝的山墅是一個無所不包、靡不畢備的實體，成爲東方莊園經濟的體現，這種莊園經濟結構體在栽植的分佈，和內部設置上充分地加以人工化，遂致園藝化，從而達到「自然化」和「人工化」的結合。莊園也包含精神棲居的深層目的，依山林而築園林，山水、園林密切相關，築田莊以營園林，田莊園林化，這都是六朝園林的美學特徵。參吳功正，〈六朝莊園經濟與美學結構之關係〉，《貴州社會科學》（1994 年 2 月出刊），頁 59～65。

〔註 58〕徐震堮，《世說新語校箋》（台北：文史哲出版社，1989 年 9 月）卷下〈簡傲篇〉，頁 416。

〔註 59〕例如，王敬弘的舍亭山宅「林澗環周，備登臨之美，時人謂之王東山」（《宋書》卷 66〈王敬弘傳〉，頁 1732），至其孫王秀之時，「止營理舍亭山宅，有終焉之志。及除吳興郡，隱業所在，心願爲之，到郡修舊山，移置輜重」（《南史》卷 24〈王裕之附王秀之傳〉，頁 652）。阮佃夫的「舍宅園池，諸王邸第

的規模都比較大。首先，是因為士族地主兼併土地的途徑可透過封山占澤和皇帝的大量賜予，這就容易取得連成一片的廣大土地；其次，由於士族地主長期掌權，因而兼併土地的機會較多，失去土地的情況相對較少。例如王導一家在鍾山的莊園，世代傳業達二百餘年之久，直到梁時才被蕭衍強迫收購；謝安、謝琰、謝混，祖孫三代都擁有大量產業，直到梁末謝舉時，謝家仍擁有莊園。這種地權的持續，也有利於士族地主不斷地擴大其莊園的規模。〔註 60〕

士族莊園在分佈上的特點是大多座落在山林川澤地區，這可能與當時大規模的占山錮澤活動有密切關係。士族莊園的規模如何？韋載稱其在江乘縣白山的莊園「有田十餘頃」〔註 61〕；王導在鍾山的莊園「有田八十餘頃」〔註 62〕；孔靈符在永興的莊園「有田二百六十五頃」。這反映了小、中、大三種類型的士族莊園的規模。較小的士族莊園占有耕地十頃左右；中等的占有耕地數十頃；大型的占有耕地在數百頃以上。《顏氏家訓．止足篇》稱：「常以二十口家，奴婢盛多，不可出二十人，良田十頃」〔註 63〕，顏之推在這裡說的是下層士族的生活，他們占有「良田十頃」。西晉〈占田令〉中規定，九品官有權占有的土地也是十頃，可見有耕地十頃左右，大致反映了西晉至南朝時期下層士族占有土地的情況，這大概就是當時較小的士族莊園的規模。

莫及。……於宅內開瀆，東出十許里」（《宋書》卷 94〈恩倖．阮佃夫傳〉，頁 2312），如此的巨宅廣院，實際上已是囊括了整個山嶺、河流的大莊園。

〔註 60〕東漢末年仲長統曾想依山傍水建立莊園，謂理想的莊園模型應是「居有良田廣宅，背山臨流，溝池環帀，竹木周布，場圃築前，果園樹後」；可見東晉南朝時期一般士族莊園的規模比東漢時期還要大些。例如，像孔靈符、謝玄這樣大面積的莊園，並非個別現象。刁逵在京口「有田萬頃」（《晉書》卷 69〈刁協附刁逵傳〉，頁 1845）；沈慶之在婁湖的莊園有「奴僮千計」（《南史》卷 39〈沈慶之〉，頁 958）；蕭正德把征虜亭至方山「悉掠為墅」（《南史》卷 51〈梁宗室上．蕭正德傳〉，頁 1281），都透露出他們莊園的規模是頗為驚人的。又如謝安之孫謝混有「田業十餘處，僮僕千人」（《宋書》卷 58〈謝弘微傳〉，頁 1591）。分析起來，謝混的每個莊園占有的勞動力若平均近上百人，也足以耕墾四、五十頃之土地，再加上莊園地處山林湖澤，景觀上猜想可能也是個頗富氣勢的莊園。因此，地權的持續，不外二個因素：地權的取得與地力（勞動力）的持有。

〔註 61〕《南史》卷 58〈韋叡附韋載傳〉，頁 1435。

〔註 62〕《梁書》卷 7〈王皇后傳〉，頁 159。

〔註 63〕《顏氏家訓》卷 5〈止足篇〉，頁 248。

又以地域而言，六朝的私家園林絕大部分是集中在揚州地區，即浙江和江蘇的南部一帶。此區是東晉南朝的政治與經濟中心，南北世家大族的薈萃之地，建康近郊鍾山山麓之東田地區爲建康私家園林的匯聚之所；而會稽地區則是浙東私家園林的集中之地。如謝安「嘗往臨安山中，坐石室，臨濬谷，……雖受朝寄，然東山之志始末不渝，每形於言色」〔註 64〕；又如沈約「立宅東田，矚望郊阜，嘗爲〈郊居賦〉，以序其事」〔註 65〕，道出士族文人嘉尚林園，郊居賦詩之願望。謝朓有〈游東田詩〉，寫道：「尋雲陟累榭，隨山望菌閣。遠樹曖阡阡，生煙紛漠漠。魚戲新荷動，鳥散餘花落。不待芳春酒，還望青山郭」〔註 66〕，將春游東田，順山勢、登臺榭，遠眺茂林、浸染煙嵐之景象狀貌刻畫入微。而吳興茹法亮的園林，則詳細點出特色——建築體堂褉襄麗，比擬皇殿；又搆山立臺、廣被草木花藥：

> （茹）法亮吳興武康人也，齊武帝即位，仍爲中書道士舍人……。勢傾天下……，廣開宅宇，杉齋光麗與延昌殿相埒……。宅後爲魚池、釣台、土山、樓館長廊將一里，竹林花藥之美，公家苑囿所不能及。〔註 67〕

又如徐湛之私園之中，亦依山傍水，果木繁茂；又起樓觀亭臺，表現出人工修整之精妙雅趣：

> 廣陵城舊有高樓，（徐）湛之更加修整，南望鐘山。城北有陂澤，水物豐盛。湛之更起風亭、月觀、吹臺、琴室，果竹繁茂，花藥成行。招集文士盡遊玩之適，一時之盛也。〔註 68〕

六朝時期寄情山水、雅好自然成爲社會風尚，然而遊山玩水縱然可享受親近自然之樂，但卻需付出長途跋涉的艱辛勞累。如何得免奔勞之苦，又可維持物質生活享受，且能長期占攬大自然之山光水景？欲滿足此願望，除了可在都城近郊開闢便於往返的山池園墅之外，更理想的辦法莫如在街坊宅第營造第二自然——園林。於是，門閥士族便紛起造園，莊園地主也竟相效尤，私家園林便應運興起，出現了民間造園成風，名士愛園成癖之情況。〔註 69〕

〔註 64〕《晉書》卷 79〈謝安傳〉，頁 2072～2076。

〔註 65〕《梁書》卷 13〈沈約傳〉，頁 236。

〔註 66〕謝朓，〈游東田詩〉，收入《先秦漢魏晉南北朝詩》（臺北，木鐸出版社，1988 年 7 月出版）〈齊詩〉卷 3，頁 1425。

〔註 67〕《南史》卷 77〈恩倖・茹法亮傳〉，頁 1928。

〔註 68〕《宋書》卷 71〈徐湛之傳〉，頁 1844。

〔註 69〕例如：「（郭）文少愛山水，尚嘉遁……。王導聞其名，遣人迎之，文不肯就

（二）六朝園林之景觀與意象——調和山水、有若自然

先秦園林是以人工山體（高臺）及布置其上的木結構建築爲主體景觀，而以人工水體（池沼）以及動植物爲附屬景觀；秦漢宮苑則是以人工山水體系（海中三山）以及規模龐大的樓觀、宮室爲主體景觀，以廣閣闊道和大量的動物、植物、石雕等裝飾以象徵天朝氣度。在藝術創作的目的和歸宿上，秦漢宮苑係透過「法天象地」而表現人們再造，甚至是勇於超越的豪氣；而六朝士人園林則是通過對自然山水儘可能眞切的模仿，而體現士大夫藉此將自身融入自然山水的意趣。〔註 70〕故而二者雖然同在模仿自然，但其對「自然」內涵的理解以及對其在園林藝術的認識卻有很大的區別。〔註 71〕

首先是追求自然的傾向，六朝園林不再突出樓閣堂室，也較少堆土造山，而是利用山石林木與泉流池沼來創造出自然情趣；〔註 72〕在園內景觀的布置

船車，荷擔徒行。既至，導置之西園。園中果木成林，又有鳥獸麋鹿，因以居文焉。」（《晉書》卷 94〈隱逸・郭文傳〉，頁 2440）；又如：「（謝安）又於土山營墅，樓館林竹甚盛，每攜中外子姪往來游集，肴饌亦屢費百金，世頗以此譏焉，而安殊不以屑意。」（《晉書》卷 77〈謝安傳〉，頁 2075）又如，南齊的文惠太子「風韻甚和而性頗奢麗」（《南齊書》卷 21〈文惠太子傳〉，頁 401），於建康開拓私園「玄圃」，園址因居山陵，地勢與臺城北塹等高，「其中起土山，池、閣、樓、觀、塔宇，多聚異石，妙極山水」（《南齊書》卷 21〈文惠太子傳〉，頁 401）。爲了不讓皇帝從宮中望見，乃別出心裁於「旁門列修竹，內施高障，造遊牆數百間，施諸機巧」（《宋書》卷 71〈徐湛之傳〉，頁 1844）以障蔽園林的華麗建築。

〔註 70〕見林敏勝：《六朝園林研究》（臺中，國立中興大學歷史學系碩士論文，1997 年 6 月出版），頁 113～118，關於六朝園林對於「調和山水、有若自然」的探討。

〔註 71〕試比較班固〈西都賦〉（收入《全上古三代秦漢三國六朝文・全後漢文》卷 24，頁 602）與孫統〈蘭亭詩〉（收入《先秦漢魏晉南北朝詩・晉詩》卷 13，頁 907）對於園林造景藝術中「自然」內涵的理解的不同的態度：

〈西都賦〉：「其宮室也，體象乎天地，經緯乎陰陽，據坤靈之正位，仿太紫之圓方。樹中天之華闕，豐冠山之朱堂，因瑰材而究奇，抗應龍之虹梁。列棼僚以布異，荷棟桴而高驤。」

〈蘭亭詩〉：「地主觀山水，仰尋幽人蹤。回沼激中逵，疏竹間修桐。因流轉輕觴，冷風飄落松。時禽吟長澗，萬籟吹連峰。」

前者著力表現的是漢代用人工環境再現整個宇宙的氣魄，因此它一定要把「華闕、朱堂」迥立塵表的景觀特點突顯出來，作爲人工環境的標志而與自然環境相區別；而後者則是要在人工環境中利用「回沼、修竹」等園林景觀創造出與「長澗、連峰」等自然環境儘可能協調其氣氛格調，從而使二者融合起來。因此與漢朝相比，六朝園林藝術創作的目標是要將園林中的人工痕跡與自然景觀融爲一體。

〔註 72〕東晉末時「吳下士人共爲築室，聚石引水，植林開澗，少時繁密，有若自然」

上，也日趨精巧，調和山、水、林、石之間的遠近、高下、幽顯等關係，從而在有限的空間將其組合而成完美的藝術結構。又如，北魏大司農張倫「園林山池之美，諸王莫及。倫造景陽山，有若自然，……高林巨樹，足使日月蔽烏，懸葛垂夢，能令風煙出入，崎嶇山路，似壅而通，崢嶸澗道，盤紆復直」〔註 73〕，此園山係利用現有山景加以人工修造而成，代表了北方園林極盡構築能事之成績。〔註 74〕

六朝士人園林雅尚「自然」，但並不意味著建築已失去其存在的價值。中國古典園林以「自然」為宗旨，但在根本上又不同於現代的「自然公園」，其原因在於中國古代哲學所說的自然並不僅指純粹的客體，它還包括更重要的內容，即天地萬物與宗法社會之應合。因此士人園林重於表現自然也就不僅是要重現自然環境的風貌，而且更要通過表現人工建築與自然景觀的和諧，進一步去表現士人意識與整個宇宙的和諧。而士人與園林中自然景觀間的和諧，在很大的程度上，是通過園林建築與自然景觀間的和諧而實現的。這就決定了建築在園林中的地位及其與山水花木的關係。與漢代宮苑建築「增盤崔嵬、登降炤爛；殊形詭制，每各異觀」的美學標準有很大不同，六朝士人園林中的建築以融入自然景觀為藝術原則。如東晉許詢：

> 好泉石，清風良月，舉酒永懷。……隱於永興西山，憑樹構堂，蕭然自致。〔註 75〕

（《宋書》卷 93〈隱逸・戴顒傳〉）。

〔註 73〕劉九洲注譯、侯迺慧校閱，《新譯洛陽伽藍記》（臺北，三民書局，1994 年 3 月出版）卷 2〈城東・正始寺〉，頁 162。

〔註 74〕又如梁湘東蕭繹在其封地江陵的子城中構建「湘東苑」，此為南朝著名的私家園林，《渚宮故事》中有詳細記載：「湘東王於子城中造湘東苑，穿地構山，長數百丈，植蓮蒲緣岸，雜以奇木。其上有通波閣，跨水為之。南有芙蓉堂，東有禊飲堂，堂後有隱士亭，亭北有正武堂，堂前有射堋、馬埒。東西有多鄉射堂，堂安行堋，可得移動。東南有連理堂，……北有映月亭、修竹堂、臨水齋。齋前有高山，山有石洞，潛行宛委二百餘步。山上有陽雲樓，極高峻，遠近皆見。北有臨風亭、明月樓。」（《太平御覽》（臺北，新興書局，1952 年 1 月出版）卷 196〈居處部〉，頁 1075，引《渚宮故事》）此園的建築景觀相當多樣化，或倚山、或臨水、或映襯於花木、或觀賞園外借，均具有一定的主題，發揮點景和觀景的作用。假山的石洞長達二百餘步，足見疊山技術已達到一定的水平。可以想見，湘東苑在山池、花木、建築綜合創造園林景觀的總體規劃方面是經過一番精心構思的。

〔註 75〕〔唐〕許嵩，《建康實錄》（上海，上海古籍出版社，1987 年 10 月出版）卷 8，頁 162。

又如謝靈運的園墅：

> 面南嶺，建經台；倚北阜，築講堂；傍危峰，立禪室；臨浚流，列僧房。對百年之高木，納萬代之芬芳。抱終古之泉源，美膏液之清長。〔註 76〕

還顯然已是在根據不同自然景觀的特點而構建各自與之相和諧的建築，而建築藝術的目的則是如何最有效地實現它對自然景觀「依、臨、納、抱」等關係上。此時建築物格調與自然景觀的和諧已有了較高水平，如謝朓詩中描寫：

> 案牘時閑暇，偶坐觀卉木。颯颯滿池荷，脩脩蔭窗竹。簷隙自周流，房櫳閑且肅。蒼翠望寒山，崢嶸瞰平陸。已惕慕歸心，復傷千里目。風霜旦夕甚，蕙草無分馥。〔註 77〕

就已不是建築與某一自然景觀間的簡單和諧，而是與園外之山、園內之池、窗前之竹等自然景觀整體間的複雜和諧了。在此基礎上，六朝更進一步注意到建築內部空間與整個外部空間的層次與和諧。〔註 78〕

（三）六朝園林之空間與佈局——窮極借景、工於巧思

漢代宮苑吞吐山海，包蘊天地的空間造型特點此時已不爲士大夫造園家所心往，代之而起的是另一種模仿自然的風格。例如，「宣武移鎮南州，制街衢平直。人謂王東亭曰：『丞相初營建康，無所因承，而制置紆曲，方此爲劣。』東亭曰：『此丞相之所以爲巧。江左地促，不如中國，若使阡陌條暢，則一覽而盡，故紆餘委曲，若不可測』」〔註 79〕，都市街衢由以前的平直條暢一變爲此時的紆餘委曲，園林空間原則的變化也就可以想見。〔註 80〕

〔註 76〕謝靈運，〈山居賦〉，收入《宋書》卷 67〈謝靈運傳〉，頁 1755。

〔註 77〕謝朓，〈冬日晚郡事隙詩〉，收入《先秦漢魏晉南北朝詩・齊詩》卷 3，頁 1432。

〔註 78〕中國古典建築室內與室外空間之密切聯繫爲特色，窗及窗景成爲中國古典園林的重要藝術手段，但在六朝士人園林中，已經能夠看到這種發展趨向之確立。如謝朓〈新治北窗和何從事詩〉：「園小暇日多，民淳紛務屏。辟牖期清曠，開簾候風景。泱泱日照溪，團團雲去嶺。……池北樹如浮，竹外山猶影」（《先秦漢魏晉南北朝詩・齊詩》卷 4，頁 1442），此與張衡〈西京賦〉所述「上飛闥而仰眺，正睹瑤光與玉繩。將乍往而未半，怵悼慄而慫兢，……反宇業業，飛檐走壁，流景內照，引曜日月」（張衡，〈西京賦〉，收入《全上古三代秦漢三國六朝文・全後漢文》卷 52，頁 761）等漢代對建築內外空間關係的認識稍加比較，即可看出兩個時代美學標準的變化。

〔註 79〕《世說新語》卷上〈言語第二〉，頁 87。

〔註 80〕例如，孫綽「經始東山，建五畝之宅，帶長阜，倚茂林」（孫綽，〈遂初賦〉，收入《全上古三代秦漢三國六朝文・全晉文》卷 61，頁 1805）；庾信的園林

六朝的造園家不再以各種景觀「體量」和「數量」的巨大形成對園林空間的充填，而是把景觀中峰巒、崖壑、泉澗、湖潭、建築等的豐富變幻與其空間上的遠近、高下、闊狹、開闔、幽顯、巨細等無窮奧妙組合穿插在一起，從而形成迂迴往還、展轉幽奇的空間藝術。而這種藝術就是六朝園林對於山體、水體、建築體的豐富形態變化及其空間組合關係的美學價值所在。〔註 81〕東晉以後，私家園林中景物的空間結構藝術日漸精緻，如康僧淵「立精舍，旁連嶺，帶長川，芳林列於軒庭，清流激於堂宇。乃閒居研講，希心理味」〔註 82〕，追求的是在庭間宇際極有限的空間內組合林、水、軒、堂，而與自然環境相融合的景致。又如蕭繹〈游後園詩〉云：「日照池光淺，雲歸山望濃。入林迷曲徑，渡諸隔危峰」〔註 83〕，不僅已注意到近池、遠山、阻林、通徑、水隔、舟渡等景觀條件的空間關係，而且還注意到它們與幽林、朗水、淺池、濃山等形質、光色間更複雜的藝術組合。至於北朝園林亦不乏其勝，如「(景林）寺西有園，多饒奇果。春鳥秋蟬，鳴聲相續。中有禪房一所，內置祇洹精舍，形製雖小，巧構難比。加以禪閣虛靜，隱室凝邃，嘉樹夾牖，芳杜匝階。雖云朝市，想同巖谷」〔註 84〕，可見就空間之紆迴巧構與景觀之重組創造，在六朝時期已有頗爲進步之成績。

六朝的造園藝術並不僅止滿足於對自然山體的直接利用，爲了創造出更

「敧側八九丈，縱橫數十步，榆柳兩三行，梨桃百餘樹」(庾信，〈小園賦〉，收入《全上古三代秦漢三國六朝文・全後周文》卷 8，頁 3921)，這都還算是山水型園林。此時私家園林的規模與秦漢宮苑無法比擬，實際情況雖不見得盡然，但仍可以看出空間條件變化頗大與美學風尚的轉變。即使如謝靈運的莊園那樣占有較大的地域，園林空間的藝術處理也與昔日不同：「九泉別澗，五谷異巘，群峰參差出其間，連岫復陸成其阪。眾流既灌以環近，諸堤擁抑以接遠。遠堤兼陌，近流開端，……還回往匝，枉諸員巒。既入東傍山渠，展轉幽奇，異處同美。路北東西路，因山爲障；正北狹處，踐湖爲水池。南山相對，皆有崖谷，東北枕壑，下則清川如鏡……去潭可二十丈許，葺基構宇，在岩林之中，水衛石階，開窗對山，仰眺曾峰，俯鏡浚壑。(〈山居賦〉，見《宋書》卷 67〈謝靈運傳〉，頁 1755)」

〔註 81〕六朝時期對於自然山體之利用經常擇取範圍內之天然地貌以供園林佈置。例如庾信寫園「橫階仍鑿澗，對户即連峰。暗石疑藏虎，盤根似臥龍。沙州聚亂荻，洞口礙橫松。引泉恆數派，開岩即十重」(庾信，〈同會河陽公新造山池聊得寓目〉，收入《庾子山集》)，詩文中形容的主要即是自然山體在園林中的景觀價值。

〔註 82〕《世說新語》卷下〈棲逸篇〉，頁 361。

〔註 83〕《先秦漢魏晉南北朝詩・梁詩》卷 25，頁 2053。

〔註 84〕《新譯洛陽伽藍記》卷 1〈城內・景林寺〉，頁 100。

富於藝術氣息的山林景觀，六朝園林常利用自然條件大興「構石」之風。後世園林置石之法有特置、群置、散置及疊置之別，這其中的方法步驟和欣賞習慣不能不追溯到六朝。例如前文提到效法謝安而造園的劉緬即「經始鍾嶺之南，以爲栖息，聚石蓄水，仿佛丘中」〔註 85〕，這類例子大概是「群置」之始。又如梁時到溉「第居近淮水，前山池有奇礓石，長一丈六尺」〔註 86〕，後來此石被「迎置華林園宴殿前」，這也可以說是「特置」的嚆矢。

石在中國園林中一向受到重視，石既有表徵性，移石於土山，於土中置立山石以表峭峰，包含著藝術的特殊表現；〔註 87〕石又具有獨立的觀賞功能，特別是江南園林對石的重視程度更高。迄晚明時期，園林美學上更出現對石的「透」、「漏」、「瘦」、「皺」之審美標準。中國園林山石美學思想在六朝就已得到充分體現。例如《南史·到溉傳》中關於梁武帝與近臣到溉賭園林中一塊石頭的例子，便是最好的說明：

> （到）溉第居近淮水，齋前山池有奇礓石，長一丈六尺，帝戲與賭之，並《禮記》一部，溉並輸焉。未進，帝謂朱异曰：「卿謂到溉所輸可可以送未？」斂板對曰：「臣既事君，安敢失禮。」帝大笑，其見親愛如此。石既迎置華林園宴殿前。移石之日，都下傾城縱觀，所謂到公石也。〔註 88〕

六朝皇家園林頗爲熱衷於石之佈置。南齊時，文惠太子東宮之玄圃園「多聚山石、妙極山水」〔註 89〕；而東昏侯起芳樂苑，「山石皆塗以五采。」私家園林方面，利用「石」以佈置園林景觀更爲常見。例如：《宋書》記載劉緬之園

〔註 85〕《宋書》卷 86〈劉緬傳〉，頁 2195。

〔註 86〕《南史》卷 25〈到溉傳〉，頁 679。

〔註 87〕中國園林中的疊石造山，很早就已開始。例如，漢景帝的兄弟梁孝王築兔園，「園中有百靈山，山有膚寸石，落猿岩，棲龍岫（《西京雜記》（臺北，三民書局，1995 年 8 月出版）卷 2〈梁孝王宮囿〉，頁 97）」；又茂陵富商袁廣漢於北山下築園，「東西四里，南北五里，激流水注其中，構石爲山，高十餘丈，連延數里」（《西京雜記》卷 3〈袁廣漢園林之侈〉，頁 120），從這裡我們可以看出，前者還是聚土爲山，後者已發展爲疊石爲山了。到了六朝時期，疊石藝術更是精巧，北魏「（張）倫造景陽山，有若自然。其中重巖複嶺，嶔崟相屬，深蹊洞壑，邐迤連接。……崎嶇石路，似壅而通；崢嶸澗道，盤紆復直」（《新譯洛陽伽藍記》卷 2〈城東·正始〉，頁 162），六朝園林中的山林景觀頗爲多采多姿。

〔註 88〕《南史》卷 15〈到溉傳〉，頁 679。

〔註 89〕《南齊書》卷 21〈文惠太子傳〉，頁 401。

林係「聚石」經始而成；〔註 90〕戴顒在園林中「聚石引水、植林開澗」〔註 91〕。《南齊書》記載褚伯玉於白石山立太平館以居；〔註 92〕明僧紹「栖雲精舍，欣玩山石」〔註 93〕。而齊武帝永明七年，曾有得「靈石」之記載：

> 永明七年，主書朱靈讓於浙江得靈石，十人舉乃起，在水深三尺而浮，世祖親投于天淵池試之，刻爲佛像。〔註 94〕

由上可知，「石」在六朝園林中已充分被利用來作爲園林的造景手段，而石的構景原則以「聚」爲常見之方式。此外，石也被文人視爲賞翫與品玩之對象物，也曾被當成神力之顯象，而起刻爲佛像。

山是作爲園林中的基本景觀而存在，當時南北均置華林園，園內又都有景陽山。《水經注》中對於洛陽華林園景陽山有詳細描述：

> 石路崎嶇，巖嶂峻嶮，雲臺風觀，纓巒帶阜。遊觀者升降耶閣，出入虹陛，望之狀鳥沒鸞舉矣。其中引水，飛睪傾瀾，瀑布或枉渚，聲溜潺潺不斷。竹柏蔭於層石，繡薄叢於泉側，微飆暫拂，則芳溢於六空，入爲神居矣。〔註 95〕

可知北方之景陽山有峻嶺岩山、深澗飛瀑、高臺鑾閣、翠竹柏蔭……等，景觀上頗爲富麗，有「神居」之美稱。由史料得知，此園山乃係利用現有山景加以人工改造而成，代表了北方園林極盡構築能事之成績。南朝皇家園林中亦曾於華林園起搆景陽山。據《宋書》記載，文帝時「築北堤，立玄武湖，築景陽山」〔註 96〕；之後，曾有「甘露頻降景陽山」〔註 97〕，「嘉禾秀生景陽山」〔註 98〕之記載。

宋孝武帝年間，曾於玄武湖北立上林苑，〔註 99〕由當時曾詔示「苑內民庶丘墓，欲還合葬者，勿禁」〔註 100〕，推想上林苑原先很可能係岡巒秀麗之風水佳地。齊武帝於永明五年肇起新林苑，詔曰：「朕經始此山之南，復爲離

〔註 90〕《宋書》卷 86〈劉緬傳〉，頁 2195。
〔註 91〕《宋書》卷 53〈隱逸・戴顒傳〉，頁 2277。
〔註 92〕《南齊書》卷 54〈高逸・褚伯玉傳〉，頁 927。
〔註 93〕《南齊書》卷 54〈高逸・明僧紹傳〉，頁 927。
〔註 94〕《南齊書》卷 18〈祥瑞志〉，頁 366。
〔註 95〕《水經注》卷 1〈穀水〉注 6，頁 533。
〔註 96〕《宋書》卷 5〈文帝紀〉，頁 94。
〔註 97〕《宋書》卷 28〈符瑞志中〉，頁 820，元嘉廿四年、廿六年條。
〔註 98〕《宋書》卷 28〈符瑞志中〉，頁 829，元嘉廿四年條。
〔註 99〕《宋書》卷 6〈孝武帝紀〉，頁 124。
〔註 100〕《宋書》卷 6〈孝武帝紀〉，頁 130。

宮之所。故應有邁靈丘」〔註 101〕，由文中自言經始、復建離宮，可知新林苑具有人工改造以象徵靈丘苑臺之建園目的。此外，則爲齊東昏侯於芳樂苑中起樓閣、搆石山、采壁繪之事：

> 於閱武堂起芳樂苑，山石皆塗以五采，跨池山立紫閣諸樓觀，壁上畫男女私褻之像。〔註 102〕

可知，芳樂苑中多積山石，跨池山立樓觀；「山石塗以五彩」除代表皇家園林奢靡競麗之心態外，也代表了中國園林之發展，已由簡單的聚石築山，進展到「彩繪山石、彩繪大地」之構園技巧。

私家園林之造山築園比起皇家園林毫不遜色。當時南方園林中，常常有「自起土山」來構築景觀之記載。如《建康實錄》載，吳後主「大開苑囿，起土山，作樓觀」〔註 103〕；《晉書》載謝安「於土山營墅，樓館林竹甚盛」〔註 104〕；《晉書》又載許孜「躬自負土，立宅墓次」〔註 105〕；陶淡於「長沙臨湘山結廬居之，養白鹿以自偶」〔註 106〕。《宋書》記載孔靈符於永興立墅「含帶二山，又有果園九處」〔註 107〕；劉勔棲止鍾山，經始園林，多「聚石蓄水」〔註 108〕之趣；戴顒之園林亦富「聚石引水」之美；〔註 109〕沈道虔曾立小宅，臨溪澗，並有「山水之玩」〔註 110〕。此外，蕭齊時有豫章王建園「起土山」〔註 111〕；東昏侯築園「作石山」〔註 112〕。土山容易改造和重新塑造，特別易於植被，栽種花木。山以小山爲主，如庾信〈枯樹賦〉云：「小山則叢桂留人，扶風則長松繫馬」〔註 113〕，正與當時的「小園」特徵頗相吻合。〔註 114〕

六朝時期對於自然山體之利用經常擇取範圍內之天然地貌以供園林佈

〔註 101〕分見《南齊書》卷 3〈武帝紀〉，頁 54；卷 44〈徐孝嗣傳〉，頁 772。
〔註 102〕《南齊書》卷 7〈東昏侯紀〉，頁 104。
〔註 103〕《建康實錄》卷 4〈吳下〉，頁 331。
〔註 104〕《晉書》卷 79〈謝安傳〉，頁 2076。
〔註 105〕《晉書》卷 88〈孝友・許孜傳〉，頁 2279。
〔註 106〕《晉書》卷 94〈隱逸・陶淡傳〉，頁 2460。
〔註 107〕《宋書》卷 54〈孔季恭附孔靈符傳〉，頁 1533。
〔註 108〕《宋書》卷 86〈劉勔傳〉，頁 2195。
〔註 109〕《宋書》卷 53〈隱逸・戴顒傳〉，頁 2277。
〔註 110〕《宋書》卷 93〈隱逸・沈道虔傳〉，頁 2291。
〔註 111〕《南史》卷 42〈豫章文獻王傳〉，頁 1065。
〔註 112〕《南齊書》卷 7〈東昏侯紀〉，頁 104。
〔註 113〕庾信，〈枯樹賦〉，收入《全上古三代秦漢三國六朝文・全北周文》卷 9，頁 3927。
〔註 114〕庾信，〈小園賦〉，收入《全上古三代秦漢三國六朝文・全北周文》卷 9，頁 3921。

置。大型園林如謝靈運山居「面山北阜，東阻西傾」；「遠西則楊、賓接峰，唐皇連縱」；「遠東則天台、桐柏、方石、太平，二韭、四明、五奧、三菁（自注：二韭、四明、五乏皆相連接，奇，地所無，高於五岳，便是海中三山之流）」〔註 115〕，小如江淹「兩株樹，十莖草之間」的庭園「今所鑿處，前峻山以蔽日，後幽晦而多阻」〔註 116〕，都十分注意園林與周圍峰林澗谷間的映接和連屬。更重要的是如何在園林中善加組合自然山體的藝術技巧，例如東晉孫綽的描寫「巍峨太平，峻逾華霍，秀嶺樊緼，奇峰挺擊。上乾翠霞，下籠丹壑。……懸棟翠微，飛宇雲際。重密蹇產，回溪索帶。被以青松，洒以素瀨」〔註 117〕，詩文中形容的主要即是自然山體在園林中的景觀美感。

六朝私家園林史料中，對於園林水景之配置，記載園池之美者可謂不絕於史。按《建康實錄》記載：「吳後主浩寶鼎元年，開城北渠，引後湖水激流入宮，巡遶堂殿，窮極伎巧，功費萬倍」〔註 118〕，《建康實錄》又載：「晉元帝大興三年創北湖，築長堤以壅北山之水，東自覆舟山西，西至宣武城，六里餘」〔註 119〕。又按《南史》：「宋文帝元嘉二十三年築北堤，立玄武湖於樂遊苑之北，湖中亭臺四所。後黑龍見於湖側，春秋使道士祠之」〔註 120〕。至孝武帝大明五年，常閱武於湖西。七年，又於此湖大閱水軍。〔註 121〕按《輿地志》云：「齊武帝亦常理水軍於此，號曰昆明池。又於湖側作大竇，通水入華林園天淵池，引殿內諸溝經太極殿，由東、西掖門下注城南塹，故臺中諸溝水常縈流迴轉，不舍晝夜」〔註 122〕。又按《南史》：「元嘉二十三年造真武湖，文帝欲於湖中立方丈、蓬萊、瀛洲三神山，尚書右僕射何尚之固諫，乃止」。〔註 123〕

構園於江南澤國，水體之豐富、利用之便利進一步促進水景在園林中占有更重要的位置。與山景相似，對於水景的藝術處理也首先是從園林周園地

〔註 115〕謝靈運，〈山居賦〉，參《宋書》卷 67〈謝靈運傳〉，頁 1755。

〔註 116〕江淹，〈草木頌〉，收入《江文通集》（臺北，臺灣商務印書館，1975 年 7 月出版）卷 10，頁 89。

〔註 117〕孫綽，〈太平山銘〉，收入《全上古三代秦漢三國六朝文・全晉文》卷 62，頁 1813。

〔註 118〕《建康實錄》卷 4〈吳下〉，頁 331。

〔註 119〕《建康實錄》卷 5〈晉上〉，頁 345。

〔註 120〕《南史》卷 2〈宋文帝〉，頁 50。

〔註 121〕《南史》卷 2〈宋孝武帝〉，頁 65。

〔註 122〕《六朝事迹編類》卷 2，頁 37，引《輿地志》。

〔註 123〕《南史》卷 30〈何尚之傳〉，頁 83。

貌環境的選擇入手，而自然水景之美又往往與自然山景之美渾融湊泊：「會稽境特多名山水，峰崿隆峻，吐納雲霧。松栝楓柏，擢幹竦條，潭壑鏡徹，清流寫注」〔註 124〕。東晉以後，世族名士多於此建園，如謝靈運「移籍會稽，修營別業，傍山帶江，盡幽居之美」〔註 125〕。謝氏在許多詩中也曾對此做過詳盡的描寫，如從「石門新營所住，四面高山迴溪，石瀨茂林脩竹詩」〔註 126〕之詩題，即可看出溪瀨環帶其園之佳境。此時園林水景更爲豐富，各種水體逞異競妍：「近南則會以雙流，……拂青林而激波，揮白沙而生漣（自注：雙流，謂剡千尋，長湖萬頃，隆屈澄汪之勢可爲壯矣」〔註 127〕，這是寫湖；「赬岸兮若虹，黛樹兮如畫，暮雲兮千里，朝霞兮千尺，步東池分液未久，臥西窗兮月向山」〔註 128〕，這是寫園池；會稽孔珪家「起園，列植桐柳，多構山泉，殆窮眞趣」〔註 129〕，這是寫泉；「四山周回，溪澗交過，水石林竹之美，岩岫隈曲之好，備盡之矣」〔註 130〕，這是溪澗。當時許多類似的記述爲後人世代傳誦，値得注意的是此時人們已普遍意識到多種水體的映襯、變幻、組合在園林中的審美價值，如孫綽提到的湖澗相輝，謝靈運園中的諸種水體皆備都能說明這種進步。另如徐爰〈華林北澗詩〉：「總長潭兮括遠源，下泌溜兮起輕泉，回溪浚兮曲沼阻，衝波激兮瀨淺淺」〔註 131〕，由此更可展現出此園中澗、潭、溪、泉、池等多種水體之間的相互襟帶之趣。

例如東晉紀瞻立宅烏衣巷，「館宇崇麗，園池花木，有足賞翫」〔註 132〕；嵇康曾於會嵇居宅中「激水以圜柳樹」〔註 133〕；荊州土豪習氏私園中有「佳園池」〔註 134〕；又羅含曾於荊州城「西池小州上立茅屋而居」〔註 135〕。劉宋時顏師伯之私園號稱「園池第宅，冠絕當時」〔註 136〕；劉誕造立第舍，亦有

〔註 124〕《世說新語》卷上〈言語篇〉，頁 82，注引《會稽郡記》。
〔註 125〕《宋書》卷 67〈謝靈運傳〉，頁 1755。
〔註 126〕《宋詩》卷 2，頁 1166。
〔註 127〕孫綽，〈遂初賦〉，收入《全上古三代秦漢三國六朝文‧全晉文》卷 61，頁 1805。
〔註 128〕謝莊，〈曲池賦〉，收入《全上古三代秦漢三國六朝文‧全宋文》卷 34，頁 2625。
〔註 129〕《南史》卷 41〈齊宗室傳〉，頁 1038。
〔註 130〕謝靈運，〈山居賦〉，參《宋書》卷 67〈謝靈運傳〉，頁 1755。
〔註 131〕《宋詩》卷 10，頁 1322。
〔註 132〕《晉書》卷 68〈紀瞻傳〉，頁 1824。
〔註 133〕《晉書》卷 49〈嵇康傳〉，頁 1372。
〔註 134〕《晉書》卷 43〈山濤附山簡傳〉，頁 1229。
〔註 135〕《晉書》卷 92〈文苑‧羅含傳〉，頁 2403。
〔註 136〕《宋書》卷 77〈顏師伯傳〉，頁 195。

「園池之美，冠於一時」〔註 137〕之譽；而阮佃夫之園林傲稱「宅舍園池，諸王邸第莫及」〔註 138〕《南齊書》記載孔稚珪之居宅「盛營山水」〔註 139〕；盧度之園林「有池養魚，皆各呼之，魚次第來，取食乃去」〔註 140〕梁代徐勉中年寓居東田，間營小園，「穿池種樹，少寄清賞」〔註 141〕；阮孝緒亦在園林中「穿池築山爲樂」〔註 142〕；《梁書》又云庾詵之園林「十畝之宅，山池居半」〔註 143〕。又裴忌於園林中「築山穿池，植以卉木」〔註 144〕；陸瓊之居館中有「園池室宇」〔註 145〕；張譏不求榮利，長慕閑逸，嘗於居宅「營山池，植花果」〔註 146〕。六朝詩人對園林中之水池麗景亦多有描寫。例如江淹〈池上酬劉記室詩〉:「紫荷漸曲池，皋蘭覆徑路。蔥蒨亙華堂，蓋蘊雜綺樹」〔註 147〕，謝庄〈曲池賦〉云：

> 山北兮黛柏，南谿兮頳石。頳岸兮若虹，黛樹兮如畫。暮雲兮十里，朝霞兮千尺。步東池兮夜未久，臥西窗兮月向山。引一息於魂內，擾百緒於眼前。〔註 148〕

又如，鮑至〈山池應令詩〉寫道：

> 望園光景暮，林觀歇雰埃。荷疏不礙檝，石淺好縈苔。風光逐榜轉，山望向橋天。樹交樓影沒，岸暗水光來。〔註 149〕

與假山一樣，園林理水的藝術創作源泉是自然界的江湖、溪澗、瀑布等，其成果是對自然山水特徵的概括，提煉和再現，園林理水不在於完全模擬自然，而在於風景特徵的藝術眞實，在於水體的源流、水情的動靜、水面的聚分等符合自然規律，在於岸線、島嶼、磯漢等細節的處理和背景環境的襯托。園林理水的宗旨是「以小見大」、「以少勝多」，在有限的空間內濃縮天然水景，

〔註 137〕《宋書》卷 79〈文五王傳〉，頁 2070。
〔註 138〕《宋書》卷 94〈恩倖・阮佃夫傳〉，頁 2312。
〔註 139〕《南齊書》卷 48〈孔稚珪傳〉，頁 835。
〔註 140〕《南齊書》卷 54〈高逸・盧度傳〉，頁 935。
〔註 141〕《梁書》卷 25〈徐勉傳〉，頁 384。
〔註 142〕《梁書》卷 51〈處士・阮孝緒傳〉，頁 740。
〔註 143〕《梁書》卷 51〈處士・庾詵傳〉，頁 751。
〔註 144〕《陳書》卷 25〈裴忌傳〉，頁 317。
〔註 145〕《陳書》卷 30〈陸瓊傳〉，頁 397。
〔註 146〕《陳書》卷 33〈儒林・張譏傳〉，頁 445。
〔註 147〕《先秦漢魏晉南北朝詩・梁詩》卷 3，頁 1566。
〔註 148〕《全上古三代秦漢三國六朝文・全宋文》卷 34，頁 2625。
〔註 149〕《先秦漢魏晉南北朝詩・梁詩》卷 24，頁 2024。

一勺則江湖方里。理水手法千變萬化，結合自然條件，因意添設，達到山爲水峙，水爲山映，充滿著詩情畫意，給人以想、回味、思索，飽賞山色煙景。

二、六朝的農學發展與大地

六朝時期立國江左，江南地區含山帶水，與黃淮平原之低平廣闊並不相同。六朝時期利用平原、丘陵、山地、湖澤等不同的地理條件，開展了多種經營的農耕方式。植桑養蠶、園藝樵採、畜牧養魚等多樣發展，構成了六朝農業經濟之新特色。於此同時，人們也開始留意植林育樹及花木栽種之事，而在園林中從事於環境美化之工作。

（一）六朝的農政與地利

首先，六朝農業的發展，表現在江南耕地的大量開發。長江流域及其以南地區，漢代尚屬「地廣人稀」，自孫吳立國江東，土地逐漸得到墾闢，耕地的開闢發展加快。六朝時期新增的耕地面積，從劉宋大明年間頒行的〈占山格〉來看，江南的許多山莊，包括可供利用的池澤湖陂，也都相繼被開發利用。如渤海士族刁氏南渡後，在京口「以貨殖爲務，有田萬頃，奴婢數千人」，又「固吝山澤」〔註 150〕。王、謝等大族在會稽「東游山海，并行田視地利」〔註 151〕。以營建田墅，從「陟嶺伐木、除榛伐竹」到「錮山封水」、「加工修作」，逐漸把難以開發的山區變成「田連崗而盈疇，嶺枕水而通阡。阡陌縱橫，塍埒交經」〔註 152〕的農業生產耕地。南朝對山區池澤的改造與利用，在士族權貴中風靡一時，一般豪強富戶也多「略山封水，保爲家利」。而〈占山法〉承諾民戶自由占山的權利，默許其「常加工修作」之地的土地主權，更反映著南朝江南土地的開發的指標。

其次，農業的發展表現在農作物的增多和生產技術的提高，例如，據《齊民要術》所載，當時人民已注意精耕細作，在水稻種植中創造了烤田技術，即在第二次耘田後，排水曬田，使稻根發達，以防止倒伏，使稻穀穗大粒多；在施肥方面，如種植紅花草作爲綠肥，以及糞肥的擴大施用，都是這時期生產經驗的成就。自永嘉亂後，隨著北方人的南遷，北方作物的麥、菽也相繼在江南地區種植和推廣。〔註 153〕南朝政權在勸課農桑的措施中，曾多次下

〔註 150〕《晉書》卷 69〈刁協傳附逵傳〉，頁 1845～1846。
〔註 151〕《晉書》卷 80〈王羲之傳〉，頁 2102。
〔註 152〕《宋書》卷 67〈謝靈運傳〉，頁 1760。
〔註 153〕例如，東晉初年郭文避亂隱居於餘杭大辟山中，即以「區種菽麥」謀生。見

令浙江推廣種麥。宋文帝元嘉二十一年（444），又詔「南徐、兗、豫及揚州浙江西屬郡，自今悉督種麥，以助闕乏」〔註 154〕。此外，私人園墅更是麥菽粟麻輪番播種，例如，在謝靈運的始寧墅，可以看到麻、麥、栗、菽等作物的種植。南朝時蠶桑在浙江的永嘉郡、江西的豫章郡亦有較快的發展。吳興武康人沈瑀任建德令時，曾經教導鄉民「教人一丁種十五株桑、四株柿及梨栗，女子丁半之。人咸歡悅，頃之成林」。〔註 155〕

南朝劉宋政權，曾經實行扶貧寬徵省調之政策。劉裕初即位，於永初元年（420）下令：「賜民爵二級。鰥寡孤獨不能自存者，人穀五斛。逋租宿債勿復收。」該年七月，又規定：「諸流徙家並聽還本土。……又以市稅繁苦，優量減降」〔註 156〕。宋文帝在位三十年，更加著重發展農業生產，多次下詔勸課農桑，責令地方官「務盡敦課，游食之徒，咸令附農」。同時，南方政府也注意救濟受災百姓，元嘉十二年（435）六月，「丹陽、淮南，吳興、義興大水，京邑乘船。」便及時調撥「除豫南充三州、會稽宣城二郡米數百萬斛賜五郡遭水民」，並於當月下令「斷酒」，以節約糧食。次年（436），又責令地方官，「凡諸州郡，皆令盡勤地利，勸導播殖，蠶桑麻紵，各盡其方，不得但奉行公文而已。」〔註 157〕南齊統治時間雖較短，蕭道成父子也多次督促地方官嚴課農桑，不違農時，以盡地利，並限郡諸王，「悉不得營立屯邸，封略山湖」。〔註 158〕

梁武帝在位四十七位，對招集流移，興修水利，發展農桑，也採取了許多措施。即位初「分遣內侍，周省四方」〔註 159〕，进行考察，天監十七年（518）爲招集流亡，規定「凡天下之民，有流移他境，在天監十七年正月一日以前，可並恩半歲，悉還本，蠲課三年。其流寓過遠者，量加程日。若有不無還者，即使著土籍爲民，准舊課輸。若流移之后，本鄉無復居宅者，村司三老及余親屬，即爲詣縣，告請村內官地官宅，令相容受」。大同七年（541），又規定：「其有流移及失桑梓者，各還田宅，蠲課五年。」「凡是田桑廢宅沒入者，公

《晉書》卷 94〈隱逸．郭文傳〉，頁 2441。
〔註 154〕《宋書》卷 5〈文帝紀〉，頁 92。
〔註 155〕《南史》卷 70〈循吏．沈瑀傳〉，頁 1713。
〔註 156〕《宋書》卷 3〈武帝紀下〉，頁 52～54。
〔註 157〕《宋書》卷 5〈文帝紀〉，頁 92。
〔註 158〕《南齊書》卷 2〈高帝紀下〉，頁 33。
〔註 159〕《梁書》卷 2〈武帝紀中〉，頁 36。

創之外，悉以分給貧民，皆使量其所能以受田分」。〔註160〕梁朝的地方官吏，也注意奉行勸農政策，例如孫謙在郡縣，「常勤勸課農桑，務盡地利，收入常多於鄰境」。〔註161〕又蕭景爲雍州刺史，以「理辭訟，動農桑」〔註162〕著稱。

陳文帝下令守宰農桑「親臨勸課，務使及時」〔註163〕；宣帝時規定「有能墾起荒田，不問頃畝少多，依舊蠲稅」〔註164〕；陳後主即位時亦下令獎勵開荒：「其有新闢塍畎，進墾蒿萊，廣袤勿得度量，征租悉皆停免。私業久廢，咸許占作，公田荒縱，亦隨肆勤」。〔註165〕凡是新墾土地，不論多少一律免稅，而對督有成績的官吏則加以提升。上述六朝期間督課農桑獎勵生產的政策連續不斷，盡管這些政策的推行有一定的局限，而在相對安定的環境裡，它們對六朝農業的發展與地利的使用，無疑是具有積極的意義。

（二）六朝的農地與水利

六朝士族莊園的分布，絕大部分是集中在揚州地區，即今浙江和江蘇的南部一帶。此區不僅土地肥美、經濟發展，而且是東晉南朝的政治中心，南、北世家大族的薈萃之地。士族莊園分布的另一特點是大多座落在山林川澤地區，這可能與當時的大規模的占山錮澤活動有密切關係。《顏氏家訓．止足篇》稱：「常以二十口家，奴婢盛多，不可出二十人，良田十頃」，〔註166〕顏之推在這裡說的是下層士族的生活，他們占有「良田十頃」。西晉的〈占田令〉中規定，九品官有權占有的土地也是十頃，可見有耕地十頃左右，大致反映了西晉至南朝時期下層士族占有土地的情況，這大概就是當時較小的士族莊園的規模。士族莊園的規模一般都比較大，首先是因爲士族地主兼併土地的途徑主要是通過封山占澤和皇帝的大量賜予，這就容易取得連成一片的廣大土地。其次，由於士族地主長期掌權，因而兼併土地的機會較多，失去土地的情況相對較少。如王導一家在鍾山的莊園，世代傳業達二百餘年之久，直到梁時才被蕭衍強迫收購；謝安、謝琰、謝混，祖孫三代都擁有大量產業，直到梁末謝舉時，謝家仍擁有莊園。這種地權的持續，也有利於士族地主不斷

〔註160〕《梁書》卷3〈武帝紀下〉，頁85～86。
〔註161〕《梁書》卷53〈良吏．孫謙傳〉，頁773。
〔註162〕《梁書》卷24〈蕭景傳〉，頁369。
〔註163〕《陳書》卷3〈世祖紀〉，頁51。
〔註164〕《陳書》卷5〈宣帝紀〉，頁79。
〔註165〕《陳書》卷6〈後主紀〉，頁107。
〔註166〕《顏氏家訓》（台北：三民書局，1993年9月）卷5〈止足篇〉，頁248。

地擴大其莊園的規模。東漢末年仲長統曾想依山傍水建立莊園，謂理想的莊園模型應是「居有良田廣宅，背山臨流，溝池環幣，竹木周布，場圃築前，果園樹後。」；然而謝靈運卻認爲仲長統的莊園型態「不得周員之美」〔註167〕。可見東晉南朝時期一般士族莊園的規模比東漢時期還要大些。

士族莊園的規模如何？韋載稱在江乘縣白山的莊園「有田十餘頃」〔註168〕；張孝秀在尋陽匡山的莊園「有田數十頃」〔註169〕；王導在鍾山的莊園「有田八十餘頃」〔註170〕；孔靈符在永興的莊園「有田二百六十五頃」。這反映了大、中、小三種類型的士族莊園的規模。較小的士族莊園占有耕地十頃左右；中等的占有耕地數十頃；大型的占有耕地在數百頃以上。由於士族地主的居屋往往座落在其莊園之內，所以東晉南朝的史書也常使用「宅」來指涉士族莊園。王敬弘的舍亭山宅「林澗環周，備登臨之美，時人謂之王東山」〔註171〕至其孫王秀之時，「止營理舍亭山宅，有終焉之志。及除吳興郡，隱業所在，心願爲之，到郡修舊山，移置輜重」〔註172〕。阮佃夫的「舍宅園池，諸王邸第莫及。……於宅內開瀆，東出十許里」〔註173〕，如此的巨宅廣院，實際上就是囊括了整個山嶺、河流的大莊園。

此外，屯田的推行也促使了農業的發展。東晉南朝繼續在北方邊境地方推行屯田，以解決軍糧供應。宋、齊、梁、陳各朝，都派人在淮南芍陂、石鱉和襄陽、竟陵等地修復水利，推行屯田，宋文帝元嘉五年（428），張邵在襄陽「築長圍，修立隄堰，開田數千頃，郡人賴之富贍」〔註174〕。元嘉二十二年（445），劉駿出鎮襄陽，派劉秀之修復「六門堰，良田數千頃，得以豐收」〔註175〕。南齊在淮南的筏陂、石鱉也有屯田，梁朝的屯田規模較大，成效也較顯著，在江北邊境的荊州，北梁、秦州、司州、豫州等地都置有屯田，如荊州刺史蕭憺勵精圖治，「廣辟屯田，減省力役，存問兵死之家，供其窮困，民甚安之」〔註176〕。梁武帝中大通年間，陳慶之爲南、北司二州

〔註167〕謝靈運，〈山居賦〉，參《宋書》卷67〈謝靈運傳〉，頁1755。
〔註168〕《南史》卷58〈韋叡附韋載傳〉，頁1435。
〔註169〕《南史》卷76〈隱逸．張孝秀傳〉，頁1905。
〔註170〕《梁書》卷7〈王皇后傳〉，頁159。
〔註171〕《宋書》卷66〈王敬弘傳〉，頁1732。
〔註172〕《南史》卷24〈王裕之附王秀之傳〉，頁652。
〔註173〕《宋書》卷94〈恩倖．阮佃夫傳〉，頁2312。
〔註174〕《宋書》卷46〈張邵傳〉，頁1395。
〔註175〕《宋書》卷81〈劉秀之傳〉，頁2073～2074。
〔註176〕《梁書》卷22〈太祖五王．始興王憺傳〉，頁354。

刺史，「開田六千頃，二年之後，倉廩充實」〔註 177〕。這些屯田對於增加糧食生產，充實軍餉，鞏固邊防，起了一定的積極作用。

（三）六朝的農業經營

六朝時期，因爲此時許多園林尚帶有農業莊園經濟性質，所以其植物數量種類尚十分豐富，〔註 178〕由石崇〈金谷詩・序〉可知，其園林中農業經營的規模頗大。但士人園林已經開始以花木爲重要的藝術景觀，此時花木的數量、品類、造型等常多依美學之原則而配栽。如庾信〈小園賦〉寫其園中有「三竿兩竿之竹」〔註 179〕，可知植物配置講求生動靈活。六朝園林利用植物景觀更爲顯著進步，乃開始注意到植物可用來劃分與組合園林空間。士人園林除了要以劃分、組合園林空間作爲其藝術造型的基本手段，更要以園林中的空間關係，及園林與園外自然環境間的空間關係，來表現出文人對於整個宇宙的理解和認識。所以在空間處理上能否體現出園景間的和諧，乃園林藝術成敗的關健。而在這方面，植物景觀的作用日益爲人們所重視。如劉宋時王敬弘愛山水，「所居舍亭山，林澗環周，備登臨之美。」這種以林澗的環繞而形成相對封閉的園林環境是利用自然條件而成。又如阮孝緒幼時，「雖與兒童游戲，恆以穿池築山爲樂，及長，所居室唯有一鹿床，竹樹環繞」〔註 180〕，可見此時已見運用植物景觀分隔空間之方法。

至於士族莊園之性質可由〈山居賦〉看出其要。謝靈運稱：「春秋有待，朝夕須資，既耕以飯，亦桑貿衣，藝菜當肴，採藥救頹。自外何事，順性靡違。」《顏氏家訓・治家篇》稱：「生民之本，要當稼穡而食，桑麻以衣。蔬果之蓄，園場之所產；雞豚之善，塒圈之所生。爰及棟宇器械，樵蘇脂燭，

〔註 177〕《梁書》卷 32〈陳慶之傳〉，頁 464。

〔註 178〕植物景觀在六朝的山水審美和園林藝術中比前代宮苑占有更重要的地位，這主要是因爲六朝士人崇尚自然美景以及植物可表徵人格寄托的緣故，而這兩者又往往互爲比興。士人園林中的植物景觀以松、柏、竹最具代表性，因其或蒼勁、或挺秀、或清高，且姿質秀美、經寒不凋，觀賞、寓意皆宜。如西晉左思：「經始東山廬，果下自成榛。前有寒泉井，聊可瑩心神。峭壁青蔥間，竹柏得其眞。」，此與秦漢宮苑中彌皋被綱，蒼漭無際的風格不同。六朝士人園中植物景觀多尚雅致清逸之趣，如孫綽〈蘭亭詩〉：「鶯語吟修竹，游鱗戲瀾濤」；王融〈詠池上梨花詩〉：「芳春照流雪，深夕映繁星」等皆點出園林植物之脩美。

〔註 179〕庾信，〈小園賦〉收入，《全上古三代秦漢三國六朝文・全後周文》卷 8，頁 3921。

〔註 180〕《梁書》卷 51〈處士・阮孝緒傳〉，頁 739。

莫非種殖之物也。至能守其業者，閉門而爲生之具以足，但家無鹽井耳！」〔註 181〕可見由於士族莊園從事多種經營，莊園主基本上不同外界進行交換，也能生活，所以是一種自給自足性質的封建經濟組織。然而，有史料證明，大多數士族莊園還是出賣其產品的。西晉江統謂：「公侯之尊莫不殖園圃之田而收市井之利」〔註 182〕，說明當時的大多數士族莊園就曾出售莊園產品。

東晉南朝時期的情況也大體如此。《宋書·孝武帝紀》載太初元年詔令：「其江海田池，公家規固者，詳所開弛；貴戚競利，悉皆禁絕。」〔註 183〕這道令文的下半截漏了一句，據《宋書·謝莊傳》可知，這道令文的下一半是：「貴戚競利，興貨廛肆者，悉皆禁制」，〔註 184〕這裡把貴族「興貨廛市」與「占山固澤」相提并禁，正說明貴族用以競利的財貨，就是源自其山澤莊園裡的物產。《宋書·何承天傳》載：「承天賣茭四百七十束與官屬，求貴價」〔註 185〕，又《宋書·柳元景傳》載：「南岸有數十畝菜園，守園人賣得錢二萬，送還宅」〔註 186〕，可證明士族莊園河湖園圃中的菜果魚蝦等物產，在自給自足的前提下，也往往拿出部分作爲商品出賣。而士族莊園主出賣產品所得的錢，除了用於購買其所不能自產的若干生活必需品之外，主要還是用於採購奢侈品。《宋書·孔琳之傳》論曰：「於是競收罕至之珍，遠蓄未名之貨。明珠翠羽，無足而馳；絲緯文犀，飛不待翼。天下蕩蕩，咸以棄本爲事」〔註 187〕。士族地主多奢侈浪費、廣富錢財，商賈手中的明珠翠羽、絲衣文犀之類的罕至之珍，當然便以他們爲主要的販售對象。

由〈山居賦〉可以看出六朝時期士族莊園之生產性質。謝靈運稱：「春秋有待，朝夕須資。既耕以飯，亦桑貿衣；藝菜當肴，採藥救頹。自外何事，順性靡違。」《顏氏家訓·治家篇》稱：「生民之本，要當稼穡而食，桑麻以衣。蔬果之蓄，園場之所產；雞豚之善，塒圈之所生。爰及棟宇器械，樵蘇脂燭，莫非種殖之物也。至能守其業者，閉門而爲生之具以足，但家無鹽井

〔註 181〕《顏氏家訓》卷 1〈治家篇〉，頁 35。
〔註 182〕《晉書》卷 56〈江統傳〉，頁 1537。
〔註 183〕《宋書》卷 6〈孝武帝紀〉，頁 112。
〔註 184〕《宋書》卷 85〈謝莊傳〉，頁 2169。
〔註 185〕《宋書》卷 64〈何承天傳〉，頁 1171。
〔註 186〕《宋書》卷 77〈柳元景傳〉，頁 1990。
〔註 187〕《宋書》卷 56〈孔琳之傳〉，頁 1559。

耳！」〔註 188〕可見由於士族莊園從事多種經營，莊園主基本上不同外界進行交換，也能生活，所以是一種自給自足性質的封建經濟組織。〔註 189〕

士族在莊園耕地上所種植之農作物，據〈山居賦〉表示係在水田種稻；旱地植麻、麥、粟；在園圃栽蔥、薑、薺、蔓菁等種類繁多的菜蔬。且爲了提高農業收獲量，士族莊園極爲重視水利灌溉。〈山居賦〉稱「導渠引流，脈散溝并」，又說「血流灌溉以環近」。前述在徐勉的莊園裡，也是「塍陌交通，渠畎相屬」〔註 190〕。由於士族莊園有優越的灌溉條件，這對抗旱保苗收了重要的作用，如晉陵郡在宋元嘉二十一年（444）因積年亢旱，貧窮農戶「禾稼不登」，但「承陂之家」的世家富室，卻「并皆保熟，所失蓋微。陳積之谷，皆有巨萬。旱之所弊，實鍾貧民，溫富之家，各有財寶。」〔註 191〕士族地主當大多屬於這種「承陂之家」，佃客、部曲等勞動者用雙手創造了抗旱保熟的穀糧，但絕大部分的勞動果實卻被士族地主攫奪而去。

六朝園林有不少乃是經由封錮山澤而來，此類園林一般規模較大，轄區含山帶水，可以進行各種家計方式的產業。謝靈運〈山居賦〉謂：

> 春秋有待，朝夕須資。既耕以飯，亦桑貿衣。藝菜當餚，採藥救頹。自外何事，順性靡違。〔註 192〕

謝靈運〈遊山水志〉亦云「夫衣食，人生之所資；山水，性分之所適。今滯所資之累，擁其所適之性耳。」〔註 193〕世家大族滿足於衣食，一切不假外求，便是營建山墅以遂行家計生產的功用所在。如吳郡著姓張茂度「內足於財，自絕人事，經始本縣之華山以爲居止」〔註 194〕，又《顏氏家訓．治家篇》稱：「閉門而爲生之具以足」〔註 195〕，均足以說明山墅是一種封閉式且可滿足自身家計的經濟組織，六朝山林豐富的自然資源，爲多種經營和生產提供了有利的條件，使自給型經濟更爲充實。

〔註 188〕《顏氏家訓》卷 1〈治家篇〉，頁 35。

〔註 189〕然而，有史料證明，大多數士族莊園還是出賣其產品的。例如，西晉江統謂：「公侯尊莫不殖園圃之田而收市井之利。」(《晉書》卷 56〈江統傳〉) 這說明當時的大多數士族莊園就曾出售莊園產品，東晉南朝時期也大體如此，參下段進一步的舉例說明。

〔註 190〕《梁書》卷 25〈徐勉傳〉，頁 384。

〔註 191〕《宋書》卷 91〈孝義．徐耕傳〉，頁 2252。

〔註 192〕《全上古三代秦漢三國六朝文．全宋文》卷 31，頁 2605。

〔註 193〕《全上古三代秦漢三國六朝文．全宋文》卷 33，頁 2616。

〔註 194〕《宋書》卷 53〈張茂度傳〉，頁 1510。

〔註 195〕《顏氏家訓》卷 1〈治家篇〉，頁 35。

第三節　六朝時期的大地與自然——以謝靈運〈山居賦〉爲中心

東晉南朝時期立國江左，江南地區含山帶水，與黃淮平原之低平廣闊並不相同。六朝時期利用平原、丘陵、山地、湖澤等不同的地理條件，開展了園林多樣設計的佈置方式；而植桑養蠶、園藝樵採、畜牧養魚等多樣發展，構成了六朝園林之景觀特色。與此同時，六朝時期也是中國山水詩、山水賦、山水畫的發展時期，這些都構成了觀察六朝大地與自然的諸多面向，因此，拙文將分別由這幾個主題，來反思六朝大地思想。而在本章最後，也將以謝靈運的〈山居賦〉爲例，來論析六朝時期園林的景觀與環境之間的關係。

一、六朝的環境與自然

中國文學發展至魏晉之際，大致上有了散文、韻文的明確分類。東晉偏安江左，士人在臨賞江南明媚的山水勝境之際，逐漸培養了對山水自然的審美意識與創作熱情，並藉著與山水的悠游托情，使得山水與文學的關係愈來愈密切。〔註196〕六朝時期的山水文學大量出現，生動地反映了山水與文學結合之文風趨勢。而就在這些吟詠山水的文學篇章中，有不少是以園林爲背景，或內容爲涉及園林景觀之描繪者，可提供爲研究六朝大地與自然之關係的寶貴資料。

（一）山水文學與自然

六朝時期的山水園林頗爲發達，這些依山傍水的園林，乃六朝人聆聽山水清音之處所。所以六朝之園林爲六朝人取觀山水、行仁長智之地，園林的山水美景激發了六朝山水文學的開展，使得六朝的山水文學極富自然生機與美感興味。以六朝山水文學而言，與大地思想攸關者，當爲山水詩與山水賦。所謂的「山水詩」〔註197〕，是指描寫山水風景的詩作，雖然詩中不一定純寫

〔註196〕陳水雲教授曾對於中國的山水文化提出一些看法：「不論是山水詩、山水畫，儘管傳達的媒介不同，表達方式各異，但都不是眞實的山水，而是經過人的審美創造加工的山水藝術，因此，它們在藝術傳達和意境的創造方面有許多相同的審美特徵。同樣，中國的山水詩、山水畫，也不同於西方的風景詩、風景畫，而是具有強烈重視情景交融、注意虛實結合、追求象外之致的意境韻味。」參陳水雲，《中國山水文化》（武漢，武漢大學出版社，2001年10月出版）頁106～107。

〔註197〕有關中國山水文學（山水詩、山水賦）的淵源與流變之研究，學界已有許多

山水，亦可參雜其他子題，但是呈現耳目所及的山水之美，則必須爲詩作的主要目的；在一首山水詩中，並非山和水都得同時出現，有的狀寫山景，有的描寫水景；再者，詩中的山水並不侷限於荒山野外，其他經過人工點綴的園林，以及城市近郊、宮苑或莊園的山水皆可入詩。〔註198〕而山水賦作爲文體的一類，在《文選》中，「賦」被列爲首位，儘管其中沒有「山水」的名目，但至少在其他的幾個門類當中，都不同程度涉及到自然的山水。〔註199〕

魏晉時期，山水審美意識的覺醒，是確認自然本身存在著美感，徜徉於自然山水可以樂志怡情，得到精神需求的滿足。例如，王粲曾在流寓荊州，偶登當陽城樓時，對映入眼簾的豐山秀水發出「信美」〔註200〕之概嘆；而應璩亦曾提過優游園林山水之歡然欣悅：「閑者北游，喜歡無量。登芒濟河，曠若發矇，……逍遙陂塘之上，吟詠菀柳之下，……何其樂哉」〔註201〕，因此，建安時期把山水園林視爲樂志怡情的表現，衍然已成爲文人的普遍風尚。〔註202〕然而若深入分析，建安文壇吹拂的山水清風，乃是漢末以來士人個性覺醒之產物。由於自我意識的覺醒，使人們深刻體驗到個性生命之短

討論，可參考王國瓔，《中國山水詩研究》（臺北，聯經出版事業，1992年2月出版）；丁成泉，《中國山水詩史》（臺北，文津出版社，1995年8月出版）；李文初，《中國山水詩史》（廣東，廣東高等教育出版社，1991年5月出版）等書。拙文在此不擬討論此一議題，擬針對山水文學所表現出來的各種面向，與大地思想之間的關係來作探討。

〔註198〕參王國瓔，《中國山水詩研究》，〈緒言〉，頁1。

〔註199〕李文初指出在《文選》當中沒有「山水賦」之門類，然而他認爲在「京都」、「畋獵」、「紀行」、「游覽」、「江海」、「物色」、等門類中，皆不同程度地涉及自然的山水，參李文初，《中國山水文化》（廣州，廣東人民出版社，1996年9月出版），頁277。

〔註200〕王粲，〈登樓賦〉，收入《全上古三代秦漢三國六朝文・全後漢文》冊2，卷90，頁840～841。

〔註201〕應璩，〈從弟君苗君胄書〉，收入《全上古三代秦漢三國六朝文・全三國文》冊3，卷30，頁301。

〔註202〕而以曹丕爲中心的西園之游，正是這種新趨向的集體實踐。曹丕稱與眾文士同乘載以游西園，「浮甘瓜於清泉，沉朱李於寒水，白日既匿，繼以朗月」，游興之濃，溢於言表。除此之外，曹丕〈芙蓉池作〉、〈于玄武作〉、〈登城賦〉，曹植〈節游賦〉，王粲〈雜詩〉，均曾對山水園林有過模山範水之功夫。建安文人山水審美精神的新動向是與建安后期北方政局的漸趨穩定有關的。若無相對平穩的政治環境，文人是不易有流連山水園林的條件，更遑論會有欣賞自然美的閑情逸致了。梁朝劉勰曾指出鄴下文人「怜風雲，狎池苑，述恩榮，敘歡宴」（《文心雕龍》卷6〈明詩篇〉，頁90。）的活動盛況，亦曾標示曹魏期間「天與輯寧」（《文心雕龍》卷45〈時序篇〉，頁687。）的社會背景。

暫，清楚地認清「壽命非松喬，誰能得神仙」〔註 203〕，轉而重視在有限的生命中，注意身心的歡愉、情性的發揮與醉心山水園林的生活方式。

西晉時期，對自然美的體認及游賞之風愈益普遍。朝野上下，舉凡名士、名將、豪富、文人，大都以游樂山水園林爲風雅。名將羊祜「樂山水，每風景，必造峴山，置酒言詠」〔註 204〕；豪富石崇曾有過金谷詩會之舉；而左思更高喊：「非必絲與竹，山水有清音」〔註 205〕，此一名句，在中國古代對於山水認識的界定，頗具指標意義。左思不僅將清音與絲竹雅樂相提並論，更以排序之文學手法，使得山水清音之美學價值凌駕於絲竹雅樂之音，同時也顯現出山水的美學價值由軍事地位躍昇爲藝術層面。由此可窺，西晉文學中，對於自然景物描寫的普及化，以及自建安以來山水審美的自覺，乃山水文學中景物成分日漸增多之態勢下的必然結果。此外，當時莊園經濟的發展，又爲士人提供了接近自然、品鑒山水的物質基礎與環境基礎。例如王戎、石崇皆爲著名的大莊園主，而張華、何劭、潘岳等人也都擁有莊園。張華還曾提到他與何劭「自昔同寮采，於今比園廬」，又云：「隨陰陽之開闔，從時宜以卷舒；冬奧處於城邑，春游放於外廬」〔註 206〕；而潘岳〈閑居賦〉更是描繪優游園林的山棲逸趣。由此可知，莊園的發達，爲士族提供了接觸自然山水的機會，山水文學中狀山寫景的成分，乃呈現得相得益彰之局面。

東晉南朝時期，士人對山水之審美觀感轉爲暢神，如謝道蘊曰：「非工復非匠，雲構發自然；氣象爾何物，遂令我屢遷」〔註 207〕；又如王徽之曰：「散懷山水，蕭然忘羈」〔註 208〕，可知，山水賜與人們歡樂、寄暢、散懷、忘羈等賞心悅目的心靈美感。而所謂山水之層次，非僅只是山和水而言，舉凡生存在於自然山水之草木蟲魚，飛禽走獸，與大自然的昭陽柔月，雲霧雨露等，皆爲山水之組成。即凡屬於自然界的種種風聲、海濤、鳥語、蟲鳴、花香、滴泉，皆屬於左思所云之「清音」，皆含攝於今日吾人所說的「天籟」。此外，士人游賞山水的範圍不止於都邑郊原的山川，更尋奇探勝、跋涉幽僻，尤其是東晉中後期的士人，無不把山水作爲傾心的對象。例如謝安「放情丘

〔註 203〕曹丕，〈芙蓉池作詩〉，收入《先秦漢魏晉南北朝詩・魏詩》卷 4，頁 400。
〔註 204〕《晉書》卷 34〈羊祜傳〉，頁 1020。
〔註 205〕左思，〈招隱詩〉，收入《先秦漢魏晉南北朝詩・晉詩》卷 7，頁 734。
〔註 206〕張華，〈歸田賦〉，收入《全上古三代秦漢三國六朝文・全晉文》卷 58，頁 597。
〔註 207〕謝道蘊，〈泰山吟〉，收入《先秦漢魏晉南北朝詩・晉詩》卷 13，頁 912。
〔註 208〕王徽之，〈蘭亭詩〉，收入《先秦漢魏晉南北朝詩・晉詩》卷 13，頁 914。

壑」〔註 209〕，王羲之「好盡山水之游」〔註 210〕，孫綽「游放山水，十有餘年」〔註 211〕，孫統「性好山水，居職不留心碎務，縱意游肆，名山勝川，靡不窮究」〔註 212〕。由此可知，東晉南朝時期，山水之美已成爲時人日常生活關注的話題。東晉南朝立國江左，南渡士人在這片土地上掀起開山占池、營構莊園的熱潮，陳郡謝氏的莊園「傍山帶江，盡幽居之美」〔註 213〕；濟陽江氏的莊園「左江右湖，面山背壑，東西連跨，南北紆縈」〔註 214〕；瑯琊王氏的莊園「崇山峻嶺，茂林修竹，清流激湍，映帶左右」〔註 215〕，因此，優美的自然環境，豐裕的物質生活，使得東晉士族既可適性怡情，又可在資生之優渥條件下長期盡山水之游。

（二）山水畫與自然

山水畫是中國畫的畫科之一，簡稱山水，乃是以描狀山川自然景物爲主體的繪畫。〔註 216〕早在西周時期，工藝裝飾便多取材於山水形象。例如玉制禮器六瑞之一的「鎮圭」，即雕鑿了四鎮之山，以山形象徵禮位；銅器六尊中的「山尊」，亦刻畫著山雲之形。〔註 217〕由此可知，周人以習慣透過山川之形象以寄託莊嚴的大地情感。根據《周禮》記載：

> 畫繢之事，雜五色，東方謂之青，南方謂之赤，西方謂之白，北方

〔註 209〕《晉書》卷 79，〈謝安傳〉，頁 2076。

〔註 210〕《晉書》卷 80，〈王羲之傳〉，頁 2100。

〔註 211〕《晉書》卷 56，〈孫綽傳〉，頁 1544。

〔註 212〕《晉書》卷 56，〈孫統傳〉，頁 1543。

〔註 213〕《宋書》卷 67，〈謝靈運傳〉，頁 1754。

〔註 214〕《陳書》卷 21〈江總傳〉，頁 344。

〔註 215〕王羲之，〈臨河敘〉，收入《全上古三代秦漢三國六朝文‧全晉文》冊四，卷 26，頁 274。

〔註 216〕黃雲認爲：「中國山水畫，顧名思義乃是描山繪水，畫題以山以水爲主，但是，作爲中國山水畫所包含的內容和意思，卻大大超出山和水的範疇。……其中關於山水畫的部分，必須首先要從樹和石學起，並且樹、石是山水畫中非常重要的組成部分。事實上，有很多畫家，光是畫樹，既沒有山，也沒有水，這也算是山水畫。……其實所謂山水畫，乃是人們對於大自然的認識和態度，說得更恰切些，乃是人們通過一定的畫面，表現人與自然的關係，也可以說山水畫乃是人們對於自然的認識和描繪。這裡所指的自然，是豐富多彩、包羅萬象的，包含自然本身及人們改造自然的或動等方面。如天、地、山、水、樹、石、雲和人們建造的房屋、田、林等等。」參黃雲，《中國山水畫史》（廣州，廣東高等教育出版社，1991 年 7 月出版），頁 1。

〔註 217〕徐金堤，《中國山水畫史錄》（濟南，齊魯書社，1993 年 12 月出版），頁 4。

謂之黑，天謂之玄，地謂之黃。青與白相次也，赤與黑相次也，玄與黃相次也。青與赤謂之文，赤與白謂之章，白與黑謂之黻，黑與青謂之黻，五彩備謂之繡。土以黃，其象天，天時變，火以圜，山以章，水以龍，鳥獸蛇。雜四時五色之位以章之，謂之「巧」。〔註 218〕

從這段文字可以發現，周代在從事繪畫乃根據方位觀念，將上天與大地各配以不同的色澤，而其顏色與後代的五行學說頗爲相配，且四方的顏色均係出自其自然的表象之色；雖然其中未標明五行，但是其以色彩配以空間，也可以說明早期的空間分割思想之萌芽。其次，根據王逸《楚辭章句》云：「楚有先王之廟，及公卿祠堂，圖畫天地、山川、神靈，琦瑋僪佹，及古賢聖怪物行事。」〔註 219〕可知，古代在仰觀於天，俯察於地之時，對於山川之觀察頗爲仔細，對於天地色彩變化的感受亦是極微敏銳而發達。由此可知，早在周代即以山川之形象寄託於自然的大地情感。

兩漢時期與山水園林有關的繪畫工藝作品有不少出土，著名者爲畫像石與畫像磚。〔註 220〕根據山東孔廟所收藏的漢代石刻畫像石〈春雨圖〉，此圖畫面刻畫著彎曲的柳樹、扭腰的雙人、相向飛騰的翔鳥，表現出大自然愉悅生動的張力。〔註 221〕而在四川成都發現的畫像石（參圖：3-1），所描繪出的園林樓閣相連、院落井然，還有著伎人舞練的場面，園林宅內環境幽雅、植榆栽柳，院外山巒碧疊、林木茂密、野獸奔馳。此外，在四川發現的畫像磚〈農作圖〉與〈收穫弋射圖〉（參圖：3-2，圖：3-3），表現出人捕獲鳥獸的狩獵活動，人大張旗鼓向上、向外拉弓獵射，天空的飛雁則成群倉皇向外飛逃，水中的景物有碩大的游魚、悠閒的鴨、荷花，畫面十分豐富，富有生生不息的活力；而在收割莊稼的場面，人手舉鐮、賣力收成、擔挑糧穀；播種圖表現出人們辛勤播種的畫面，在在都顯現出漢代將生活中與自然相處的情形，生動煦煦呈顯的面向。綜觀漢代的畫像石與畫像磚的特色，一方面，表現出多

〔註 218〕參《周禮・東官・考工記》，收入吳樹平等點校，《十三經全文標點本》（北京，北京燕山出版社，1991 年 12 月出版），頁 506。

〔註 219〕參王逸，《楚辭章句》，收入《全上古三代秦漢三國六朝文・全後漢文》卷 57，〈天問〉，頁 552。

〔註 220〕有關漢代畫像石與畫像磚的相關解說與研究，可參考中國畫像石全集編輯委員會，《中國畫像石全集》（濟南，山東美術出版社，2000 年 6 月出版）；中國畫像磚全集編輯委員會（中國畫像磚全集）（成都，四川美術出版社，2006 年 1 月出版）。

〔註 221〕徐金堤，《中國山水畫史錄》，頁 5。

種形象，採取象徵式的重疊與相累式的構圖技巧；另一方面，在二度空間內安排了三度空間的圖像，克服了時空觀念的束縛，把物象以簡鍊而集中的手法突顯出來，給人一種凝聚、深沉而樸拙的力量感。〔註 222〕因此，可以說漢代的磚刻藝術的造型和表現方式對六朝的山水畫與山水園林，當具有一定程度的影響。

六朝時期與山水有關的畫題頗多，雖然僅從話題頗難體證這些已經是完全意義上的山水畫，但至少可以說明山水題材在六朝時期已從人物畫作中分劃出來的趨向。山水畫的確立，歸根結底，是人對自然山水實美態度的確立。這需要兩個條件：一是主體與山水的眞正融入，二是繪畫的才能。其中對典型的代表了六朝時期山水畫題材發展變化的是東晉的顧愷之。〔註 223〕

代表顧愷之山水畫最高成就的是著名的〈洛神賦圖〉(參圖：3-4、3-5、3-6)。它以曹植的名作《洛神賦》爲內容，分段描繪賦意，移步換影，構回相連，其間山水起伏，林木掩映，人物隨著賦意的鋪陣重復出現，畫腳處理將時間和空間打成一片，既帶有夢幻虛藐的浪漫色彩，又體現了傳統繪畫時空合的一的特徵，以及初期山水畫人物與山水合一的夢幻題材。由於中國繪畫史牽涉相關的繪畫理論，故拙文在此僅以繪畫本身所呈顯出來的人物、大地、山水、自然等相關的面向加以論述。首先，此圖以洛水地區的自然環境取景，對於車船、馬駕、飛禽、鳥獸、山石、樹木、雲氣，都做了精彩生動的描寫。〔註 224〕而自然景物都有一定的立體感，其大小、疏密、高低，層次起伏、變

〔註 222〕徐金堤，《中國山水畫史錄》，頁 6。

〔註 223〕顧愷之兼善詩文、書法、音樂，繪畫尤爲所長。顧愷之既是六朝時期唯一有畫跡傳世的畫家，也是繪畫史上第一個提出專門畫論的理論家，故其畫作爲世所重。然而，依拙見，顧愷之，在當代似乎不甚被重視。首先，根據南齊謝赫《古畫品錄》:「第一品，五人，……第二品，三人，……第三品，九人，姚曇度；顧愷之，格體精微，筆無妄下，但跡不逮意，聲過其實。……」不過，陳代姚最《續畫品》則挺身批評謝赫之不公，殆唐代李嗣眞、張懷瓘、張彥遠，則多給予高度評價，參〔南齊〕謝赫，《古畫品錄》、〔陳〕姚最，《續畫品》、〔唐〕張彥遠，《歷代名畫記》，均收入《中國畫論》(合肥，安徽美術出版社，1995 年 9 月出版)，頁 1～11、15～26、78～193。

〔註 224〕顧愷之在山水畫形成中的貢獻還表現在繪畫理論方面，其在〈魏晉勝流畫贊〉中，首次提出了繪畫題材的分類問題，亦即「凡畫，人最難，次山水，次狗馬。」的說法，參袁有根、蘇涵、李曉庵，《顧愷之研究》(北京，民族出版社，2005 年 8 月出版)，〈魏晉勝流畫贊・考辨析譯〉，頁 288～316。顧愷之的這種對於繪畫的分類的思想，也似乎透露了山水畫形成中的重要信息。

化分明。〔註 225〕其次，觀察〈洛神賦圖〉可見其中顯現出來的人物主題頗為豐富，人物隨著圖序逐步推移，呈現出空間的轉移性，從根本上說，這還是一種陪襯式的暗喻，但此一構思卻說明人物是如何與山水相構通融合，進而促使畫家的審美眼光從人物品鑒向山水移情，並最終使山水成為獨立的實美對象的。〔註 226〕再者，觀察〈洛神賦圖〉可以發現，其中具有「山」與「水」兩大要素，這也代表了此圖為山水畫的象徵。不過，似乎其山、其水的表現手法，也有其特點。而此特點，似乎唐代張彥遠已看出其端倪：

> 魏晉以降，名迹在人間者，皆見之矣。其畫山水，則群峰之勢，若鈿飾犀櫛，或水不容泛，或人大於山，率皆附以樹石，映帶其地。列植之狀，則若伸臂布指。詳古人之意，專在顯其所長，而不守於俗變也。〔註 227〕

首先，張彥遠指出魏晉的名畫在唐代仍然名跡尚存，這些都是可供唐人模擬學習的畫作；而這裡張彥遠特別提出「山水畫」來談，也代表了張對於山水畫之重視；再者，他認為魏晉山水畫的表現手法的特色在於畫山「群峰之勢，若鈿飾犀櫛」，畫水「水不容泛」，畫人「人大於山」〔註 228〕，畫樹皆與石相鄰。今觀察〈洛神賦圖〉又可看出這一點。總之，〈洛神賦圖〉無疑是山水畫形成過程中極為重要的標志。就山水畫表現人與自然的關係而言，是從主題思想到畫面表現，都充分體現了人與自然不可分離的密切協調狀態，洛水與洛女神形成缺一不可、互相依存的統一關係，人物的實美與山水的實美互相交融。

〔註 225〕參黃雲，《中國水畫史》，頁 16～17。此外，依拙見，圖中有不少的林木分佈，這似乎可以代表林木開始在中國山水畫史中的地位。〈洛神賦圖〉不再強調以「山」、「石」為其布景的主角，也可以窺見山水畫的進展的軌跡。畫中的林種可能有二種以上，樹葉或挺直、或疏落，或孤株、或成林，代表了顧愷之對於林木的形象的具體描繪；其次，林木的高度幾與人同高，或稍高，也表現出人與樹木的依存關係，這與漢代的畫像磚的構圖，將林木置於圖面一隅，且林木多以單株少葉出現，不似〈洛神賦圖〉中的林木多呈現蒽鬱多葉的青翠感覺，也可以推想〈洛神賦圖〉畫題雖以北方洛水為故事，但其描繪的林木卻呈現南方林種的樣貌。

〔註 226〕參黃雲，《中國水畫史》，頁 17。

〔註 227〕〔唐〕張彥遠，《歷代名畫記》〈論山水樹石〉，收入《中國畫論》，頁 89。

〔註 228〕依拙見，〈洛神賦圖〉尚有一些疑點，首先，若此圖確係實景，則應以北方洛水當地真實地理入畫，洛水為黃河支流，當地有嵩、邙諸山脈環繞，然而此圖對於山的畫法偏小、偏遠，一方面可以推測當時人們對於山的感覺，可能不比林木來得親近；二者，此圖故事本為神話，因此，可能顧愷之原先在構圖時，即以神話的角度與心態來作畫。

圖 3-1：四川成都畫像石〔註 229〕

圖 3-2：四川畫像磚〈農作圖〉〔註 230〕

〔註 229〕中國畫像石全集編輯委員會，《中國畫像石全集》(濟南，山東美術出版社，2000 年 6 月出版)，左爲成都曾家包漢墓，〈釀酒、馬廄、闌錡圖〉冊七，頁 38，右爲成都曾家包漢墓，〈農作、養老圖〉冊七，頁 40。

〔註 230〕根據中國畫像磚全集編輯委員會，《中國畫像磚全集》(成都，四川美術出版社，2006 年 1 月出版)，〈農作圖〉，頁 47。

圖 3-3：四川畫像磚〈收穫弋射圖〉〔註 231〕

圖 3-4：〈洛神賦圖〉之一〔註 232〕

〔註 231〕根據中國畫像磚全集編輯委員會，《中國畫像磚全集》，〈收穫弋射圖〉，頁 45。

〔註 232〕〈洛神賦圖〉一、二、三，係取自楊新、班宗華，《中國繪畫三千年》（臺北，聯經出版公司，1999 年 1 月出版），頁 54～55。

圖 3-5：〈洛神賦圖〉之二

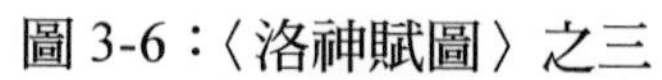

圖 3-6：〈洛神賦圖〉之三

另外一位與山水畫有關的畫家是南朝的宗炳。《宋書》本傳記載其平生「好山水，愛遠遊，西陟荊、巫，南登衡岳。因而結宇衡山，欲懷尚平之志」，及至晚年，「有疾還江陵，嘆曰：『老疾俱至，名山恐難偏覩，唯當澄懷觀道，臥以游之。』凡所游履，皆圖之於室」〔註 233〕。宗炳在〈畫山水序〉中曾自謂自己的山水之緣：

> 余眷戀廬、衡，契闊荊、巫，不知老之將至。愧不能凝氣怡身，傷跕石門之流。於是畫象布色，構茲雲嶺。〔註 234〕

宗炳此文〈畫山水序〉是中國畫史上第一篇正式的山水畫論，也象徵著山水畫的地位的形成。徐金堤認為此文的重點在於「談道、說理」，其次談游離於物與畫之外的「神」和附於物與畫之上的「靈」，最後才談「萬趣融其神思，暢神而已」。因此，〈畫山水序〉全文是圍繞著道而展開的。〔註 235〕宗炳所說的「山水以形媚道，而仁者樂」，就是說聖人的精神表達於玄理，山水形象是表達玄理的理想媒介。因此，宗炳一生的遊覽山水，是為了到山水中尋道；畫山水，更是為了在山水畫中體現其道。

二、謝靈運〈山居賦〉中的景觀與自然

六朝時期，世家大族在各地皆擁有園墅，陳郡謝氏在南方的江、浙地區，亦擁有多數田宅，除了在建康烏衣巷有規模不小的園宅，可供「親朋畢集」〔註 236〕之外，遠在浙東地區還有規模頗大的始寧墅。始寧墅肇因謝安的開創與隱居而聞名，而謝靈運的撰寫〈山居賦〉也是使得謝家這座山墅得以名流千史的因素。〔註 237〕

（一）謝靈運與〈山居賦〉

謝靈運於公元五世紀中在浙江始寧地區隱居，〈山居賦〉大致上作於這

〔註 233〕《宋書》卷 93〈隱逸・宗炳傳〉，頁 2299。

〔註 234〕宗炳，〈畫山水序〉，收入《全上古三代秦漢三國六朝文・全宋文》，卷 20，頁 204。

〔註 235〕陳金堤，《中國山水畫史錄》，頁 14～15。

〔註 236〕參《晉書》卷 79〈謝安傳〉，頁 2075。

〔註 237〕謝靈運的〈山居賦〉是被收入《宋書》本傳中的，因此，此文得因入正史而得以完整留存，有一部份當歸之於梁代負責修撰《宋書》的沈約的「史識」。歷史上，對於沈約修《宋書》有過許多批評，包括撰著草率、蕪詞太多、繁簡失當等，這些論點已有需多學者提出討論，拙文僅就〈山居賦〉史料保存的觀點，對於沈約在修史時存載許多當代的文章、奏議、表文等文字，表示正面的看法。

段期間。〈賦〉中所描述的這座莊園分爲南山和北山兩個部份，亦即南居和北居。謝靈運描述北山與南山之間的連結路線——其間以水路交通，途中的平湖流水，清澈見底；岸邊佈滿水草與水生植物，水中還有沙洲與小島，湍急的河水拍打著河岸的岩石，也沖刷著水中的砂石，構成一幅既有聲音又有美景的圖畫。

〈山居賦〉中對於山水江湖等自然景觀的描寫堪稱上乘，這也是謝靈運被稱爲中國山水詩創始鼻祖的關鍵因素。〈賦〉中對於山與水的刻畫不僅細膩寫實，也充分顯示出，始寧山墅中的山水景觀，就像是魏晉六朝其他的士人園林景觀一樣，追求著與自然齊一的物我交融的境界。這也是魏晉六朝園林在發展的歷史過程之中，頗具意義的關鍵所在。

1. 謝靈運其人

謝靈運（385～433），祖籍陳郡陽夏（今河南太康），出生地在會稽郡始寧縣（今浙江上虞）〔註 238〕，生於東晉孝武帝太元十年（385），死於劉宋文帝元嘉十年（433）。祖父謝玄（343～388），因爲淝水戰役有功而封爵康樂公，謝玄死後，靈運入京襲封康樂公。安帝義熙年間，靈運先後任職琅邪王大司馬行參軍、秘書丞、中書侍郎、黃門侍郎等職。靈運一生曾有兩次的隱居生活。元嘉八年（431），因決湖造田之事被會稽太守誣告，靈運集馳京師申辯，文帝不予追究，但不讓他再回會稽，改派他臨川內史一職。然而靈運在職期間，縱放山水，再次爲有司所糾。後因罪被誣興兵謀亂，流放嶺南，死於廣州。

山水詩文是謝靈運創作的主要內容，因而奠定他在中國文學史上的地位。今存謝靈運的作品當中，主要的風格在描寫山水，可以說，謝靈運是中國第一個大量發掘自然美，自覺地以山水景物爲主要審美對象的文學家。他的山水詩文當中，往往能將情、景、意交融爲一體，境界開闊、清新自然。梁沈約稱：「靈運少好學，博覽群書，文章之美，江左莫逮。……每有一詩至都邑，貴賤莫不競寫，宿昔之間，士庶皆徧，遠近欽慕，名動京師。」〔註 239〕；同時代的鍾嶸稱許：「元嘉中，有謝靈運，才高詞盛，富豔難蹤，固已含跨劉、郭，凌轢潘、左。故知陳思爲建安之傑，……陸機爲太康之英，……謝客爲

〔註 238〕始寧，縣名，東漢置，屬會稽郡，其地在今浙江省上虞縣南、嵊縣北，城址在今嵊縣三界鎮一帶。參〔宋〕謝靈運，顧紹柏校注，《謝靈運集校注》（臺北，里仁書局，2004 年 4 月出版），〈過始寧墅〉之說明，頁 63～64。

〔註 239〕《宋書》（台北：鼎文書局，1993 年 10 月）卷 67〈謝靈運傳〉，頁 1743～1754。

元嘉之雄，……斯皆五言之冠冕，文詞之命世也。」〔註 240〕鍾又列靈運的詩爲「上品」，且譽之曰：「若人興多才高，寓目輒書，內無乏思，外無遺物，其繁富，宜哉！然名章迥句，處處間起；麗典新，絡繹奔會。譬猶青松之拔灌木，白玉之映塵沙，未足貶其高潔也。」〔註 241〕再者，梁劉勰主張：「宋初文詠，體有因革，莊老告退，而山水方滋。儷采百字之偶，爭價一字之奇，情必極貌以寫物，辭必窮力而追新。此近世之所競也。」〔註 242〕也指出了謝靈運在山水文學發展史中的關鍵地位，這在在都說明了謝靈運在中國山水文學中的地位。

2. 始寧山居其地

謝靈運之曾祖謝安曾於會稽東山營墅，〔註 243〕樓館竹林盛美，當時世家貴冑群遊，後靈運父（謝瑍）、祖（謝玄）並葬始寧縣，並有故宅及墅。〔註 244〕所以，謝靈運的始寧東山祖居推定就在今浙江省上虞縣的上浦鎮的東山一帶。東山瀕臨曹娥江，風景絕佳。謝靈運在〈山居賦〉、〈過始寧墅〉、〈石壁立招提精舍〉、〈於南山往北山經湖中瞻眺〉等篇章當中，對於始寧東山都有細膩的描述。

〔註 240〕〔梁〕鍾嶸，趙仲邑譯注，《詩品譯注》（臺北：貫雅文化，1991 年 7 月出版），頁 7。

〔註 241〕趙仲邑譯注，《詩品譯注》，頁 41。

〔註 242〕〔梁〕劉勰，羅立乾注譯、李振興校閱，《新譯文心雕龍》（臺北：三民書局，1994 年 4 月出版），頁 93～94。

〔註 243〕顧紹柏教授認爲東山，又稱北山，係相對南山而言。顧教授又說，他曾於 1982 年初冬考察東山，古代建築早已不存，唯有石獅、石柱之類散落於竹林間。山西有隱沒於草莽中的所謂「謝安墓」，墓碑上刻有「晉太傅謝安墓」字樣，保存尚稱完好，東山山半還有洗屐池等遺址。又續訪上虞縣上浦鎮，群眾幾乎眾口一詞，謂此山確係謝安故居；而東山西一里處有村，今名「方弄村」，村裡只有一兩戶雜姓，其餘均姓謝，這也可以間接證明謝家與東山的關連性。參顧紹柏校注，《謝靈運集校注》，頁 66～67。

〔註 244〕《宋書》指出了謝靈運營修別業的一些因緣：「靈運父祖並葬始寧縣，並有故宅及墅，遂移籍會稽，修營別業，傍山帶江，盡幽居之美。與隱士王弘之、孔淳之等縱放爲娛，有終焉之志。每有一詩至都邑，貴賤莫不競寫，宿昔之間，士庶皆徧，遠近欽慕，名動京師。做〈山居賦〉並自注，以言其事。」參《宋書》卷 67，〈謝靈運傳〉，頁 1754。這裡一方面可以看出靈運對於始寧地區山水的喜愛，願意在此落居，營造園墅，也顯示出他的追求隱居的境界。其次，靈運的〈山居賦〉體制宏大，正文以駢賦寫出，自注則以散文說明，又推敲靈運的文章廣受當時士、庶喜愛，也間接說明靈運寫〈山居賦〉的另一層亟欲讓當下士庶知悉其山居之美好、物產之豐盛、造設之自然、幽棲之雅致。

然而〈山居賦〉的描寫重點並不在東山，而是南山。南山是謝靈運開創卜居之地，此地不似東山位處曹娥江下游的上浦鎮，而係遠居曹娥江的中上游。因此，以山林的開發程度而言，南山實較北山顯得原始，亦較具天然林野景致。〔註 245〕他在〈山居賦〉中大篇幅而鉅細靡遺地描繪南山的位置與美景，可見他對於南山的重視。〈賦〉中首先詳細地解說了南山的地理位置與空間景觀：

> 其居也，左湖右江，往渚還汀。面山背阜，東阻西傾。……近東則……。近南則……。近西則……。近北則……。遠東則……。遠南則……。遠西則……。遠北則……。〔註 246〕

謝靈運對於空間的描寫有其順序性與邏輯性，由東方起寫，再依序寫南、西、北方。他的空間論述法則分爲兩段式，先寫近景，再寫遠景，次序井然；近景是遠景的內涵與基礎，遠景是近景的放大與延伸。

基本上，雖然古今地名不同，然而拙文在此將根據一些線索，做一些合理的推測。首先，在近東地區部分，謝靈運指出了近東地區屬於高山連綿地區，山勢較高：「決飛泉於百仞，森高薄於千麓。……西谿水出始寧縣西谷鄣，是近山之最高峰者」〔註 247〕，因此整個始寧地區的最高峰也位於此區〔註 248〕；其次，在近南與遠南的描寫內文，靈運在〈自注〉中清楚地交代了山居的南界：「嶀者，謂回江岑，在其山居之南界，有石跳出，將崩江中。」〔註 249〕因此，嶀者附近，推測就是山居的南緣。〔註 250〕繼而，關於近西與

〔註 245〕謝靈運在〈山居賦〉一開始，就提出對於園林分類的看法，他認爲「……棟宇居山曰山居，……山居良有異乎市廛。……心放俗外，詠於文。……去飾取素，儻値其心耳。」因此，在他的心目中，一方面，東山（北山）由於建設時代較久，兒孫鼎沸，總是多了人氣，少了樸質之美；另一方面，謝氏一族，雖堪稱江東大族，然而自從永嘉南渡，轉眼子孫繁衍已過數代，可能家產、地產的歸屬權已很複雜，謝靈運在〈山居賦〉中雖未詳加點明這些緣由，可是他崇敬效法先祖，卻又極思與舊有祖產區隔，從他細緻描寫自己苦心經營南山，卜宅選地、不畏寒暑、辛苦耕耘南山園區的過程，可謂他對於南山別有一番感情。

〔註 246〕顧紹柏校注，《謝靈運集校注》〈山居賦〉，頁 452～454。

〔註 247〕顧紹柏校注，《謝靈運集校注》〈山居賦〉，頁 452。

〔註 248〕《上虞市志》指出了最高峰在今天的覆巵山，海拔 861 公尺，位在覆巵、嶺南二鄉交界處；整個上虞縣的東境，由於係屬四明山餘脈，故海拔 500 公尺以上的 29 座山峰均集中於此區，一般平均高度約在 500～600 公尺左右。因此，推測始寧南山園區的東緣，約當今覆巵山區的山麓一帶。參上虞市人民政府門戶網站（http://www.shangyu.gov.cn），網路版《上虞市志》的說明。

〔註 249〕顧紹柏校注，《謝靈運集校注》〈山居賦〉，頁 452。

〔註 250〕首先，關於「嶀者」、「回江岑」，在今地圖上並未顯示。不過，在近南一段的

遠西的地形描寫，〈山居賦〉的近西地區，亦有低矮淺丘分佈，地勢上係屬於會稽山餘脈，比起近東地區明顯較低。〔註 251〕

最後的近北與遠北的景區，也是謝靈運傾其全力描寫的部分。首先是有關於曹娥江水文的細膩描寫。可以說整個始寧地區，曹娥江由南到北貫穿其間，因此，曹娥江在謝靈運的心目中，具有命脈的地位。〔註 252〕靈運在〈山居賦〉中多次以不同的場景與不同的詞彙，勾畫出曹娥江變幻莫測的紆縈水文。始寧山居的南山園區的北界在大、小巫湖，試觀他描寫近北的湖澤之美：「近北則二巫結湖，兩智通沼。……引修堤之逶迆，吐泉流之浩溔。」〔註 253〕點出了大、小巫湖與兩小溪（外智、裏智）的緬邈逶迆。描寫遠北，說出了「長江永歸，巨海延納。崑漲緬曠，島嶼綢沓」〔註 254〕的浩瀚景致，也間接地形容了曹娥江的縈浥江水與海水的緬邈荒極，睽合納歸的形象。〔註 255〕最

〈自注〉內文當中，提到「雙流，爲剡江及小江，此二水同會於山南，便合流注下。」根據嵊州新聞網（http://www.sznews.zj.cn）在 2006/08/24，一篇「仙岩天竺福地」的報導：「剡溪支流強口溪，源出仙岩鎮謝岩，於仙岩鎮匯入。全長約 5 公里的溪谷中，兩面山岩突兀，古木參天，遍山修竹。……縣北有謝岩，靈運游此，四顧放彈丸。……〈崿山賦〉曰：靈運彈飛岩嶂，慕此堪棲。」因此，推測謝家南山當位於今天謝岩附近。而仙岩鎮，古稱「崿浦」，位居剡溪與強口溪之交匯處，爲謝靈運山居的南界。此外，「崿」字（音凸），在今嵊州三界鎮有「崿山」、「崿浦」等地名，然而，查遍《宋書．謝靈運傳》、顧紹柏校注，《謝靈運集校注》、李運富，《謝靈運集》（長沙，岳麓書社，1999 年 8 月出版）、《魏晉南北朝古籍逐字索引叢刊．謝靈運集逐字索引》（香港，中文大學出版社，2000 年 11 月出版）等相關資料，均作「崿」字（音惡）。

〔註 251〕根據上虞市人民政府門戶網站，網路版《上虞市志》的記載：「會稽山餘脈，從西南部的勝江、湯浦分二之入境。……天峰山，381 米，……石龍山，340 米，……龍頭岡，322 米，……四峰山，298 米，……龍會山，378 米。」可見，會稽山餘脈的平均高度，低於四明山餘脈的平均高度，而分析整個始寧山居的整體高度，係呈現東高西低的情形。這又與風水學上講究的「左青龍、右白虎」的局勢明顯吻合。

〔註 252〕根據網路版《上虞市志》的記載，曹娥江爲浙江第三大河，古稱舜江，別名剡溪、上虞江，全長 193 公里，在上虞境內長 69 公里。

〔註 253〕顧紹柏校注，《謝靈運集校注》〈山居賦〉，頁 453。

〔註 254〕顧紹柏校注，《謝靈運集校注》〈山居賦〉，頁 454。

〔註 255〕根據網路版《上虞市志》關於曹娥江的記載：「曹娥江爲常年性河流，無結冰期，河床寬 100～600 米，中游河段平均水深 4～5 米，……曹娥江上游比降大，水流湍急，具有溪流性河流特徵。進入上虞後，江面開闊，水流平緩，並受潮汐影響，海潮上溯至上浦閘。」因此，可以證明謝靈運對於曹娥江的水文描寫，確係「實景」，尤其以「長江永歸」（按：長江係指曹娥江）、「崑漲緬曠」、「荒極綿眇」來形容錢塘江海潮由杭州灣席捲，波濤洶湧盈灌曹娥

後，關於空間距離的問題，靈運稱：「若迺南北兩居，水通陸阻。……兩居謂南北兩處，各有居止。峰崿阻絕，水道通耳。」〔註 256〕又說「朝旦發陽崖，景落憩陰峰」〔註 257〕，由此可以知道，南、北山居陸路不通，唯靠曹娥江及其支流水路，始可抵達；若早晨由南山出發，日落方可抵達北山，可知雖靠水路聯絡，順江而下，仍須耗費不少時間。

3. 〈山居賦〉其文

謝靈運從景平元年（423）秋至元嘉三年（426）春在故鄉始寧隱居，〈山居賦〉大約作於元嘉元年（424）下半年至次年（425）上半年這段期間，係斷斷續續寫成，故結構上並非十分嚴密。〔註 258〕不過〈賦〉中詳細記述了始寧一帶的山嶺溪澗、亭臺樓宇、花草竹木、鳥獸蟲魚，以及自己擴建莊園、重新起居、準備長期隱居於此的生活情況；一方面盛讚家鄉山水之美，同時也流露出作者消極避世的佛道思想。〈山居賦〉全文一開始便說明了六朝時期常見的四種園林的差異所在。其文曰：

> 古巢居穴處曰巖棲，棟宇居山曰山居，在林野曰丘園，在郊郭曰城傍，四者不同，可以理推。〔註 259〕

因此在謝靈運的認知當中，園林的性質分為四類，一種是類似古代的隱士巢居於巖穴者，是屬於「巖棲」；另外一種是擁有大片的山林原野，屬於「山居」的表現；若是建園於鄉間，則是所謂的「丘園」；而在城郭地區建築模彷自然的園林者，則稱為「城傍」。〔註 260〕綜合以上四種園林的種類，謝靈運〈山居賦〉既名為「山居」，則其性質當係屬於「棟宇居山」的類型。〈山居賦〉又曰：

> 言心也，黃屋實不殊於汾陽；即事也，山居良有異乎市廛。……今所賦既非京都宮觀游獵聲色之盛，而敘山野草木水石穀稼之

江上溯至上浦（約當始寧東山的曹娥江水域）時的汪洋景象，直是山水大師的實景描繪。

〔註 256〕顧紹柏校注，《謝靈運集校注》〈山居賦〉，頁 460。

〔註 257〕顧紹柏校注，《謝靈運集校注》〈於南山往北山經湖中瞻眺〉，頁 175～176。

〔註 258〕顧紹柏校注，《謝靈運集校注》〈山居賦〉，頁 466。

〔註 259〕顧紹柏校注，《謝靈運集校注》〈山居賦〉，頁 449。

〔註 260〕計成將園林依照所在地，分為六種：山林地、城市地、村莊地、郊野地、傍宅地、江湖地。他主張「凡結林園，無分村郭，地偏為勝。……園地惟山林最勝，有高有凹，有曲有深，有峻有懸，有平有坦，自成天然之趣。」參〔明〕計成，陳植注釋《園冶注釋》（臺北，明文書局，1993 年 8 月出版）卷 1〈興造論．園說〉，頁 44～62。

事。……覽者廢張、左之豔辭，尋臺、浩之深意，去飾取素，儻值其心耳。〔註261〕

意謂山居的建築物的好壞，風格的樸素或豪華並無關係，其關鍵在於一「心」。心即是個人的「心態」，心態接近於反樸歸眞，若是委居於山林丘園，一樣也是快樂的；反之，若是心態上亟思功名，雖身處棲岩，仍然不能達到豁世曠達的心胸。所以物質與人爲的事物，像是屋室、居處、建築物的豪華與否、或是宮觀游獵、聲色之盛等都只是外部的存在而已，重要的是心態上的昇華，才是眞正能夠體會山野草木生命感的表現。

（二）始寧山居的環境

1. 爾其舊居、曩宅今園——園林的存續

士家大族在封山錮澤的過程當中，第一步工作就是選擇有利的自然條件與山澤形勝加以封固。墅的選址大多選擇依山傍水、風景佳麗，而又土壤肥沃、資源豐富的山區或是丘陵地帶。在生產上有條件地因地制宜、合理規劃、綜合利用。比較典型的墅大多包括山林、果園、蔬圃、牧地和水旱田等區塊。〔註262〕江南川湖密佈，由於東漢以來水輪機械日益爲人們所利用和重視，伴隨著山澤開發與農田整治，墅主們也都相當重視水利建設和水利資源的利用。

墅的另一項功能就在於提供地主生活起居和頤養消閑的設施。例如，錢塘朱異「自潮溝列宅至青溪，其中有臺池翫好，每暇日與賓客遊焉」〔註263〕；徐勉的墅「華樓迥榭，頗有臨眺之美」〔註264〕；謝安的東山故居標榜著「樓館林竹甚盛」。〔註265〕謝靈運於始寧立墅，南北兩山建有居宅，又「面南嶺，建經臺；倚北阜，築講堂。傍危峰，立禪室；臨浚流，列僧房」〔註266〕，依山傍水，錯落有致，也呈顯出佈局巧妙的建築群體。

〔註261〕顧紹柏校注，《謝靈運集校注》〈山居賦〉，頁449。

〔註262〕謝靈運稱其山居，有「夾渠二田，周嶺三苑。九泉別澗，五谷異巘。……眾流溉灌以環近，諸堤擁抑以接遠。遠堤兼陌，近流開湍。」表現出園林中的渠道縱橫、灌溉良田、百果備林的富庶景觀。參顧紹柏校注，《謝靈運集校注》〈山居賦〉，頁460～461。

〔註263〕參《南史》（臺北，鼎文書局，1980年3月出版）卷62〈朱異傳〉，頁1519。

〔註264〕參《南史》卷60〈徐勉傳〉，頁1483～1484。

〔註265〕參《晉書》卷79〈謝安傳〉，頁2075。

〔註266〕顧紹柏校注，《謝靈運集校注》〈山居賦〉，頁459。

墅的土地來源，有獲自皇家的賞賜，例如鍾山墅乃是「晉丞相王導賜田」〔註 267〕；有出資購置營建，例如梁中書令徐勉，把自己「經始歷年，粗已成立」的「墅舍」，「貨與韋黯」，又把所得的田價百金的一半交給長子徐崧，令其將「所買湖熟田地」營建爲墅，並勉其「既以營之，宜使成立」〔註 268〕；其他的途徑，則是憑藉權貴掠奪土地，例如，梁朝宗室蕭正德，「陰養死士，……自征虜亭至於方山，悉略爲墅」即是一例；又東晉大族刁逵在京口「固吝山澤」，擴展至萬頃家業。〔註 269〕由於這種封固、強佔山澤之風，其經濟內容遠不只是簡單地資源掠奪和禁民樵採漁釣強責稅直，而是包含著投資開發等生產建設的內容。可以說，江南地區未經開發的山野丘陵地區多數爲私家所占有，而世家大族瓜分山澤的過程，也就是東晉南朝山墅的營建和山林的開發過程。

2. 流水高山、周員之美——園林的美感

〈山居賦〉作爲兩晉南北朝的山水詩文的代表作品之一，對於自然山川風貌有較爲細膩的描寫，而且還涉及卜宅相地、選擇園址、道路佈設、景觀組織等方面的規劃設計。這些都是在漢賦中未嘗見到的，是中國園林的美感昇華到一個新階段的標誌。〈山居賦〉描寫周圍的自然環境如下：

> 其居也，左湖右江，往渚還汀；面山背阜，東阻西傾。抱含吸吐，款跨紆縈；緜聯邪亘，側直齊平。〔註 270〕

「往渚還汀，面山背阜」一句，說明了謝靈運的隱居處所的環境，整體說起來，是位於四面有水環繞，前後有青山依靠的山水寶地。而「抱含吸吐」，則體現出該地湖光水色、水脈縱橫錯流，水氣似有似無；「款跨紆縈」，則呈現出臨江帶湖、青山映帶的景致。

接著，謝靈運提出園林的上乘原則應能盡「周員之美」。他所說的「周員之美」，在於園林的環境應有高山流水，園林內的山川、林木、池沼、水碓等景觀，必須維持自然天成的最高理想。亦即：

> 使居有良田廣宅，在高山流川之畔；溝池自環，竹木周布，場圃在前，果園在後。〔註 271〕

〔註 267〕《晉書》卷 65〈王導傳〉，頁 1753。
〔註 268〕《南史》卷 60〈徐勉傳〉，頁 1483～1484。
〔註 269〕《晉書》卷 69〈刁協傳〉，頁 1846。
〔註 270〕顧紹柏校注，《謝靈運集校注》〈山居賦〉，頁 452。
〔註 271〕顧紹柏校注，《謝靈運集校注》〈山居賦〉，頁 450～451。

因此，一座理想的園林，除了必須有良田廣宅之外，其周圍亦須有溝池環繞、竹木隔閡，前有菜圃、後有果園。而這些象徵著士族園林在自然環境（山、川、竹、木）與人工環境（菜圃、果園、良田、住宅）之間，調和配置的成果。

在園林整體環境的論述過程，謝靈運採取自然的方位來說明。他依照東、南西、北的空間順序，依序地來介紹他的莊園。基本上，他的空間論述方法分爲兩個層次，先說明近東、近南、近西、近北的環境；再說明遠東、遠南、遠西、遠北的環境。使得園林空間的整體構成由近而遠、層層相扣的印象。

首先，來看看他對於近東的描繪。〈山居賦〉說明近東的環境，稱：「近東則上田、下湖，西谿、南谷，石埭、石滂，閔硎、黃竹。決飛泉於百仞，森高薄於千麓。寫長源於遠江，派深毖於近瀆。」〔註 272〕他在〈自注〉中對於這些近東地區的層層山峰，有詳細的方位描寫，這些丘陵地形，將園林的東邊，以峭峻的山體，與巖壁綠竹、飛瀑迅激天然區隔出來，還指出近東地區的「西谷鄣」，是園林景區的最高峰。〔註 273〕而更遠的遠東地區，〈山居賦〉則以一系列的遠山層峰（天台、桐柏、方石、太平、四明）諸山，與近東的翠林青山互相映對。〔註 274〕這樣的寫法，使得讀者可以很清楚地意識到近東與遠東，在景觀的色彩上都是屬於翠綠的青山。

稱近南的環境，謂：「近南則會以雙流，縈以三洲。表裡回游，離合山川。崿崩飛於東峭，槃傍薄於西阡。拂青林而激波，揮白沙而生漣。」〔註 275〕指出了近南的景觀有崩塌的峭巖、表裏離合的江中沙洲、以及似縈猶分的剡

〔註 272〕顧紹柏校注，《謝靈運集校注》〈山居賦〉，頁 452～453。

〔註 273〕〈山居賦・自注〉曰：「西谿水出始寧縣西谷鄣，是近山之最高者。」參顧紹柏校注，《謝靈運集校注》〈山居賦〉，頁 452。一般而言，以整體地勢來看，近東與遠東是屬於地勢較高的地區，其中最高峰稱爲「覆卮山」，海拔 861 公尺，相傳謝靈運曾登此山飲酒賦詩。參上虞市人民政府門戶網站，網路版《上虞市志》。

〔註 274〕在五行學上，東方屬「木」、顏色屬「青」，這與謝靈運的「近東」、「遠東」的描寫頗爲類似。根據〔隋〕蕭吉《五行大義》的說法，「木者，觸也，觸地而生。……冒也，言冒地而出。……東者，動也。」參〔隋〕蕭吉，錢杭點校，《五行大義》（上海，上海書店，2001 年 12 月出版）卷 1〈釋五行名〉，頁 1。謝靈運在此以「飛泉」、「迅激」、「萬丈」、「綠竹」等指出近東、遠東之景觀，頗可見其五行方位之觀念。

〔註 275〕顧紹柏校注，《謝靈運集校注》〈山居賦〉，頁 452。

江。不管是雙流，或是三洲，都是在形貌及空間上的壯、弱、消、漲。而遠南的環境景觀描寫如下：「遠南則松箴、棲雞、唐嵫、漫石。崒、嵊對嶺，䆉、孟分隔。入極浦而邅回，迷不知其所適。」〔註 276〕觀遠南的景觀描寫，亦多以原始的山川緻勝，充滿著瀑布、溪澗、漫石，其景緻亦是峰嶺相連、高峻險阻，山中多渚浦澗，傍依茂林，嶔崎而深沉。〔註 277〕因此，謝靈運在對於這些山川景物的描寫時，刻意增加其迷離、嶔奇、蒙籠的視覺印象。

對於近西的景觀，〈山居賦〉的描寫如下：「近西則楊、賓接峰，唐皇連縱。室、壁帶谿，曾、孤臨江。竹緣浦以被綠，石照澗而映紅。月隱山而成陰，木鳴柯以起風。」〔註 278〕描述遠西景觀的文字因脫漏，難得而知，但推其景致當也是盡山林川澤之美。謝靈運此處描寫近西景物，刻意營造「日薄西山」、「峽澗昏紅」、「隱月鳴風」之蕭瑟景象，文字當中又極盡所能地鋪陳「隱」、「陰」、「棲」等傷愁字眼，觸動讀者月隱山西、鳴柯起風之愁颯離情。〔註 279〕

關於近北的景觀，謝靈運的描寫更屬上乘。其文曰：「近北則二巫結湖，兩晉通沼。橫、石判盡，休、周分表。引修堤之逶迤，吐泉流之浩溔。山磯下而回澤，瀨石上而開道。」〔註 280〕此段描寫近北的景觀，出現有大小巫湖，中隔一山，而湖沼之間的回洋、水瀨，邊浦出江，並是美處。又泉流逶迆、長谿浩浩、結湖緬渺、通沼回澤，可見出園林北方水景之麗緻。遠北的景觀則更具有河海壯闊波瀾之美。謝靈運的描寫如下：「遠北則長江永歸，巨海延納。崑漲緬曠，島嶼綢沓。山縱橫以布護，水迴沈而縈浥。信荒極之綿眇，究風波之睽合。」〔註 281〕在這裡，謝靈運指出了大江從山南往北流，窮上虞界，謂之三江口，便是大海。海面遼闊，島嶼綿密，遼闊而環繞地浸潤在無垠的大海。同時，他在論述水的性格時，也導出了「海爲百谷王」的

〔註 276〕顧紹柏校注，《謝靈運集校注》〈山居賦〉，頁 453～454。

〔註 277〕《五行大義》認爲：「南，任也。物之方任也。……陽氣用事，萬物變化也。」參錢杭點校，《五行大義》卷 1〈釋五行名〉，頁 2。而謝靈運此處對於南方的景物描寫，使造成空間上的分合變化與離奇效果。

〔註 278〕顧紹柏校注，《謝靈運集校注》〈山居賦〉，頁 452～453。

〔註 279〕西方在五行屬「金」，《五行大義》有謂：「金者，其時爲秋也。……秋之爲言愁也。……秋，肅也。」參錢杭點校，《五行大義》卷 1〈釋五行名〉，頁 2。

〔註 280〕顧紹柏校注，《謝靈運集校注》〈山居賦〉，頁 453。

〔註 281〕顧紹柏校注，《謝靈運集校注》〈山居賦〉，頁 454。

道理，〔註 282〕這也代表了他對於水之於人生的寓意。〔註 283〕

3. 面山背阜、抱含吸吐——園林的風水

謝靈運在〈山居賦〉中，特別詳細地描寫南山的建築佈局，如何與山水風景相結合，道路敷設如何與景觀組織相配合的情況：

> 南山是開創卜居之處也。從江樓步路，跨越山嶺，綿亙田野，或升或降，當三里許。塗路所經見也，則喬木茂竹，緣畛彌阜，橫波疏石；側道飛流，以爲寓目之美觀。及至所居之處，自西山開道，迄於東山二里有餘。南悉連嶺疊鄣，青翠相接。雲煙霄路，殆無倪際。從逕入谷，凡有三口。……緣路初入，行於竹逕，半路闊，以竹渠澗。既入東南傍山渠，展轉幽奇，異處同美。北東西路，因山爲鄣。正北狹處，踐湖爲池。南山相對，皆有崖巖，東北枕壑，下則清川如鏡，傾柯盤石，被隩映渚。西巖帶林，去潭可二十丈許。葺基構宇，在巖林之中，水衛石階，開窗對山，仰眺曾峰，俯鏡濬壑。去巖半嶺，複有一樓。迴望周眺，既得遠趣，還顧西館，望對窗户。緣崖下者，密竹蒙逕，從北直南，悉是竹園。東西百丈，南北百五十五丈，北倚近峰，南眺遠嶺。四山周迴，溪澗交過，水石林竹之美，岩岫隈曲之好，備盡之矣。〔註 284〕

從以上的描述看來，謝家的莊園可以說是一座典型的園林化莊園。它在規劃佈局上如何與山水風景相結合方面確實有所考慮，且經過仔細的考量。而這也體現出謝靈運在園宅選址時，這種相地卜宅與傳統的天人合一的哲學思想之間的關係。

〔註 282〕謝靈運在〈自注〉中寫到：「海爲百谷王，以其善處下也。」這是源於《老子》：「江海所以能爲百谷王者，以其善下之，故能爲百谷王。」參朱謙之校釋，《老子校釋》（北京，中華書局，1996 年 8 月出版），頁 267。

〔註 283〕根據《五行大義》曰：「水，準也，平準萬物也。……陰化淖濡，流施潛行也。……其位北方。」水在五行屬北，又水有萬物準繩的意思。參錢杭點校《五行大義》卷 1〈釋五行名〉，頁 2～3。又謝靈運對於「水」，似乎還有其他的體認。首先，他認爲水能爲百谷王，係因其善處下；接著，他將河海之歸極，看成「縱橫無常」的結果；還有，他將河川由最初的縈繞，蜿蜒曲流，最終歸於大海，看成「荒極」，在在都與《老子》的觀點「上善若水，水善利萬物，又不爭」（第 8 章）、「是謂无狀之物，无物之象，是謂忽恍」（第 14 章）、「道常无名，……譬道在天下，猶川谷與江海」（第 32 章）頗有不謀而合的體會。參朱謙之校釋，《老子校釋》，頁 31、54、130～132。

〔註 284〕顧紹柏校注，《謝靈運集校注》〈山居賦〉，頁 461。

謝靈運在園址的選擇、體驗、規劃的過程當中，乃是藉由考察評估地質、水文、日照、風向、植被、氣場、景觀等因素，作出客觀的選擇判斷，並據此採取相應的規劃措施，使人工的建築體能和諧地融入自然的山水之中，並使生存的空間能夠配合當地的環境條件而做適當的調整，從而得以安養生息，這大體上顯現了中國傳統的天人合一觀的思想基礎，輔以考察實際山水與自然界的變化，而歸納出園林營建規劃所需的準則，只不過以古代的遣詞用字來解釋一套，包括地形、水文、氣候、植被與景觀等之綜合選擇的系統。〔註 285〕

早在《後漢書．仲長統傳》當中，就記載了仲長統對於居住環境的要求是：「使居有良田廣宅，背山臨流，溝池環匝，竹木周布，場圃築前，果園樹後」〔註 286〕，表明了人類追求自然的情懷，其居住之處所應與大自然保持緊密聯繫，與自然環境相適應。魏晉南北朝時期，中國歷史上又一次的大變動，助長了士大夫嘉遁隱逸、清議玄談、遊仙服食之風，文人對於山水詩、山水畫的愛好，以及佛道寺觀山林勝景的追求，無疑對風水思想的感染起了催化作用。東晉的田園詩人陶淵明寫〈桃花源記〉〔註 287〕，其中所描寫的世外桃源環境模式，與後世理想的風水寶地典型特徵一致，堪稱提供了一個形象生動的範例，其中描寫的「水口」景觀不僅適用於風水，也是造園理論之原型。而謝靈運〈山居賦〉，更提出山居環境及景觀的理想模式：「抗北頂以葺館，瞰南峰以啓軒，羅曾崖於戶里，列鏡瀾於窗前。」這與「背山面水，山環水繞，北有祖龍，南對朝案」的風水模式也頗爲符合。因此，無論出於什麼原因而擇居，在選定居址時所要考慮的條件固然不能忽略，對於基本條件中的自然環境的利弊因素也不能不作判斷分析。故擇居是一個「綜合考慮」的過程，擇居所提供的是一個積累的綜合擇居經驗的「機會」和「過程」。

4. 心放俗外、順從性情——園林的意境

魏晉六朝時期對於自然山體之利用，經常擇取範圍內之天然地貌以供

〔註 285〕俞孔堅，《生物與文化基因上的圖式——風水與理想景觀的深層意義》（臺北，田園城市，1998 年 2 月出版），頁 75～98。

〔註 286〕《後漢書》（臺北，鼎文書局，1999 年 4 月出版）卷 49〈仲長統傳〉，頁 1644。

〔註 287〕陶淵明對於「水口」的描寫頗爲細膩：「林盡水源，便得一山。山有小口，髣彿若有光。便捨船從口入。初極狹，纔通人。復行數十步，豁然開朗。」參〔晉〕陶潛，逯欽立校注，《陶淵明集》（臺北，里仁書局，1985 年 4 月出版），頁 165。

園林佈置。例如江淹的庭園「今所鑿處，前峻山以蔽日，後幽晦而多阻」〔註 288〕；又如東晉孫綽的描寫「巍峨太平，峻逾華霍，秀嶺樊縕，奇峰挺崿。上干翠霞，下籠丹壑。……懸棟翠微，飛宇雲際，重密蹇產，回溪縈帶。被以青松，洒以素瀨，流風佇旁，翔雲停藹」〔註 289〕，都十分注意園林與周圍峰林澗谷間的映接和連屬，以及如何在園林中善加組合自然山體的藝術技巧，詩文中主要形容的即是自然山體在園林中的景觀價值。

魏晉六朝時期對於自然山體之利用，經常擇取範圍內之天然地貌以供園林佈置。大型園林如謝靈運的始寧山居「面山背阜，東阻西傾。……近西則楊、賓接峰，唐皇連縱。……遠東則天台、桐柏、方石、太平，二韭、四明、五奧、三菁」〔註 290〕；小如江淹「兩株樹，十莖草之間」的庭園「雖無魚梁釣臺，處處可坐」〔註 291〕，都十分注意園林與周圍峰林澗谷間的映接和連屬。

構園於江南澤國，水體之豐富、利用之便利進一步促進水景在園林中占有更重要的位置。與山景相似，對於水景的藝術處理也首先是從園林周園地貌環境的選擇入手，而自然水景之美又往往與自然山景之美渾融湊泊。例如，描寫「會稽境特多名山水，峰崿隆峻，吐納雲霧。松栝楓柏，擢幹竦條。潭壑鏡徹，清流寫注」。〔註 292〕東晉以後，世族名士多於此建園，謝靈運「移籍會稽，修營別業，傍山帶江，盡幽居之美」〔註 293〕即是一例。靈運在他的山水詩中，對於江南的水鄉澤國的美景更是做過詳盡的描述，例如他的山水詩〈石門新營所住四面高山，迴溪石瀨，脩竹茂林〉〔註 294〕，即可看出溪瀨環帶其園之佳境。

江南園林的水景豐富曼妙，各種水體逞異競妍，成為山水詩人描繪的對象：「近南則會以雙流，……拂青林而激波，揮白沙而生漣」〔註 295〕，這是

〔註 288〕〔晉〕江淹，俞紹初校注，《江淹集校注》（鄭州，中州古籍出版社，1994 年 9 月出版）〈草木頌〉，頁 56～57。

〔註 289〕孫綽，〈太平山銘〉，收入《全上古三代秦漢三國六朝文・全晉文》卷 62，頁 644。

〔註 290〕顧紹柏校注，《謝靈運集校注》〈山居賦〉，頁 452～453。

〔註 291〕俞紹初校注，《江淹集校注》〈草木頌〉，頁 56～57。

〔註 292〕〔劉宋〕劉義慶，徐震堮校箋，《世說新語校箋》（臺北，文史哲出版社，1989 年 9 月出版），卷上〈言語篇〉，頁 82，注引《會稽郡記》。

〔註 293〕《宋書》卷 67〈謝靈運傳〉，頁 1754。

〔註 294〕顧紹柏校注，《謝靈運集校注》〈石門新營所住四面高山，迴溪石瀨，脩竹茂林〉，頁 256。

〔註 295〕顧紹柏校注，《謝靈運集校注》〈山居賦〉，頁 452。

寫湖；「赬岸兮若虹，黛樹兮如畫，暮雲兮千里，朝霞兮千尺，步東池分液未久，臥西窗兮月向山」〔註 296〕，這是寫園池；會稽孔珪家「起園，列植桐柳，多構山泉，殆窮眞趣」〔註 297〕，這是寫泉；「四山周回，溪澗交過，水石林竹之美，巖岫隈曲之好，備盡之矣」〔註 298〕，這是寫溪澗。由此更可展現出園林中澗、潭、溪、泉、池等多種水體之間的相互襟帶之趣。風景特徵的藝術眞實，在於水體的源流、水情的動靜、水面的聚分等符合自然規律，在於岸線、島嶼、磯漢等細節的處理和背景環境的襯托。以達到山爲水峙，水爲山映，充滿著詩情畫意，給人以想、回味、思索，飽賞山色煙景。東晉南朝的許多類似的記述爲後人世代傳誦，而値得注意的是，此時人們已普遍意識到多種山景、水體的映襯、變幻、組合在園林中的審美價値，如孫綽提到的湖澗相輝，謝靈運園中的青山綠水皆備都能說明這種進步。

（三）始寧山居的景觀

作爲一份紀錄公元五世紀浙東地區，地理位置介於四明山、會稽山中間的曹娥江河谷平原，出現在謝靈運的山居園林中的生物，〈山居賦〉稱得上是「實錄」。〔註 299〕〈賦〉中詳細記錄了當地的山嶺河川及生物資源，從這裡，也可以略加分析謝靈運關於生物分類的看法。在謝靈運生活的東晉南朝時代，由於南方是新開闢的疆域，遙遠的嶺南、交廣，充滿著新奇的事物。在當時，關於生物學與地理學的紀錄，有著一股「追新求異」的現象。這與漢

〔註 296〕謝莊，〈曲池賦〉，收入《全上古三代秦漢三國六朝文・全宋文》卷 34，頁 334。

〔註 297〕《南史》卷 41〈齊宗室傳〉，頁 1038。

〔註 298〕顧紹柏校注，《謝靈運集校注》〈山居賦〉，頁 461。

〔註 299〕伊懋可（Mark Elvin）教授以「Nature as revelation」（自然的天啓）來評價〈山居賦〉在中國環境史上的地位。對於〈山居賦〉的重要意義，他提出四個要點（參 Mark Elvin, '*Nature as revelation: a reading of Xie Lingyun's 'Living in the Hills' as the first Chinese poem on the environmen*t', http://www.zmk.uni-freigurg.de/rheineintern/Elvin.htm）：

（1）〈山居賦〉是一份記載特定地域的史料——北緯 30°，杭州灣南岸，浙東上虞地區。

（2）〈山居賦〉是一份「實錄」，一份眞實存在過的紀錄，非神話、亦非想像。

（3）〈山居賦〉是理解中國對於自然與環境態度的指標。

（4）〈山居賦〉當中，每一種生物都與其他的生命體發生共感，都與整個園林互相關連而存在。

其次，日本學者小尾郊一教授也認爲謝靈運〈山居賦〉的內容是「現地的事實的表現」。參小尾郊一，《謝霊運——孤独の山水詩人》（東京，汲古書院，1983 年 9 月出版），頁 152。

代的都賦體，追求並刻意渲染神異與靈驗的特徵，有著異曲同工之妙。不過，體察〈山居賦〉文字，可以發覺雖然靈運在字裡行間，雖偶有提到神鳥異物、也提到張華《博物志》當中的異鳥、異獸的想法，但是，基本上，靈運仍然服膺「寫實」的原則，將生物的實況原原本本地記錄下來。

中國的生物分類法則，在《爾雅》中已有原則性的揭露，包括了「草、木、蟲、魚、獸、畜」六大分類。而〈山居賦〉當中，對於山居的生物，亦是依照「草、木、鳥、魚、獸」來加以分段論述。〈山居賦〉屬於文學體裁上的「賦」體，因此在體製上，〈山居賦〉的描寫生物的種類，乃是基於賦體發展上的架構的論述。視觀從漢代到六朝，幾個在談論到多種生物記載的賦文，其中的關連性：

表 3-1：歷代賦體「紀錄多種生物」記載比較表

作者／賦名	賦　文　摘　錄
揚雄〈蜀都賦〉〔註 300〕	於木則楩、櫟、櫼櫨、樿、押、青稚、雕梓、枌、梧、……。 其竹則鍾龍、䈽篁，野篍、……。 其淺濕則生蒼葭、蔣蒲、藿茅、青蘋、草葉，蓮藕、……。 其中則有鴛鴦、鳧鸕、鴰鷺、鷞鶤、鸕鷀，……。 其深則有猵獺、沉鮮、水豹、蛟蛇、……。 其果柘、柿、桃、杏、李、枇杷、杜樼、栗、柰、棠黎……。
張衡〈南都賦〉〔註 301〕	其木則桱松楔椶，槾柏杻橿，楓柙櫨櫪，帝女之桑，楈枒栟櫚，……。 虎豹黃熊游其下，縠玃猱㹶戲其巔，鸞鷲鵷鶵翔其上，……。 其竹則籦籠篁篾，篠簳箛箠，……。 其水蟲則有蠳龜鳴蛇，潛龍伏螭，鱏鱣鰅鱅，……。 其草則藪苧蘋莞，蔣蒲蒹葭，藻茆菱芡，芙蓉含華，……。 其鳥則鴛鴦鵠鷖，鴻鴇駕鵝，鶄鶂鸊鷉，鸕鷀鷗鸕，……。
左思〈吳都賦〉〔註 302〕	鳥則鶤雞鸀鳿，鸘鵠鷺鴻，鶢鶋…，侯雁…，鸂鶒鷫鶂，……。 草則藿蒳豆蔻，薑匯非一，江蘺之屬，海苔之類。……。 木則楓柙櫲樟，栟櫚枸桹，綿杬杶櫨，文欀楨橿，……。 其上則猿猱狖猓，……其下則梟羊麡狼，猰㺄貙象，……。 其竹則篔簹箖箊，桂箭射筒，柚梧有篁，篻簩有叢，……。

〔註 300〕《全上古三代秦漢三國六朝文．全漢文》卷 51，頁 718～719。
〔註 301〕《全上古三代秦漢三國六朝文．全後漢文》卷 53，頁 518～519。
〔註 302〕《全上古三代秦漢三國六朝文．全晉文》卷 71，頁 768～770。

沈約〈郊居賦〉〔註 303〕	其水草則蘋萍茨菱，菁藻蒹菰，石衣海髮，黃荇綠蒲，……。 其陸卉則紫鱉綠葹，天著山韭，……。 其林鳥則翻泊頡伉，……楚雀多名，……班尾而綺翼，……。 其水禽則大鴻小雁，天狗澤虞，秋鷺寒鶼，修鷁短鳧，……。 其魚則赤鯉青魴鲂，纖鯈巨鱯，碧鱗朱尾，……。 其竹則東南獨秀，九府擅奇，不遷植於淇水，豈分根於樂池。

（資料來源，《全上古三代秦漢三國六朝文》）

從上表關於賦體在記錄各地的多種生物時，談到的生物包括魚類、鳥類、獸類、水禽、水草、花卉、林木、竹類等；論述上，都是極盡可能地將生物做到詳盡的紀載。雖然使用的文字頗爲冷僻熬牙，但是基本上，這些生物並非全部是想像，而係眞實存在的生物。可見，至少在漢代到六朝期間，賦體文學當中，存在著紀錄多種生物的傳統，文人係透過「賦體」加以表現。〔註 304〕謝靈運〈山居賦〉當中提到的各類生物，所使用的文字、所襲用的技巧、所要表現的特色，均是這種「生物多樣」紀錄思潮之下的成果。

接著敘述始寧山居附近的竹林、樹木、水草等野生植物和魚、鳥、野獸等動物資源的分佈情形，以及農田耕作、引水灌溉的設施，勾畫出一幅大自然的生態情景和自給自足的莊園圖像。

1. 導渠引流、阡陌縱橫——〈山居賦〉的農園景觀

一般而言，農業在士族莊園的體系中佔居主導的地位。在謝靈運莊園裡居宅的東面有所謂「上田」，在南山有「夾渠二田」，「阡陌縱橫，塍埒交經」。〔註 305〕而在耕地上所種植的農作物，據〈山居賦〉的紀錄可知，在水田種稻，旱地種麻、麥、粟及豆類，在園圃種蔥、姜、薺、蔓菁等種類繁多的菜蔬。此外，除了在農地生產糧食作物之餘，一般吏民常利用宅前屋後和田壟空地種植菜蔬果品，以作爲家庭生活之補貼；至於山湖兼備之大型園墅，則更具

〔註 303〕《全上古三代秦漢三國六朝文・全梁文》卷 25，頁 261～263。

〔註 304〕此外，若以單篇賦名分析，魏晉詠物賦當中，歌詠動物、植物類的賦題亦夥。根據廖國棟的統計，魏晉時期之詠物賦共有 428 篇，其中詠植物賦 114 篇、詠動物賦 107 篇，分居一、二，比例更占全部賦題的 51%以上。參廖國棟，《魏晉詠物賦研究》(臺北，文史哲出版社，1990 年 10 月出版)，頁 537～539。這也可以間接推論魏晉六朝時期，有著記錄並論述多樣生物的時代傳統。

〔註 305〕通常在東晉南朝時期，爲了提高農產品的收獲量，士族莊園極爲重視水利灌溉。〈山居賦〉稱：「導渠引流，脈散溝并。……眾流溉灌以環近，諸堤擁抑以接遠。遠堤兼陌，近流開湍。」證明了在莊園裡溝渠密佈，農田水利的重要。參顧紹柏校注，《謝靈運集校注》〈山居賦〉，頁 452～460。

備多種種植之條件。〔註 306〕

在士族莊園裡，園圃業的重要性僅次於農業。〔註 307〕首先，以果品種植爲例，〈山居賦〉中提到的百果景觀如下：

> 北山二園，南山三苑；百果備列，乍近乍遠。羅行布株，迎早候晚。倚蔚溪澗，森疎崖巘。杏壇、柰園，橘林、栗圃。桃李多品，梨棗殊所。枇杷林檎，帶谷映渚。椹梅流芬於回巒，椑柿被實於長浦。〔註 308〕

可見始寧山居中的水果品類不少，既然有「北山二園，南山三苑」的規模，還有「百果備列，乍近乍遠。羅行布株，迎早候晚」的景觀，因此果品有杏、柰、橘、栗、桃、李、梨、棗、枇杷、林檎、桑椹、梅、椑、柿等也滿山遍野。〔註 309〕可知，謝靈運的山居當中，果品甚爲豐盛，而且種類繁多，果品除了野生品種之外，具有形美、實用、觀賞等優點，也多具有救荒、醫療與延年益壽的價值。〔註 310〕

在士族莊園裡，蔬菜栽培業也頗爲重要。〔註 311〕靈運的莊園中的「北山

〔註 306〕陳師啓雲指出了在漢晉以後，中國的中、南部常見貴族私人水利工程的建設，這些建設一般都具有設施較好的灌溉、排水、及水路運輸工程。參陳啓雲，〈漢代中國：經濟、社會和政府的權力〉，《陝西歷史博物館館刊》，第 1 輯（西安，1999 年 6 月出刊），頁 172。

〔註 307〕中國自古有重視園圃種植之傳統。據《周禮・大宰篇》論述古代「以九職任萬民：一曰三農，生九穀；二曰園圃，毓草木；三曰虞衡，作山澤之材；四曰藪牧，養蕃鳥獸；五曰百工，飭化八材。」這裡可以看出園圃種植業對於國民生計的重要性，僅次於平地、原、隰生產糧食的三農，而在其他各業之上。六朝以前中國已有不少農書問世，如漢代的《氾勝之書》、《四民月令》等專門論述農學之書；其他如《詩經》、《呂氏春秋》、《淮南子》、《論衡》等典籍都曾多少提及農稼耕耨之事；魏晉南北朝時期，南方曾有許多動物志、植物志問世，北方則有《齊民要術》總結歷代之農業成果，可見中國自古即是以農立國。

〔註 308〕顧紹柏校注，《謝靈運集校注》〈山居賦〉，頁 463。

〔註 309〕〈占山法〉指出，士族地主占山是爲了「種養竹木雜果」。樹木種植中以桑樹和果樹爲多，桑、果成林是比較常見的。在孔靈符的莊園裡有果園九處；在徐勉的莊園裡「桃李茂密，桐竹成蔭」；又王羲之〈雜帖〉稱：「青李、來禽、櫻桃、日給藤子，皆囊盛爲佳，函封多不生。足下所疏云此果佳，可爲致子。此種彼胡桃皆生也。吾篤喜種果，今在田里，惟以此爲事。」都說明士族地主對培植樹果極爲重視。

〔註 310〕網路版《上虞市志》記載今天上虞地區的果品種類包括：桃、葡萄、金桔、文旦、李、杏、梅、櫻桃、蘋果、林檎、梨、石榴、板栗、海棠果、棗、枇杷、楊梅、柿、桑椹、草莓等，果品種類亦夥。參上虞市人民政府門户網站。

〔註 311〕魏晉南北朝園林史料中，曾多處提及園中種植蔬果。如桑虞園中瓜果初熟，

二園，南山三苑」中提到的蔬菜有「渠渟所藝，含縈藉芳，葑菲蘇薑。綠葵眷節以懷露，白韭感時而負霜。寒蔥摽倩以陵陰，春藿吐苕以近陽。」〔註312〕可知在靈運的山居中種植了多種蔬菜，有的可用作爲調味品，還有像是薑薺葑菲，均是食用性高的蔬菜。

2. 興節隨宜、隨土所生——〈山居賦〉的植物景觀

謝靈運對於生物的生長環境，認爲應該符合自然生長，各適其所的原則。這由他在各種生物的論述當中，隱隱約約地透露出的訊息。首先以植物而言，他說藥草類植物「並稱而殊性，異形而同出」，指出了藥草植物異中有同、同中見異的特性；在竹類的多種品類當中，他歸納出竹類生長的最高原則——「巨細各彙」，也就是，同類相聚，物以類聚的原則；提到木本植物，園林中不管是山林地、川澤旁、長谷地，都有各類林木的分佈，而這些樹木生者的原則就在於「卑高沃塉，各隨所如」〔註313〕。其次，動物的生長與群聚，也都各有自己適合的環境。以魚類而言，魚類的沉與潛、湍與躍，都是出於魚類的本性；鳥類的「待晨而飛」、「霜降歸來」、「侶宿江潭」，也都是出於鳥類適應環境的生態因素。萬物皆好生，人類應能深刻體會萬物皆「異所而咸善，殊節而俱悅」〔註314〕之理。

六朝園林中對於植物的景觀甚爲重視，而由於謝靈運的山居，含山帶水，森林茂密，因此植物的種類繁多。基本上，靈運對於植物景觀的描寫，依竹、木、藥草等分類說明，還提出「興節隨宜、隨土所生」的看法。首先看看〈山居賦〉對於竹類的描寫：

> 其竹則二箭殊葉，四苦齊味，水石別谷，巨細各彙。既修竦而便娟，亦蕭森而蓊蔚。露夕沾而悽陰，風朝振而清氣。捎玄雲以拂杪，臨

有人「踰垣盜採」（《晉書》卷88〈孝友・桑虞傳〉）；又孔靈符在永興立墅，闢有「果園九處」（《宋書》卷54〈孔季恭附孔靈符傳〉）；柳元景屋宅「南岸有菜園數十畝」（《宋書》卷77〈柳元景傳〉）；南梁時，蕭偉將位於青溪之園林，「多加穿築，增植嘉樹珍果」（《梁書》卷22〈南平元襄王偉傳〉）；在徐勉的莊園裡「桃李茂密，桐竹成陰」（《梁書》卷25〈徐勉傳〉）。都說明士族地主對培植果樹蔬菜極爲重視。沈約〈行園詩〉還描述到園林中有多種蔬菜栽植：「寒瓜方臥隴，秋菰亦滿坡。紫茄紛爛熳，綠芋郁參差。初菘尚堪把，時韭且離離。高籬有繁實，何減萬年枝。荒渠積野雁，安用昆明池。（《先秦漢魏晉南北朝詩・梁詩》卷6）」可見園林中種植蔬果之美好。

〔註312〕顧紹柏校注，《謝靈運集校注》〈山居賦〉，頁463。

〔註313〕顧紹柏校注，《謝靈運集校注》〈山居賦〉，頁455～456。

〔註314〕顧紹柏校注，《謝靈運集校注》〈山居賦〉，頁462。

碧潭而挺翠。〔註315〕

可以說在謝靈運的山居裡有豐富的竹產。〔註316〕所謂的二箭，係指苦劍與弁箭；而四苦是指青苦、白苦、紫苦、黃苦；又有骨架細密的水竹，以及可以充作屋宇棟樑的石竹。形容竹的狀貌的形容詞則有——脩竦、便娟、蕭森、蓊蔚等風格。〈山居賦〉接著描寫的園林中的植物種類是木本植物。其文曰：

> 其木則松柏檀櫟，梗楠桐榆。檿柘穀棟，楸梓檉樗。剛柔性異，貞脆質殊。卑高沃塉，各隨所如。榦合抱以隱岑，杪千仞而排虛。凌岡上而喬竦，蔭澗下而扶疏。沿長谷以傾柯，攢積石以插衢。華映水而增光，氣結風而回敷。〔註317〕

從這段文字當中，可見始寧山墅中的林木景觀也頗爲豐富。〔註318〕像是松、柏、檀、櫟、梗、楠、桐、榆、檿、柘、穀、棟、楸、梓、檉、樗等，靈運在〈自注〉中稱「選木之美者載之」——其選載之木種以堅韌耐寒經冬不凋、枝態幹美、樹葉繁茂者爲原則。〈山居賦〉中所記錄的植物的另一個面向爲「水草」。其文曰：

> 水草則萍藻蘊菼，雚蒲芹蓀，蒹菰蘋蘩，蕝荇菱蓮。雖備物之偕美，獨扶渠之華鮮。播綠葉之鬱茂，含紅敷之繽翻。〔註319〕

在「水草」段中，謝靈運首先點出園中水草茂盛、種類品多之美；接著，將水草之鬱茂綠葉，隨水游往，而感嘆清香之難留、盛容之易殘。另一方面，水草段係緊接著前段敘述園區的各式水體，既然園區多湖沼、渚洲，因此，極利於水草之生長。靈運在此也間接地指出了水草與魚類生長之間的關連性。

〈山居賦〉在記錄了水草之後，接著提到藥草的分佈與生長：「《本草》所載，山澤不一。雷、桐是別，和、緩是悉。參核六根，五華九實，二冬並稱而殊性，三建異形而同出。水香送秋而擢蒨，林蘭近雪而揚猗。」〔註320〕

〔註315〕顧紹柏校注，《謝靈運集校注》〈山居賦〉，頁456。

〔註316〕在今天的上虞地區，竹產亦甚爲豐富，有淡竹、苦竹、水竹、紫竹、石竹、角竹、彗竹、刺竹、慈竹、斑竹、毛竹、早竹等分佈。參網路版《上虞市志》之記載。

〔註317〕顧紹柏校注，《謝靈運集校注》〈山居賦〉，頁456～457。

〔註318〕六朝時期樹木的種植多以桑樹和果樹配植，一般家户通常都有將樹木種植在屋前、屋後、或中庭的習慣，例如周朗言：「蔭巷綠藩，必樹桑柘，列庭接宇，唯植竹栗」。參《宋書》卷82〈周朗傳〉，頁2093。

〔註319〕顧紹柏校注，《謝靈運集校注》〈山居賦〉，頁455。

〔註320〕顧紹柏校注，《謝靈運集校注》〈山居賦〉，頁455～456。

謝靈運的始寧墅境內，出產藥草甚多，而藥草的生長是「隨土所生」的。江南地區藥材種類繁多，世族地主的莊園中一般都是藥園與果園並俱，僅大型的世族莊園中就可見到三十多種藥材栽培，野生藥材更多。自東晉以來，服藥之風，盛行不衰，藥物在社會上需求量增大，於是植藥和採藥成爲民間的之種家庭副業。〔註321〕採藥人的足跡遍布深山峻嶺，與此同時，藥材種植也比前代發展，足見藥物種植之豐盛。靈運謙稱「臥疾山頂，抱疾就閑，……弱質難恒，頹齡易喪，……採藥救頹，順性靡違」，遂「尋名山之奇藥，越靈波而憩轅」〔註322〕，可見對於藥草之喜愛。〔註323〕

3. 飛泳騁騰、動類亦繁——〈山居賦〉的動物景觀

謝靈運在〈山居賦〉中關於動物的論述，分爲「魚」、「鳥」、「獸」三小段來說明，並在前面加上動物的總論，及後面加上論述動物的好生之理。首先，在談完植物景觀、開始魚類景觀之間，靈運說明了他所認爲的動物，在園墅景觀之中的地位：

> 植物既載，動類亦繁。飛泳騁透，胡可根源，觀貌相音，備列山川。寒燠順節，隨宜匪敦。……種類既繁，不可根源，但觀其貌狀，相其音聲，則知山川之好。興節隨宜，自然之數，非可敦戒也。〔註324〕

他在〈自注〉中，明確地指出植物與動物的大致界說——草、木、竹，植物；魚、鳥、獸，動物。獸有數種，有騰者、有走者，走者騁、騰者透。而動物的遊走、騰躍，動物的嘶吼、鳴叫，動物的羽澤、毛色，這些都是動物在自然界所表現出來的諸「相」，這些也都是山川的孕育，都歸功於「自然之數」。

接續著的動物分論三段，不管是魚、鳥、獸，文字的敘述表現既詳細又

〔註321〕陳師啓雲曾提出荀悅對於服藥之風的看法。荀悅認爲道家係通過吐納功夫而修養長生不老之術，這種吐納功夫與食藥相似，至多只能達到醫療疾病的目的；當肉體和心靈和諧一致時，就沒有必要去修煉這種功夫。其次，荀悅也嚴厲批評用法術治療疾病或是避免災禍的做法。參陳師啓雲，《荀悅與中古儒學》，頁211。

〔註322〕顧紹柏校注，《謝靈運集校注》〈山居賦〉，頁449、462～463。

〔註323〕梅塔耶（George Métailié）教授認爲有三種理由可以說明草藥植物在園林中的重要地位。首先，草藥植物具有美學的價值；其次，草藥植物具有之世的價值，可以促進植物學研究的領域；第三，草藥植物具有經濟的價值，銷售可以產生利益。參 George Métailié, “Some hints on ‘Scholar Gardens’and plants in traditional China” Studies in the History of Gardens & Designed Landscapes, 18:3（Autumn，1998）, pp.248-256.

〔註324〕顧紹柏校注，《謝靈運集校注》〈山居賦〉，頁457。

生動，但皆可看出靈運所要表達動物「各尋其生」的意旨。首先，描寫魚類這一段，靈運指出園墅的河川中，魚種繁多的特色。這些魚類，或群游水中、或單獨乘瀨、或時而鼓鰓、或時而戲浪。但都必須遵循自己的魚性，追尋自己的時節，知道何時可以入浦，何地可以出泉。〔註 325〕接著是鳥類，鳥類在靈運的眼中，格外具有神靈特性，在〈山居賦〉中所提的鳥類當中，多數蒙上古代神話的靈異色彩。這可由謝靈運在〈自注〉中引述張華《博物志》的材料可見一般。但是儘管如此，鳥類的飛翔、群集、鳴叫，都是出自於動物的自然本性。

始寧山墅含山帶水，周圍山嶺環抱、叢林原野，因此動物種類繁多。〈山居賦〉中曾提到多種動物的樣貌。〔註 326〕其文曰：「植物既載，動類亦繁。飛泳騁透，胡可根源，觀貌相音，備列山川。寒燠順節，隨宜匪敦。」靈運在〈自注〉中，關於野生動物的形貌，有進一步的闡釋：

> 獸有數種，有騰者、有走者，走者騁，騰者透。謂種類既繁，不可根源，但觀其貌狀，相其音聲，則知山川之好！興節隨宜，自然之數，非可敦戒也。〔註 327〕

意指動物有的飛翔，有的游行，有的奔跑，有的跳躍，都是大自然的生命者，萬萬不可強加迫害。靈運自小生長於南朝有名的道教世家，受過相當深遠的道教的愛生思想的薰陶，他自述「自弱齡奉法，故得免殺生之事，苟此悟萬

〔註 325〕伊懋可（M.Elvin）教授在魚類這一段指出，謝靈運的山墅水域遼闊，魚種繁多，但是〈山居賦〉中所記錄的魚種之中，有淡水魚、也有海水魚，更有兩棲魚類。這些魚類都在適當的時間與地點出現。此外，魚類世界也有大魚吃小魚，類似達爾文物競天擇的情形。參 Mark Elvin, '*Nature as revelation: a reading of Xie Lingyun's "Living in the Hills" as the first Chinese poem on the environmen*t'.

〔註 326〕魏晉六朝園林的動物畜養有兩大特點：一是四時季節，不間斷地有動物的身影；二是不同的動物種類形態，錯雜陳園。另有些動物不是人工放養，乃是自然而來，或是因園林招引而來。私家園林中一些中國農村社會常見的家禽頗多見於史籍，例如廣陵高平閻嵩家豢養雉鳥（《宋書》卷 30〈五行志一〉，頁 892）。還有許多野生獸類飛禽會自己進入園中，如許孜在東陽之墓園有「鷹雉棲其梁，麞鹿與猛獸擾其庭圃」（《晉書》卷 88〈孝友・許孜傳〉，頁 2279）；夏方的園林「種植松柏，鳥鳥猛獸馴擾其旁」（《晉書》卷 86〈孝友・夏方傳〉，頁 2277）；陶淡結廬山中，「養白鹿以自偶」（《晉書》卷 94〈隱逸・陶淡傳〉，頁 2460）；盧度隱居西昌三顧山，「鳥獸隨之，夜常有鹿觸其壁，……屋前有池養魚」（《南齊書》卷 54〈高逸・盧度傳〉，頁 935）。由上可見，魏晉六朝時期，園林中的動物種類頗多，景觀頗富饒閑之趣。

〔註 327〕顧紹柏校注，《謝靈運集校注》〈山居賦〉，頁 457。

物好生之理」〔註 328〕；更難能可貴的是，靈運提出保護園林景區的動物自然資源的觀念，並追求園居生活中，人類與動物之間的相親相和關係。〈山居賦〉中寫道：

> 緡綸不投，罝羅不披。磻弋靡用，蹄筌誰施。鑒虎狼之有仁，傷遂欲之無崖。顧弱齡而涉道，悟好生之咸宜。率所由以及物，諒不遠之在斯。〔註 329〕

文中的「緡」、「綸」、「罝」、「羅」、「磻」、「弋」、「蹄」、「筌」，據靈運〈自注〉：「八種皆是魚獵之具。自少不殺，至乎白首，故在山中，而此歡永廢！……自弱齡奉法，故得免殺生之事。」〔註 330〕所謂「虎狼仁獸，豈不父子相親」，世皆云虎狼暴虐，殊不知以虎狼之禽獸，而人不自悟己之毒害，反疾虎狼。因此，人應反求諸己，免殺生之事，苟此悟萬物好生之理。〔註 331〕其次，〈山居賦〉中對於鳥禽的描寫也是既生動又活潑。其文曰：

> 鳥則鵾鴻鶂鵠，鶖鷺鴇鶂。雞鵲繡質，鶾鸐綬章。晨鳧朝集，時鷁山梁。海鳥違風，朔禽避涼。荑生歸北，霜降客南。接響雲漢，侶宿江潭。〔註 332〕

謝靈運對於鳥類的觀察可謂相當仔細，除了賦體的手法，鋪陳地列舉了許多鳥禽，還非常巧妙地，以季節的遷移與時空的轉換的視野，細膩地來觀察鳥禽的生息。「荑生歸北，霜降客南」，指出了鳥類的遷襲與避冬；「晨鳧朝集」，讓讀者呈現「數大是美」的印象；「繡質」與「綬章」更是鳥類天生爭奇鬥豔的視覺美感。

接著是對於魚類的描寫，也是既生動又活潑。靈運的山居，由於園區水域頗廣，有湖泊、清溪、澗潭、陂塘，均是魚類生殖繁衍的理想場所，魚種之多樣與魚產之積富，自然可想而知：

〔註 328〕顧紹柏校注，《謝靈運集校注》〈山居賦〉，頁 458。

〔註 329〕顧紹柏校注，《謝靈運集校注》〈山居賦〉，頁 458。

〔註 330〕緡、綸，用以捕魚；罝，用以獵兔；羅，網獵禽鳥；不可用「磻」來毒魚；不可用「弋」來射鳥；捕獸器（蹄）、魚刺網（筌），也不可以使用。這些器具都是人類爲了「苟其遂欲，豈復崖限」，豪逞自己，盡享自己的畋獵捕獸之樂而已。

〔註 331〕陳師啓雲以東漢末年管秋陽在逃難期間，殺死同伴，充飢保命的例子，指出「貪生」、「殺生」之道德層面的意涵。後來，荀悅與孔融曾針對此事件，有過激烈的辯論。荀悅指出管氏用損害他人生命（殺生）的方式自私地保存了自己的生命（貪生），是一種罪過。參陳師啓雲，《荀悅與中古儒學》，頁 213。

〔註 332〕顧紹柏校注，《謝靈運集校注》〈山居賦〉，頁 457。

魚則魷鱧鮒鱮，鱒鯇鰱鯿，魴鮪魦鱖，鱨鯉鯔鱣。輯采雜色，錦爛雲鮮。唼藻戲浪，汎荇流淵。或鼓鰓而湍躍，或掉尾而波旋。鱸鮆乘時以入浦，鱤鱤沿瀨以出泉。〔註333〕

賦中提到的魚類有圓長似鰻，喜棲於水岸田埂的鱣；有棲息於清江綠湖中的鱮與鱖；有生養於池沼水塘的鮒與鯉；更有活動於淺海深洋的鯔與鱒。由此可知，魚品種類稱得上極爲豐富。而且魚類五顏六色地聚集在一起，也好像是錦繡般燦爛似彩雲樣鮮麗，群魚在急流上跳躍，在波浪中回漩，也表現出大自然的生生不息景觀。

魏晉六朝的史料中，提到園林中有水池湖沼的情況頗爲常見，既然園林有水，則水中有魚的情況也是可以理解的。〔註334〕例如，潘岳〈閑居賦〉便提到「池沼足以漁釣」〔註335〕之事；蕭齊時盧度隱居西昌三顧山，「屋前有池養魚，皆名呼之，魚次第來，取食乃去」〔註336〕，表現出嘉遁養魚之閒情雅致；又如徐陵曾寫〈謝賚蛤啓〉、〈謝敕賚烏賊啓〉、〈謝東宮賚蛤蜊啓〉〔註337〕，均爲魏晉六朝時期的水族生物留下珍貴的自然書寫史料。

4. 工商衡牧、亦桑貿衣——〈山居賦〉的人工景觀

關於自然、人工之間的分際，謝靈運有一些看法。首先，靈運在〈山居賦〉一開始即指出，山居的寓意在於記述「山野草木水石穀稼」之事，而山居的色彩是「樸素」的，山居的景觀是「順從」的。事實上，〈山居賦〉的另一層旨意在於點出了園林境界的四種層次——巖棲、山居、丘園、城傍——

〔註333〕顧紹柏校注，《謝靈運集校注》〈山居賦〉，頁457。

〔註334〕中國自商周以來，對江、河、湖、海中的水族生物已漸漸認識與利用，如《詩經》中就曾提及「鱨、鯊、魴、鱧、鰋、鯉」等魚類，還提到周宣王於宮中御備「鱉、鯉」，慶賀朝臣凱旋之事。皇室還設專職捕撈魚品以供王室食用；又有專職之官，負責捕獵藏於泥中的鱉、龜、貝、蟹、蚌等有甲殼水生動物。秦漢時期，江南地區之日常生活，即與魚類息息相關，這反映出秦漢時期，江南地區已是魚米之鄉的事實。六朝初期，曾有沈瑩撰寫《臨海水土異物志》，爲當時的魚米文化提供了寶貴的史料。《志》中記述的主要區域，包括今天浙江南部和福建北部之沿海地區。沈瑩稱此區「土地饒沃，既生五穀，又多魚肉」，又記述此區多富鱗介類水生魚種。故而可以推測，六朝時期對於魚類之認識與利用，已與日常生活息息相關。六朝因爲江南水域闊大寬廣，水產品豐富殷實，使得接觸、食用、認識魚類也較爲深入。而這種時代特性與時代背景，使六朝園林中的營撈漁釣形成一種風尚活動。

〔註335〕《全上古三代秦漢三國六朝文・全晉文》卷91，頁946。

〔註336〕《南齊書》卷54〈高逸・盧度傳〉，頁936。

〔註337〕《全上古三代秦漢三國六朝文・全陳文》卷7，頁69。

其中「巖棲」象徵著超塵絕世的隱士，像是商山四皓的苦修，「城傍」則是層級較低的假隱，這些都非靈運的選擇，只有「山居」才是靈運的道路；「四者不同，可以理推」一語，則又指出了「心境」在園林意境上的關鍵地位，因此，只要能夠「去飾取素、儻値其心」，則園林不再是「荒野」，山居也不再是不可居住的處所。

此外，始寧山居地處窮山環抱、山川隔阻，天然的疆界將山居與外界的世界隔絕。始寧山居儼然是另外一個國度，另外一個可供修身養氣的寶地。這裡是一個天然的氣場，「乘風則散、界水則止」〔註 338〕，「面山背阜、東阻西傾」；這裡左有青翠強勁的山龍，右有連縱接峰的丘陵，南北有江川流過，抱含吸吐、款跨迂迴，始寧山居位居江邊的山丘高地，近可取水、親水，〔註 339〕也可以防止洪水的肆虐與野獸的滋擾。

此外，靈運在自述其杖策孤征、篳路藍縷、入澗涉水、剪榛開逕的過程當中，也透露了他對於荒野的喜愛與馴化。〔註 340〕就他而言，始寧地區的荒野、泉湖、峻嶺、危峰，並非不可登臨、難以接近，反而是他「見素抱樸」的道場；〔註 341〕始寧山居的阡陌縢埒、臨溪傍沼、麻麥粟菽、舊居今園，更是他建經臺、築講堂、立精舍、列僧房，追求「萬代芬芳」的禪室。〔註 342〕

〔註 338〕水是生命之本，人類的生活離不開水，優美的自然環境的組成離不開水，水在中國古代風水學說中佔有極爲重要的地位，故而有「乘風則散、界水則止」，「風水之法，得水爲上，藏風次之」之說。中國文化的發源也與水有密切相關，對於各種水源區，像是湖畔、河岸、江邊，只要是可開闢之地，都是適於居住的風水寶地。參王振復，《風水聖經：宅經・葬書》（臺北，恩凱公司，2003 年 12 月出版），《葬書・內篇》，頁 93～94。

〔註 339〕風水中對於水的情形特別講求「彎曲環抱」，最忌直去無收。而選擇良好的水系，並使得風的運行，能因水之美善而凝止。山的支脈與岡壟，皆須有水系環繞，高峻的山地，從高山順勢直下，雖然不一定需有大江大河攔截，以阻斷山脈，但是也必須有池潭來蓄儲風水寶地的生命之氣。就是指顯露在生命之氣之外的水系，其型態運行於大地之上，而潛藏於大地之中的生命之氣，也可以因爲流水的彎曲環抱，而使得穴地之內的氣棲止於此。參王振復，《風水聖經：宅經・葬書》，《葬書・內篇》，頁 96～97。

〔註 340〕伊懋可（Mark Elvin）教授認爲中國園林在古代已馴化，而在這過程當中，水利灌溉（irrigation）佔有關鍵的地位。參 Mark Elvin, '*Nature as revelation: a reading of Xie Lingyun's "Living in the Hills" as the first Chinese poem on the environment*'.

〔註 341〕顧紹柏校注，《謝靈運集校注》〈山居賦〉：「欣見素以抱樸，果甘露於道場。云初經略，躬自履行，備諸辛苦也。」頁 459。

〔註 342〕顧紹柏校注，《謝靈運集校注》〈山居賦〉：「倚北阜，築講堂；傍危峰，立禪室。對百年之高木，納萬代之芬芳。」頁 459。

因此，「山野昭曠，聚落羶腥」〔註 343〕，山野是可愛的，是得道之所；城郭是污穢的，是宮觀遊獵聲色之宅。

〈山居賦〉中對於山川勝景、農耕種植、動物植物，皆詳加組織分類，並有生動細膩的描寫。唯一對於「群芳」——各式各樣的香味濃郁、色澤濃豔的嬌花豔蕊——視而不見、避而不談。反倒是對於各種葉脈有著黯淡光澤，嚐起來更是苦澀難當，卻深受古醫家喜愛，標榜著可以「住年」、「增靈」、「驅妖」、「斥痴」等療效的藥草，大量篇幅地加以報導與記錄。這裡也可以看出謝靈運對於這種「隨土所生」的植物的濃厚的「樂趣」，與這種植物所彙集的「知識」。

再者，謝靈運對於人工景觀，又有一番見解。基本上，六朝園林有不少乃是經由封錮山澤而來，此類園林一般規模較大，轄區含山帶水，可以進行各種家計方式的產業。謝靈運〈山居賦〉謂：

> 春秋有待，朝夕須資。既耕以飯，亦桑貿衣。藝菜當餚，採藥救頹。自外何事，順性靡違。〔註 344〕

靈運在〈遊山水志〉中亦云「夫衣食，生之所資；山水，性之所適。今滯所資之累，擁其所適之性耳。」〔註 345〕世家大族滿足於衣食，一切不假外求，便是營建山墅以遂行家計生產的功用所在。就像是《顏氏家訓・治家篇》所說的「閉門而爲生之具以足」〔註 346〕的目標，均足以說明山墅是一種封閉式且可滿足自身家計的組織，六朝山林豐富的自然資源，爲日常生活和自給自足提供了有利的環境。

始寧山居中有相當程度的手工製造，〔註 347〕首先是「織物製造」。紡紗

〔註 343〕顧紹柏校注，《謝靈運集校注》〈山居賦〉，頁 458。

〔註 344〕顧紹柏校注，《謝靈運集校注》〈山居賦〉，頁 462。

〔註 345〕顧紹柏校注，《謝靈運集校注》〈遊名山志・序〉，頁 390。

〔註 346〕顏之推曰：「生民之本，要當稼穡而食，桑麻以衣。蔬果之蓄，園場之所產；……至能守其業者，閉門而爲生之具以足。」參〔北齊〕顏之推，李振興、黃沛榮、賴明德注譯，《顏氏家訓新譯》（臺北，三民書局，1993 年 9 月出版）卷 1〈治家篇〉，頁 35。

〔註 347〕劉淑芬認爲從東漢開始，浙東製造業的發達，一部份原因和當地原料的供應不虞缺乏有關，但也和此地自春秋戰國以來，冶鑄業的發達，以及早有製作陶瓷的基礎，有著一脈相連的關係。此外，東晉以後，浙東是南、北士族豪強匯集之地，因此也是六朝私人屯封最爲嚴重的地區，這些士族挾其政治、經濟勢力，促成浙東地區製造業的發展。參劉淑芬，〈三至六世紀浙東地區的經濟發展〉，收入《六朝的城市與社會》，頁 210～220。

織布在園林內是頗爲重要之事。〈山居賦〉中有「既耕以飯，亦桑貿衣」之語，〈自注〉云「謂寒待綿纊，暑待絺綌，朝夕餐飲，設此諸業以待之。」〔註 348〕所謂「貿衣」，非言經由商業交換，而是植桑養蠶以解決衣物的問題。又綿纊屬於絲織物，絺綌屬於麻織物，可知莊園裡有絲紡織製造與麻紡織製造。

其次是「酒蜜釀造」。〈山居賦〉云：「亦醞山清，介爾景福。苦以朮成，甘以播熟。」〈自注〉云「朮，朮酒，味苦；審，審酒，味甘。並至美，兼以療病。　　播治癰核，朮治痰冷。」〔註 349〕〈山居賦〉又說「六月採蜜，八月樸栗」，可見釀蜜、造酒均是園墅中的生活環節之事。接著，〈山居賦〉提到「用具製造」之事。

〈山居賦〉中亦提到燒製陶皿之事。稱：「既坭既埏，品收不一；其灰其炭，咸各有律。」這是說用泥製成各種器型，再用炭燒塑成陶器。又如製造索纜：「晝見搴茅，宵見索綯。芟菰剪蒲，以薦以茭。」可見亦有繩索之製作。又提到「慕椹高林，剝芨巖椒」，〈自注〉云：「芨，采以爲紙」〔註 350〕，可知園林中也有造紙作坊。由以上史料可知，莊園中的產業分工是頗爲明確的，且在製造行程的安排上稱得上頗爲緊湊。莊園的生計活動就是服膺於「備物爲繁，略載靡悉」的原則以運作。可見由於士族莊園從事多種經營，莊園內的各種生活起居、衣食住行，基本上已諸項俱全，衍然成爲一個種自給自足的單位。

總而言之，謝靈運的始寧山墅，具有多樣的環境與多種的景觀。有以農作物的栽培爲園區的蔬菜水果園區，也有原生的動植物資源。這些動物的種類繁多，但以野生的爲主，動物在謝家的山居中或跑、或走、或跳，充分顯示出生生不息的生命景觀。植物方面，種類更爲多樣。有以觀賞爲目的花卉，也有可以食用的野生果品，水果與花卉的景觀更是一年四季都呈現出不同的繽紛景致。此外，在天然林木方面，也是以野生的林種爲主，間或有可以作爲林木加工使用的林材。還有生活在水中的魚類，在始寧山居中，也是具有多樣的樣貌。

〔註 348〕顧紹柏校注，《謝靈運集校注》〈山居賦〉，頁 462。
〔註 349〕顧紹柏校注，《謝靈運集校注》〈山居賦〉，頁 460。
〔註 350〕顧紹柏校注，《謝靈運集校注》〈山居賦〉，頁 460。

本章小結

在本章當中，吾人談到六朝時期的園林與農學之於「大地」思想之關係。首先在第一節部分，六朝的土地政策的轉變，使得六朝時期整個地政與地權，呈現多元分割的情況。一方面，隨著〈占田令〉的頒佈與〈占山法〉的施行，促成了六朝的土地所有權由政府逐步向私人轉移的現象；這其中，世家大族透過各種管道汲汲營占山林川澤，使得山林川澤由官方的統一掌理，逐步變成爲私人的山園莊墅。而整個六朝的山林「大地」，也在這種大環境的變遷之下，成爲私家經營的農園。

六朝園林在整個中國園林史上的轉折路線，表現在規模上有著大型、中型、小型的多樣體格；意境上呈現調和山水、巧於藉景、精於配置的模擬自然；功能上表現出閑居研講、興賦吟詩、禮佛造像之態度。這些展現都顯現出園林作爲一種地景、地貌，不再僅是一個空間，更是一種人地融合的產物。而園林的選址與建設，一定程度上也需要考量風水的因素，亦即山形優美、水脈暢通、能阻寒風、陽光充足、以及氣場旺盛，而這些考量的因素，皆爲園林選址與相地擇居，所共同關心的主題。

在第二節部分，吾人探討了六朝園林的景觀與特色。可以知道，六朝園林造景中有許多新開發的手段，包括「搆山穿石」、「梳池理水」、「蓬萊仙山」等方式。這又使得六朝園林染指了神異、仙道、通驗之色彩，而與《淮南子・墜形訓》的神話地理、天文地理的想法扣合，並且與「大地」思想的宇宙論與陰陽五行的說法唱和起來。而在小小的園林當中，藉著「起假山比仙山」、「挖溝池擬河漢」、「植異果說仙桃」，也成爲六朝世族避世清談、消磨人生的場域。

第三節專論謝靈運的山居，透過謝靈運所寫的〈山居賦〉當中的園林景物的細膩描寫，使得千年後的吾人可以管窺世家大族對於「大地」思想的態度。園林的來歷乃因六朝地政的變革而肇生，園林書寫的技巧在於實景，這也使得「寫實」與「實際經驗」的過程，成爲六朝園林與地理學雙雙強調的原則。六朝的私家方志，因爲地理大交流而體驗到寫實的重要，六朝的園林記錄也在崇尚寫實的風氣中，呈現出文字的可讀性與時代價值。